推动成渝地区双城经济圈建设的实践案例研究

裴泽庆　许彦　胡雯　杨志远　主编

中央党校出版集团
国家行政学院出版社
NATIONAL ACADEMY OF GOVERNANCE PRESS

图书在版编目（CIP）数据

推动成渝地区双城经济圈建设的实践案例研究／裴
泽庆等主编 . —北京：国家行政学院出版社，2023.11
（新时代治蜀兴川的历史性成就与实践经验研究／
裴泽庆主编）

ISBN 978-7-5150-2812-5

Ⅰ.①推⋯ Ⅱ.①裴⋯ Ⅲ.①区域经济发展—案例—
成都②区域经济发展—案例—重庆 Ⅳ.①F127.711
②F127.719

中国国家版本馆 CIP 数据核字（2023）第 209364 号

书　　名	推动成渝地区双城经济圈建设的实践案例研究	
	TUIDONG CHENGYU DIQU SHUANGCHENG JINGJIQUAN	
	JIANSHE DE SHIJIAN ANLI YANJIU	
主　　编	裴泽庆　许彦　胡雯　杨志远	
统筹策划	陈科	
责任编辑	刘锦	
责任校对	许海利	
责任印制	吴霞	
出版发行	国家行政学院出版社	
	（北京市海淀区长春桥路 6 号　100089）	
综 合 办	（010）68928887	
发 行 部	（010）68928866	
经　　销	新华书店	
印　　刷	北京九州迅驰传媒文化有限公司	
版　　次	2023 年 11 月北京第 1 版	
印　　次	2023 年 11 月北京第 1 次印刷	
开　　本	170 毫米×240 毫米　16 开	
印　　张	17.75	
字　　数	244 千字	
定　　价	60.00 元	

本书如有印装问题，可联系调换，联系电话：（010）68929022

前　言

党的十八大以来，中国经济社会建设取得巨大成就，国民生产总值从 2012 年的 53.7 万亿元增长至 2021 年的 114.1 万亿元，居民人均可支配收入从 2012 年的 16510 元增长至 2021 年的 35128 元。四川经济社会建设是全国的缩影，同期地区生产总值从 2.39 万亿元增长至 5.41 万亿元，地区生产总值占全国的比例从 4.45% 增长至 4.74%；居民人均可支配收入从 12753 元增长至 30679 元，占全国的比例从 77.2% 增长至 87.3%。这两组简单的数据所反映的，是党的十八大以来治蜀兴川取得的重大实践成果。

四川经济建设取得的历史性成就和实践经验，是党的全面领导在四川的生动体现，是国家战略在四川落地落实的全面展开，是四川结合省情实际积极主动服务国家战略的具体成果。党的十九届六中全会召开后，为全面反映、记录和研究新时代治蜀兴川所取得的历史性成就与实践经验，中共四川省委党校（四川行政学院）组织全省党校（行政学院）系统 60 多位老师，采用理论研究和实践案例分析相结合的方式，从理论和实践两个维度对党的十八大以来四川经济社会建设的战略要求、策略部署、实践推进和基层创新进行全面的理论分析和重点的实践展示。其中中共四川省委党校（四川行政学院）的老师着重理论分析并指导实践案例编写，市（州）党校（行政学院）和县（区、市）级党校（行政学院）的老师负责案例调研和编写。通过半年的深入调研和理论研究，形成了"新时代治蜀兴川的历史性成就与实践经验研究"丛书，其中《新时代治蜀兴川的历史性成就研究》是丛书的总论，注重从国家战略全局要求出发，结合四川的策略展开，从十个方面系统呈现党的十八大以来四川经济社会建设所取得的历史性成就，并在此基础上集中呈现党的全面领导这一主线。《推动成渝地区双城经济圈建设的实践案例研究》《推进生态文明建设的实践案例研究》《长征国家文化公园建设的实践案例研究》《扎实推进共同富裕的实践案例研究》4本专著则从具体案例出发，从基层实践的维度反映推动高质量发展、生态保护、乡村振兴、社会治理等方面的生动实践。

"新时代治蜀兴川的历史性成就与实践经验研究"丛书是中共四川省委党校（四川行政学院）聚焦四川经济社会发展实践、围绕党校（行政学院）主责主业，发挥全省党校（行政学院）系统科研协作组织优势，编写的第三套"理论加案例"系列研究书籍。系列研究既是对四川经济社会发展热点问题的及时理论思考，也是发展和建设实践热点的全面展示。由此形成的研究成果，是全省党校（行政学院）系统干部培训课程内容的重要来源之一。

中共四川省委党校（四川行政学院）科研处

2023 年 3 月

目录
CONTENTS

成都建设天府总部商务区，助力打造新的增长极的实践案例研究

摘要

　　"打造高质量发展的重要增长极"是习近平总书记对成渝地区双城经济圈的殷殷嘱托。推进天府总部商务区建设是贯彻落实习近平总书记重要指示要求的四川实践。天府总部商务区位于天府新区核心位置，是推动天府新区快速发展的重要抓手。推进天府总部商务区建设发展更高能级的总部经济，有利于探索创新总部经济的新模式，形成可复制可推广的实践经验；有利于充分发挥经济空间的经济联系作用，带动天府新区及周边市州建圈强链，探索建设成为全球产业链、供应链、价值链的重要枢纽，打造成都未来城市新中心，推动成渝地区双城经济圈建设，带动成为全国高质量发展的重要增长极和新的动力源。

关键词

　　天府总部商务区；增长极；公园城市

一、导语

2018 年 2 月 11 日，习近平总书记视察天府新区时指出："天府新区是'一带一路'建设和长江经济带发展的重要节点，一定要规划好建设好，特别是要突出公园城市特点，把生态价值考虑进去，努力打造新的增长极，建设内陆开放经济高地。"《成渝地区双城经济圈规划纲要》明确提出"推动成渝地区形成有实力、有特色的双城经济圈，打造带动全国高质量发展的重要增长极和新的动力源"。四川省委、省政府印发《关于加快天府新区高质量发展的意见》明确提出："大力发展总部经济。加快建设天府中央商务区，优化提升总部经济、会展博览、国际交往、生态公园等功能，打造成都未来城市新中心。打造特色鲜明的总部经济企业集群。加快形成中西部地区能级最高、功能最优、环境最美的总部经济集聚区。"四川天府新区坚持"一个城市组团就是一个产业功能区"，自北向南布局天府总部商务区、成都科学城、天府数字文创城 3 个产业功能区，构建起以总部经济、科技研发、文化创意等为重点支撑的现代产业体系，天府总部商务区也被赋予了重要使命。天府总部商务区建设既是贯彻落实习近平总书记来川视察重要讲话精神的重要举措，又是贯彻落实习近平新时代中国特色社会主义思想的四川实践，还是推动成渝双城经济圈建设的重要抓手。

天府总部商务区位于天府新区成都片区的核心位置，是支撑天府新区成都片区建设发展的重中之重。其充分把握时代赋予的机遇，以经济发展为核心要务，坚持理念创新、优化城市空间产业布局。与传统的总部经济发展模式相比，注重发挥产业乘数效应和连锁投资效应，通过企业总部的集聚对上下游配套服务企业的吸引快速形成产业集群，从而带动周边市州的全产业全链条式发展，探索构建有效合理的产业功能区布局，创新功能区体制机制，赋能总部经济的新展现形式。

同时，天府总部商务区不同于一般的商务区建设，在经济发展中保护生态环境，又创新探索生态价值转化新路径，牢牢把握习近平生态文明思想，在规划理念上，充分考虑绿色本底和后发优势，突出生态有限的价值选择和以绿色为本底的发展路径，首创公园城市中央商务区新范式——CBP（中央商务公园），规划、设计与招商服务全方位体现新时代总部经济的演变形态，构建经济价值、生态价值、人文价值和生活价值为一体的空间载体；探索公园城市示范区建设实践，创新实现未来产业发展、经济发展、价值转化有效融合，创新生态价值转化路径，形成可复制可推广的生态价值转化"成都样板"。

二、背景介绍

天府总部商务区的形成是一个长期的复杂的过程。从历史角度来讲，天府总部商务区的前身是秦皇寺总部商务区；从现实角度来看，天府总部商务区的真正跨越崛起节点是 2018 年。

（一）以天府新区为抓手带动西部发展

2010 年 7 月，在四川省内的一次经济发展讨论会上，有专家提出寻找四川省经济发展的新空间，随后的一份调研报告中提出了"天府新区"，四川开始致力于打造新的经济增长点。随着自身的建设发展，2014 年国务院批复同意设立四川天府新区，借以通过借鉴浦东新区、两江新区的先进经验，带动西部区域的快速发展，同时作为西部大开发的桥头堡承担国家赋予的重大战略任务。2020 年底，习近平总书记在浦东开发开放 30 周年庆祝大会上明确指出，浦东要发展更高能级的总部经济，成为全球产业链供应链价值链的重要枢纽。由此，中央和省市一系列文件及天府新区的设立为后续天府总部商务区的演变和建设提供了基础条件和大的综合环境，也为天府总部商务区的发展提供便利。习近平总书记关于总部经济的重要论述及来川视察重要讲话精神为天府总部商务区的发展确立指明了方向。

（二）天府总部商务区规划陷入"战国时代"

2013 年，天府新区成都片区明确未来将以"一区、一城、一带、两镇"建设为发展重点，一区指的就是"秦皇寺中央商务区"位于天府新城正公路以南、铁路货运外绕线以北区域，规划面积 8.5 平方千米，将成为天府新区的"大脑"和"心脏"；当时的秦皇寺中央商务区仅包含目前天府中央商务区东区的部分区域以及西区的会展博览板块部分区域。

2018 年 7 月，成都市规划建设天府新区，提出"一中心三城"，"一中心"即指"天府中心"，彼时的秦皇寺中央商务区成了天府中心的一部分。提法变为"天府中心总部经济功能区"，位于天府中心范围内，东至通州路，南至宁波路，西至天府大道，北至武汉路，总面积约为 3.9 平方千米。

由此也能够看出，天府总部商务区在规划过程中没有固定的定海神针，存在规划变动较快的情况，甚至出现了天府总部商务区在规划上一度消失的情况，总览天府总部商务区规划和确立的历程，就是一部"战国时代"的规划史，亟须通过固定的规划安定人心。一是稳定规划盘。规划不定带来的就是发展不振，持续性的规划变动，必然会影响发展的聚焦性。二是稳定市场投资。从市场的角度来看，时常地对规划进行调整，对发展的重心进行调整，会扰乱市场投资的信心。三是稳定政府工作人员。对于天府新区的工作人员来讲，时常的规划变动带来的是发展的不稳定性，不利于提高政府人员的工作积极性。

（三）天府总部商务区设计理念出现瓶颈

2014 年，最开始的天府总部商务区被规划为用来发展集会展会议、总部经济、商业商务、医疗教育、公共服务和酒店等现代都市功能于一体的中央商务区，主打高端服务业。随着对天府总部商务区的调整，2018 年将天府中心的定位调整为重点发展高端商务、总部基地、行政政务等。之后四川省委、省政府明确发文，天府总部商务区的未来定位就是"打造成都未来城市新中心"。

由此能够看出，天府总部商务区最开始的时候注重强调通过产业发展带动区域发展，聚焦的是产业问题，存在对发展理念、自身定位、城市发展本底认识不清晰的问题。一是对发展理念的认识不清晰。天府总部商务区首先要解决的根本性的问题是：是否发展常规性的总部经济？发展常规性的总部经济如何与浦东新区、两江新区等比较？特别是在海运、陆运等与其他典型新区存在较大差距的情况下，如何体现自我优势？二是没有充分考虑人的问题。天府总部商务区建设最终还是要回到人的根本问题上来，建设的过程、产业的集聚等都是思维智慧的体现，依托的是人的问题，如何聚人成势也是建设之初的重要问题，天府总部商务区距离成都有一定距离，如何避免潮汐式人住分离带来的公共交通压力和基础设施的压力等，都是需要解决的问题。

（四）天府总部商务区生态红线与建设用地不足的问题突出

天府新区在规划之初就明确形成了生态用地红线，即明确开发建设要保障 70% 的生态用地红线，剩下的建设用地还包括城镇建设用地、机场用地以及预留的空港新城拓展用地。天府总部商务区作为天府新区的一部分自然要严格遵从生态红线，这相当于给天府总部商务区系上了一条"绿腰带"。

对于天府总部商务区来讲，虽然规划面积为 50.3 平方千米，但是其核心区面积仅有 8.5 平方千米，除去生态红线用地，剩下的建设用地较少，如何在现有城市建设中不仅要满足现代化的基础设施建设用地条件，同时还要满足高起点的产业经济发展用地需求，又要高标准服务于社会治理的现代化发展要求，成为天府总部商务区发展的难题。如何有效解决生态红线与建设用地需求之间的矛盾，成为困扰发展的难题。

（五）天府总部商务区核心产业亟须尽快成形

天府总部商务区从 2013 年正式确立建设以来，至今已有 10 年的时间，10 年的黄金发展期，亟须通过天府总部商务区的产业集聚效应带动生态圈、产业链的全面发展。但是在天府总部商务区的建设过程中还存在各式各样的困难问题。一是没有解决重点突出发展什么的问题。天府总部商务区的建设究竟是建设什么样的产业，即是集研发、生产、流通、创新于一体的全产业链，还是依托周边市州产业发展优势，通过发展总部经济的方式，带动形成新的增长极的问题，一直存在模糊不清晰的情况，存在眉毛胡子一把抓的现象。二是天府总部商务区建设是不是就是个噱头，就是为了发展房地产经济，这也成为建设初期很多企业和单位基于对环境和条件的忧虑推诿不前，存在观望态势的原因。三是天府新区基础设施建设薄弱。当时在市民中间传得最多的就是对天府总部商务区基础设施的质疑："天府总部商务区那么偏僻的地方，啥子都没得，哪个公司脑壳长包才去哦！"这也恰恰说明了天府总部商务区建设初期的状况。

（六）天府总部商务区资源禀赋与产业基础决定了其前景广阔

1. 全方位沟通互联的区位交通条件

众所周知，成都是一座不靠海，四周崇山峻岭环绕，陆上交通和海上交通难度都较大的城市。为了发展天府新区，同时解决航空出行的需求问题，国家建设了天府国际机场，而天府总部商务区位于成都市两大机场的中间位置，距离双流国际机场 20 千米，距离天府国际机场 35 千米，距离天府高铁枢纽站 9 千米；六横五纵的公路网直接连接周边区县和传统主城区域，通过成自泸赤高速和天府高铁站辐射四川、西南沿线地市和北上广深，为天府总部商务区的腾飞奠定了交通基础。从天府总部商务区的区域内条件来看，交通体系发达，规划了 8 条地铁线路，设置了 18 个地铁站点，天府大道、剑南大道、武汉路等快速路也加快了与主城区的连接。

2. 全系统环绕交织的生态资源禀赋

天府新区依托生态本底，加快环境与经济社会发展同步建设，构筑起山水林湖四面环绕的生态本底，西临锦江生态带，东接鹿溪河生态湿地，南拥毛家湾森林公园，北靠麓湖生态水城。在极度繁华、高密度开发的中央商务区内坚持45%的生态空间占比，2 平方千米天府公园坐落其中，"人"字形望山绿廊串联其间，形成蓝绿交织的城市底色，为建设体现"公园城市"特点的天府总部商务区提供了本底特色。

3. 全视野招引促建的产业经济基础

天府总部商务区通过近 10 年的发展，已经形成了良好的产业形态，引进了英国英富曼、瑞士迈氏等一批国际知名会展机构以及世界信息安全大会、汉诺威（成都）工业博览会等国际品牌展会，近年持续引入德勤、泰和泰等国际知名专业服务机构，促进产业成群、成链、成圈，实现产业生态化发展。

4. 全领域谋划建设的战略资源优势

天府总部商务区立足成渝地区双城经济圈战略机遇，积极建设四川区域协同总部基地，不断夯实"总部＋基地"产业合作模式，推动区域协同发展；抢抓省市支持天府中央法务区建设机遇，围绕成都生产性服务业高质量发展要求，加快推动天府中央法务区与天府总部商务区共同发展，打造立足四川、辐射西部、影响全国、面向世界的一流法律服务高地；依托自贸试验区、进口贸易促进创新示范区等开放平台，着力加强国际合作，开展现代服务业扩大研究和探索，大力招引数字经济、跨境金融、文化贸易等领域企业，努力打造"内陆开放经济高地"的新标杆。

三、典型案例

（一）锚定"目标定位"战略，扛起使命担当

"很多人反映，天府总部商务区天天调整，今天说不合适改一下，明天说不合理调一下，改来改去也不晓得改的啥子，没有一个统领性的东西。"在采访时天府总部商务区的一位老同志这样说。

1. 坚持"目标定位"，用规划引领发展方向

天府总部商务区副局长情绪激动地诉说道："天府总部商务区建设一直面临着目标定位不完全清晰的问题，2018 年习近平总书记到天府新区视察并作出重要指示要求，如同一声惊雷，天府新区建设扬帆起航，详细明确了天府新区的目标定位，基于此天府总部商务区的核心定位也算正式确定出炉。"2018 年以来，天府总部商务区坚持用规划引领发展航向，并且依托规划推动天府总部商务区发展进入白热化阶段。

2. 积极"争取支持"，获得省级层面的助力

天府总部商务区管委会负责规划的同志介绍："天府总部商务区的建设一直离不开省级层面的支持。为了进一步发展天府总部商务区，在市委、市政府和企业家的联合推动下，2019 年 10 月 9 日，四川省委书记在2019 全国工商联主席高端峰会恳谈会上同意将省委、省政府行政预留区的 7~8 平方千米核心区域转给企业，让企业在此建立发展总部。"

在天府新区核心地段天府公园旁边释放原有行政预留地推动天府总部商务区的发展，体现了省级层面对总部商务区发展的重视，同时更是推动天府总部商务区发展的项目基础。

3. 区别行政机制，保驾护航天府总部商务区发展

在调研天府总部商务区管委会时，其办公室一位同志介绍说："为了推动天府总部商务区的高质量发展，成都市在原有行政区划的基础上设立天府总部商务区管委会，实行四川天府新区总部商务区管委会与四川

天府新区总部经济局合署办公，实行'两块牌子、一套人马'。"

天府总部商务区管委会办公室负责同志详细地介绍了其职能职责：统筹推进天府总部商务区产业生态圈和生活圈建设发展；负责新区总部经济发展，负责总部项目的投资促进、企业服务等工作；承担新区总部经济发展领导小组办公室日常工作；牵头负责新区服务业发展工作，研究分析服务业发展总体情况和运行趋势，提出对策建议并组织实施；牵头负责新区商务工作（不含外经外贸），推进商贸流通业等产业、楼宇经济发展，推进商圈规划建设发展。

天府总部商务区管委会推行"管委会＋专业局＋平台公司＋街道"模式，探索园区的管理机制，积极推动天府总部商务区范围内行使经济发展、人事管理、投资促进、规划建设、企业服务等的事权，通过有效的集中权力的管理和行使，推动发挥企业的最大效能。

4. 推动发展完善，天府总部商务区规划的前世今生

成都市双流区雅州路天府 CBP 城市展厅里面一段时间不长的视频，记录了 2014—2021 年天府总部商务区的沧桑巨变。展览室工作人员详细介绍了天府总部商务区的几个关键节点。

2014 年 10 月，天府新区正式获批为国家级新区。同年，《四川天府新区总体方案》经国务院同意并印发，明确天府新区核心区"一城一区一带"，"一区"即秦皇寺中央商务区，也就是天府总部商务区的雏形。

2018 年 2 月 11 日，习近平总书记视察天府新区时充分肯定了新区建设发展取得的成效，并进一步为天府新区明确了战略定位、指引了发展方向、描绘了美好蓝图。这也是天府总部商务区落地的根本。同年，省委、省政府为支持新区高质量发展，特别释放出位于天府大道以西的原省级行政预留用地，为新区打造面向世界的中央商务区奠定坚实基础，天府中央商务区的轮廓也由此奠定。

2019 年 1 月，天府中央商务区管委会成立，天府中央商务区进入加速发展阶段。天府中央商务区规划面积 50.3 平方千米，核心区面积 8.5

平方千米。同年 6 月 8 日，《中共四川省委四川省人民政府关于加快天府新区高质量发展的意见》印发并明确将加快建设天府中央商务区，优化提升总部经济、会展博览、国际交往、生态公园等功能，打造成都未来城市新中心。

2020 年 1 月，成都 66 个功能区进行系统调整，天府中央商务区正式调整为天府总部商务区，功能也相应地进行了增加，包含了法务服务（天府中央法务区）、会展博览（西博城国际会展区）、总部经济（区域协同发展总部基地）等。

5. 扛起使命担当，助力天府新区拉开发展帷幕

天府总部商务区作为天府新区前端发展的体现，也是近年来天府新区发展的重要抓手，它的发展一定程度上能够有效反映天府新区的发展，反过来也是一样。四川天府新区作为承载国家重大发展战略和改革开放任务的综合功能区，2014 年 10 月获批国家级新区以来，固定资产投资保持两位数增长。四川天府新区 2021 年地区生产总值突破 4000 亿元，相较上年增长 9.7%。四川天府新区的综合实力位于 19 个国家级新区第一方阵，占全省 GDP 的 7.7%，四川天府新区是四川省经济发展的重要增长极，已经成为四川省、成都市的一张新名片。

案例点评

"如果没有 2018 年习近平总书记的指示精神，可能天府总部商务区还飘着呢，也不知道变成什么样子。"在与天府总部商务区管委会的一位工作人员闲聊时他向我们介绍说。在天府总部商务区的发展过程中，虽然出现过短暂的迷茫和困惑，但是建设天府总部商务区的初衷从未改变。一个定位、一个规划、一个机构等，这些成为天府总部商务区立足的根本和基础，也逐渐成为人们肉眼可见的变化。由此可见，具备高起点的定位、带有前瞻性的规划、符合园区特色的管理体制是推动新时代商务区发展的有效途径。

（二）坚持"筑景聚人"，破解职住平衡难题

在采访的过程中，天府总部商务区的一位工作人员讲述了一个真实发生的故事："之前有一批高校的学者来我们这里调研，其中一个研究规划设计的教授提出问题：'你们如何实现职住平衡的？'对于我来讲，这个问题真的超出了我的知识范畴，我是真的回答不出。当时旁边的领导看我为难，替我解了围，下来以后我还真的是恶补了这一部分知识。"

天府总部商务区不但注重构筑自然景色，同时也结合社会发展需要构筑社会发展景观，实现构筑全链条生活生态景观集聚人群，借此打造功能复合、业态多元、职住平衡的都市活力区。

1. 构筑自然生态景观，建设全覆盖的绿色基础

"'我们一定要做经得起历史检验的人，不能因为眼前的压力就放弃了对未来的追求'，这是当时一位领导私下里对我们讲的话。"被采访的工作人员说。

天府总部商务区充分发挥与生俱来的公园城市本底优势，高位对标国际一流标准，以后发优势超前谋划，努力防范大城市病隐患，构建绿色、高效、智能、活力的城市形态，致力打造城市可持续发展的公园城市典范。

发挥自然生态本底优势是基础，天府总部商务区在建设中摸索将城市发展建设嵌入自然山水之中，充分发挥自然生态本底的优势，顺应高低起伏自然地貌布局城市组团，将路网和绿道相融，同时用绿道围合生态网络，在此基础上，形成"一园两河织绿网"的蓝绿空间，实现"绿中筑城、全域公园"，同时，也是基于对自然生态本底的保护和借势，推动形成了十分少见的望山见水的中央商务区。

完善公园景观内涵式发展。美国的中央公园因340公顷的占地面积而成为纽约的重要地标，也因其优美的自然环境、周边便利的配套资源，使邻近公园区域成为纽约CBD的代名词。一直以来，天府总部商务区充

分借鉴纽约 CBD 及中央公园的做法，在自然本底的基础上，以天府公园、鹿溪河生态带及锦江生态带为基础，组织公园系统，并充分植入文化体育、创新研发、休闲旅游、会议发布、公共服务等，加强生态价值转化，用丰富的临绿业态创造"五彩斑斓的绿"，增强天府总部商务区的场景体验感和吸引力。

坚持绿色低碳理念是关键。天府总部商务区在建设过程中不仅注重自然的生态，更强调建筑设计的绿色低碳。天府总部商务区充分学习上海虹桥作为我国第一个三星级绿色生态城区的先进经验，开展创建国家绿色生态城区的全过程咨询。在总部商务区建设过程中，坚持绿色低碳理念为先，有效推动区域内已建和在建项目中按绿色建筑进行设计的有 161 栋，建筑面积约 702 万平方米，二星级及以上绿色建筑占比达 72%，未来待建的 551 万平方米将全部按绿色建筑标准进行设计。天府总部商务区在坚持绿色低碳理念的前提下，开展天府总部商务区西区集中供能，即充分利用地表水、地源热等可再生能源进行供能服务，并入选全省绿色建筑创建行动重点支持范畴。目前项目还在建设中，建成后可实现年减排二氧化碳 2.2 万吨。

2. 构建功能复合的消费场景，打造职住平衡的活力社区

天府总部商务区在充分发展自然生态本底的基础上破解了大城市病，为集聚人群提供了优质的自然环境，但是仅有优质的自然生态环境，没有便捷的生活和消费场景，依然无法实现筑景聚人，破解职住平衡的难题。为此，天府总部商务区一方面积极营造生活场景，按照配套先行思路，开展区域内部路网、TOD（交通导向发展）站点、地下空间开发等基础设施建设，规划了 8 条地铁线路 20 个地铁站点，可实现地铁 500 米全覆盖；在城市社区之间以及社区中心引入公共空间和绿化，将生态与人居融合，实现 10 分钟绿地可达率 100%。同时，天府总部商务区为了满足不同年龄层次人群的生活需求，构建了文化、教育等 8 大类 18 项"15 分钟生活圈"，天府七中、天府七小、乐盟国际学校、哈密尔顿麓湖学校等优质生活配套已经投入运营，推动美国 UPMC 国际医院加快建设，打造吸引城市精英驻留的品质化生活社区。职住平衡的基本问题是住的问题，天府总部商务区积极推动国际化社区建设，麓湖生态城、蔚蓝卡地亚花园城等高端住宅项目已建成使用，目前正加快推进天府中心国际社区、万科天府锦绣等优质住宅项目建设。

此外，天府总部商务区在解决基本的生活需求的同时，顺应消费趋势，正在构建多元化的消费场景。天府总部商务区正在加快推进西部国际博览城商圈建设，着力打造国际化的商圈。围绕高收入、高学历、年轻化社群消费共性特征，顺应"年轻商业"消费趋势，突出发展时尚购物、美食品鉴、艺术展览、文旅体验等多元业态，规划商业体量达 126 万平方米。同时，开展商业导视系统美学设计，编制《招牌设置技术导则》，推进商圈品牌形象一体化，形成独特的商圈气质和商业体验。在打造商圈的基础上，积极引进国内外品牌全球首店、亚洲首店、中国首店、西南首店、成都首店以及创新商业模式和经营业态的旗舰店、概念店、体验店等。目前，已引进天府国际保税商业中心、招商南 Mall 等高品质商业项目 22 个，建设运营安达仕、凯悦等国际高端品牌酒店 32 个。围绕"天府生活 – life"活动 IP，积极开展各类消费策划活动，推动营造时尚消费"打卡"新地标。

案例点评 职住平衡是现代城市发展的难题，天府总部商务区通过筑景聚人的方法，一定程度上破解了职住平衡难题。筑景不单单强调自然景观，还强调生活景观。天府总部商务区在建设过程中一方面突出"公园城市"特点，在充分发挥自然生态本底优势的基础上，打造高标准的绿色生态区域。另一方面积极营造生活业态和消费场景，顺应新时代的社会需要和消费趋势，构建多元化的消费场景，借此破解城市发展难题。由此可见，四川天府总部商务区突出"公园城市"特点，坚持"筑景聚人"，在一定程度上为破解职住平衡难题提供了可复制可推广的案例。

（三）发挥立体智慧作用，补齐用地不足短板

众所周知，天府新区在规划之初，就明确了70%生态用地底线，如何利用好剩余30%建设用地的价值显得更为重要。作为面向世界的天府总部商务区，虽然规划面积为50.3平方千米，但是核心区面积仅有8.5平方千米，如何在这片高度集约的地块上尽可能地发挥出引领性与带动性总部效应，显得尤为重要，同时也是在保障生态用地红线的基础上，破解建设用地难题的重要路径。

1. 发挥空间复杂度，弥补建设用地不足的问题

"70%的开发红线也成为天府总部商务区的发展短板，在建设的过程中面临着用地不足的问题，这就不断地逼迫我们想办法。"天府CBP城市展厅的工作人员着重介绍了政府在弥补建设用地不足上所作的努力，"天府总部商务区在起步开始，就深入研究纽约、伦敦、上海、深圳、广州等城市CBD规划建设和产业发展经验，在保障蓝绿空间的基础上，注重发挥空间复杂度解决建设用地不足的问题"。

天府总部商务区依托打造地下产业空间，发挥综合立体优势，弥补地上空间建设的不足。一方面开展地下空间一体化设计的落地性研究，通过"轨道交通＋步道"相连的方式，构建"轨交＋步行"立体慢行网络，打造4个TOD城市综合体，通过地上地下空间一体化开发构建集约立体发展空间。另一方面作为天府总部商务区的代表性项目——总部基地，在规划的1.23平方千米面积上，天府总部商务区开展地上地下综合开发的模式，实现了地上建筑规模249万平方米，地下开发空间168万平方米，整体开发地下三层，人行、车行、轨交、商业、地下管廊实现垂直分层分布，实现空间资源的高效利用，在一定程度上缓解了地上开发使用空间的不足。

基础设施建设通常在新区建设中占地较多，天府总部商务区为了减少基础设施建设占地，充分挖掘地下空间，在建地下综合管廊里程达50

千米，其中基本建成 33 千米，整合水、电、通信、能源、地下停车场、可行车通道等多重功能，超前布局智能基础设施，技术水平全国领先。"地面上看起来是绿道，地下却是一座地埋式污水处理厂，先进的污水处理设备，让地面的行人听不到噪声、闻不到异味、见不到污物，既保证了生态用地面积，又节约了建设用地，这一地埋式污水处理厂共节约了 300 多亩、价值 30 亿元的建设用地。"天府总部商务区一位工作人员介绍道。

在天府总部商务区建设用地有限的前提下，根据产业形态定位，设立了"产业项目年度亩均税收准入标准"，规划面积 1.23 平方千米的总部基地更是设立了年度亩均税收不低于 1000 万元的项目准入标准，着力在有限的空间资源下实现单位土地价值的最大化，促成国家电投、中建材等一批具有引领性、显示度、带动力的央企总部落地商务区。

2. 突出智能智慧作用，赋能社会治理精准高效

"如果说地上的东西好监测，那么在充分挖掘发挥地下空间作用的同时，如何实现精准高效的社会治理成为新的难题。"天府总部商务区管委会的分管负责同志介绍道："为了达到这一目的，我们综合运用大数据、云计算、区块链、物联网、人工智能等技术手段，在虚拟世界中制造了一个与现实天府总部商务区一样的场景，实现环境、建筑、设备、人等一一对应的线上信息化系统，并且可以通过线上系统对现实中的天府总部商务区进行描述、诊断、预测、决策，使天府总部商务区为了解决建设用地问题而出现的不可见城市隐性问题显性化，从而增强城市治理精准感知、高效分析、快速处理的能力。"

天府总部商务区在建设过程中注重发挥智能智慧的新时代科技作用，在充分运用无人驾驶、智慧安防、5G 文旅等新技术的基础上，推动完善互联互通、实时共享的"城市神经元系统"，依托大数据、云计算、物联网、人工智能等先进技术，通过"孪生城市"系统与现实城市同步规划、建设，实现现实空间与虚拟空间的高度融合，从而实现对地面及地下各个角落全方位的精准管理。

　　生态用地红线是一条不可逾越的红线，天府总部商务区如何实现集约高效利用土地，成为困扰天府总部商务区建设的难题，同时也是推动其发展的重中之重。天府总部商务区在建设过程中一方面充分打造地下产业空间，发挥综合立体优势，实现基础设施建设地下环绕，创新设立了"产业项目年度亩均税收准入标准"，弥补建设用地不足；另一方面依托注重发挥智能智慧的作用，引进"孪生城市"系统与现实城市同步规划、建设，实现现实空间与虚拟空间的高度融合，从而实现对地面及地下各个角落全方位的精准管理。由此可见，天府总部商务区通过发挥立体空间和智能智慧的优势作用，实践探索出一条破解生态用地红线建设发展的有效路径。

（四）聚焦"产业立城"赋能，解决"正业"质疑

　　天府总部商务区副局长透露："在前几年，我们的重点集中在对天府总部商务区的规划建设问题上，没有放在招商引资等方面，但也正是因为这样，很多人对天府总部商务区产生了质疑，说'天府总部商务区不应该是赚钱的么？怎么没看它们赚钱，却一直在花钱呢？'""其实，天府总部商务区一直都坚持产业立城，一直在积蓄兴业之势，只是很多工作的直接效益尚未完全显现出来罢了。"

　　天府总部商务区以产业生态圈思维为导向，放大总部经济要素聚合效应和国际博览流量牵引作用，大力培育国际化商务功能，引导发展产业链上下游相关产业及配套服务，同步推动产业间横向融合，实现产业生态化发展，努力形成引领西部发展的极核带动效应。

1. 聚焦总部经济核心职能，建圈强链推动全面发展

站在中国交建的楼顶，俯瞰天府总部商务区的一排排建筑，谁能想到这里当初是一片群山环绕的景象？谁能想到在这片土地上能够建起一排排的写字楼，并且每一栋楼都有它独有的产业发展体系。

"我们结合近年和未来产业发展的趋势，瞄准'双循环'背景下的高端产业、未来产业，对总部经济的产业进行了'3+9+N'的详细划分，并且编制形成了产业链全景图、产业链企业引育名录。"天府总部商务区相关负责同志介绍道："那段时间，我们经常在外边跑，每个月还要向上面报进度说成效，真的是每个人都挂图作战、精准招商。"天府总部商务区从规划到全面招商，一定程度上推动了天府总部商务区从产业集聚区向生活、服务、消费等复合功能的城市经济活力区转型。

"我们也深知天府总部商务区的发展离不开产业链条的发展，为此依托四川区域协同发展总部基地重大战略平台，深入拓展与区、市（州）在省市重点产业领域协同合作。"天府总部商务区负责招商的同志介绍道。天府总部商务区探索"总部+基地""研发+生产"等产业合作模式，借势借力，不断推动全产业链条的发展，已先后与省内19个市州签署战略合作协议，成功组建成渝总部经济产业联盟，搭建区域交流合作新平台，推动成渝地区双城经济圈产业要素合理流动和高效配置。

2. 聚焦产业生态全面引入，促进产业成链成群

"我们不但注重引入龙头企业，同时我们还不断提供企业所需要的上下游及关联产业板块相关资源的信息，不然的话，空有总部，没有上下游的产业链条，依然无法成势。"天府总部商务区负责招商的同志介绍道。

天府总部商务区以集聚和培育一批体现国家级新区能力和水平的先进企业总部为目标，大力促进企业在天府总部商务区设立全球总部、区域型总部和功能型总部，引导总部企业向价值链、产业链、创新链高端发展。不但注重积极发挥龙头企业和机构的平台作用，促进高端资源要素加速集聚，同时又聚焦高端商务楼宇，致力于打造一批绿色低碳、配套完善、管理成熟的专业楼宇精品。截至 2023 年初，签约总部项目 69 个，投资额近 2000 亿元。

天府新区总部经济局相关负责人介绍，在日常招商引资工作中，一些企业对招引地的法治环境、法律服务供给能力非常关注。比如，文创企业会重点关注知识产权保护能力，外向型企业会对境外商事纠纷调解等服务有需求。"我们每次作推介，必定会把法治化营商环境作为重要的展示内容。比如，自豪地介绍天府新区有成都知识产权审判庭，也有全国首个以省域自贸区全域命名的检察院——天府新区（四川自贸区）检察院。"

天府总部商务区依托天府中央法务区建设机遇，引进法律服务、知识产权、会计审计等专业服务机构，打造西部高端专业服务业发展高地，为整个西部地区提供国际化生产服务配套保障。自 2020 年天府中央法务区建设以来，促成成都金融法庭、成都互联网法庭等 5 个专业法庭入驻天府中央法务区，已推动集聚司法、商事调解、知识产权保护等 10 大类涉法务机构 100 余家，促成"一带一路"商事调解中心等 10 余个特色法律服务项目落户，推动最高人民法院设立第五巡回法庭成都审判点、成都国际商事法庭。天府中央法务区成功入选中国改革 2021 年唯一省级特别案例，在全国范围内初步打响天府中央法务区首创品牌。

▼案例点评

产业发展是天府总部商务区的重中之重，天府总部商务区在加强规划、全面开展建圈强链的基础上，不仅注重引进总部经济，同时还积极向总部经济提供产业链条上下游及产业相关信息，推动产业链条集聚成势。借助天府中央法务区东风，全面开花，高标准打造高端专业法律服务业链条。由此可见，天府总部商务区助力打造产业链条的方式值得借鉴。

四、实施效果

在 8.5 平方千米的核心区内，密集布局 119 栋超百米高楼，核心东区更是形成"三塔鼎立"的天际线轮廓，全面突破实现天府总部商务区蝶变。

（一）从秦皇寺中央商务区到天府总部商务区的衍变

从最开始成都用 5 年时间打造"一城一区一带"，"一区"即秦皇寺中央商务区，目标是将其打造为以总部经济、会展会议、商业商务等为重点，具有现代都市功能的现代化、国际化和高端化的中央商务区。到现今天府总部商务区定位是"建设面向世界的中央商务区，打造成都未来城市新中心"。这其中不仅是名字之变，更是发展的核心要义之变。从最开始的 8 平方千米到现今的 50.3 平方千米，地域覆盖增加不仅是产业面积的集聚，也是破解大城市病的实践，更是对职住平衡的探索。

天府总部商务区用高起点的定位、前瞻性的规划、符合园区特色的管理体制等，推动了天府总部商务区的规划发展，实现了肉眼可见的变化。"'十三五'期间，天府总部商务区持续推动产业发展提质、城市功能提升、科创空间提速、协同发展提效，成功入选 2020 年四川省现代服务业集聚区，实现从'规划建设'向'全面起势'重大跨越。"时任四川天府新区党工委委员、管委会副主任、天府总部商务区党工委书记介绍道。

（二）从传统方式到突出"公园城市"特点的转变

占地面积显示，相较于上海陆家嘴 CBD、北京 CBD、广州天河中央商务区三大顶级 CBD，天府总部商务区占地面积更大，有 50.3 平方千米，具有得天独厚的后起优势，有助于其充分借鉴国内外的先进经验，发挥后发优势（见图 1）。

图 1　天府总部商务区鸟瞰图

（图片来源：天府总部商务区）

天府总部商务区以"公园城市"理念为先导，以布局城市空间为切口，大幅提升城市的蓝绿占比使其达到 45%，人均公园绿地面积达 19.2 平方米（见图 2），远高于上海在 2035 远景规划中提到的人均公园绿地面积 7.6 平方米的目标。在绿色交通方面，轨道交通密度为每平方千米 2.8 千米，达国内领先水平，未来公共交通出行比例更是可达 85%。在绿色能源方面，天府总部商务区计划建设能源站，为 2.6 平方千米范围内建筑提供集中供冷、供热服务。在绿色建筑方面，对区域内建筑使用的材料、外立面设计等在节能环保方面作了规划要求，区域内已建和在建项目中二星级及以上绿色建筑占比达 72%，这在世界上的 CBD 中都绝无仅有。

（三）从"秦皇寺村"到"成都未来城市新中心"的蜕变

说到曾经位于成都市双流区正兴镇的"秦皇寺村"，这里虽然没有曾经深圳小渔村所拥有的大河大海，但是今昔相比，如今的"秦皇寺村"也正在上演当初小渔村变身现代化国际大都市的故事（见图 2）。

60 岁的周阿姨兴致盎然地介绍秦皇寺的样子，她在天府公园当保安，是土生土长的本地人，她的老家就在现如今的天府七中所在地。"中建、中铁还有会展中心那一片都是我们秦皇寺村的地，小的时候经常在田里

图2　天府公园

（图片来源：天府总部商务区管委会）

跑，以前干活还在那里跑来跑去的。"周阿姨说道，"正是因为这里的建设，村民们也都过上了好日子，家家户户都有了车，我闲不住，他们照顾我，让我在这里当保安"。

"最近两年更不一样。"2018年时任天府新区党工委书记调研天府总部商务区建设时说。

截至2022年3月，通过设立项目准入经济条件实现高质量发展，签约重大产业项目94个，总投资超过2500亿元，引进了招商局集团、中电建、日本神户医疗、传化集团等一批大型央企、国企、龙头民企总部。中建、中交、中铁、中冶、保利CBD等高端商务楼宇陆续开门招商。揭牌运行天府中央法务区综合服务中心，落户成都金融法庭等5个专业法庭。

五、特色亮点

天府总部商务区结合建设过程中面临的问题，坚持以习近平新时代中国特色社会主义思想为指引，突出以人为本，从研究全球成熟中央商务区发展历程演变出发，聚焦总部经济建圈强链，实现商务区 3.0 时代的跨越式变革，助推成渝地区创城经济圈高质量发展，助力带动形成经济发展的重要增长极和动力源。

（一）坚持以人为本筑景聚人，破解职住平衡难题

注重坚持以人为本的建设和营城逻辑，通过对众多先发地区发展历程的梳理和研究，总结出城市的活力在于城市功能的多样性和混合性。现代 CBD 不是简单的写字楼混凝土组合，而是可以容纳衣食住行的人性化空间；不是 5×8 小时的工作集中区，而是 7×24 小时的活力社区；不是单一经济导向的商务孤岛，而是产业多元、功能复合的城市乐土。依托筑景聚人，即构筑自然生态景观和社会景观，破解大城市病，探索职住平衡的成都实践。

（二）坚持生态用地红线，发挥立体作用，实现高效发展

在坚持 70% 的生态用地红线基础上，通过"立体空间 + 智能智慧"的方式，实现了有限土地资源的高效利用。深挖地下空间，通过空间复杂度的问题解决建设用地复杂度的问题，不断打造立体的地下产业空间和地下基础设施，并创新设立"产业项目年度亩均税收准入标准"，弥补建设用地不足。同时注重发挥智能智慧的作用，通过"孪生城市"系统有效解决因为开发地下空间带来的治理难题，形成一条全面的破解生态用地红线难题的实践路径。

（三）坚持专业化思维，强化产业供给，推动建圈强链

在建设前期注重理论化的研究，找准建设定位，注重收集先发地区的数据案例，总结经验得失，并从空间形态、功能演变、产业构成等方面进行大量实证研究。在充分考虑天府总部商务区定位基础上，高标准

规划产业链条，不断引进高端总部经济，同时注重向总部经济"充能"，即加强与市州产业链的合作，以及及时回馈产业链条上下游相关信息，不断推动产业链条积聚。同时借助天府中央法务区的建设，全面推动着力打造高端专业法律服务业链条。

六、经验启示

探索以总部经济为抓手建设天府总部商务区，推动成渝地区双城经济圈建设，带动形成全国高质量发展的重要增长极和动力源，极具理论研究价值。

（一）建设总部商务区应充分遵从市场规律

从市场的自发性来看，天府总部商务区是随着市场发展应运而生的，是时代的产物；从地理区位来讲，总部经济更多的是依赖信息的交换，因此天府总部商务区设立在天府新区是总部经济发展的内在要求。同时，天府总部商务区的建设有利于进一步将研发管理和生产分离，充分发挥周边市州生产链条成本费用低的特点，降低中心城市土地、人力等的生产成本，从而降低市场交易费用。从公司的角度出发，公司选择的资源配置总部 + 生产分离的体系，在一定程度上降低了生产成本和地租价格。从这个角度来看，基于天府新区与成都的关系以及地理位置，天府总部商务区在一定程度上解决了地租的问题，基于成都在西部的首位度优势，其诱引了总部经济的逐渐集聚。

天府总部商务区的形成不仅是一种政治行为，更是坚持以市场为导向，通过对市场的敏锐性嗅觉，逐渐在西部这个超大国内市场形成的一批总部经济集聚。这从前文数据可以得到证实，如签约重大产业项目 94 个，总投资超 2500 亿元等，可以清晰看出天府新区这个引领西部发展的园区已经形成规模并在逐渐壮大。从地域优势方面来看，成都位于由高原向平原的过渡地带，是秦岭山脉南侧首要城市，是链接东西南北的要塞，地域优势将转化为成都构建双循环关键节点和重要链接的空间优势。

此外，长期以来西部地区产品参与市场的行为大多是通过长途运输到中部地区或沿海，从而参与市场竞争，随着天府总部商务区的发展以及成都的辐射影响力，一方面可以通过市场化的运作，以抱团形态，带动西部产品以更具竞争力的方式参与市场竞争；另一方面加速市场要素的流通，推动国际国内的生产要素及产品走进西部，进一步推动双循环这个关键节点发展。

（二）建设总部商务区应充分考虑发展本底

从成都的现有条件来看，历次国土空间规划，近年来基础设施建设和生态本底，营造良好的干事创业氛围，强化人才引进支持力度及成效，较为完善的政务服务体系，安定有序的社会环境，全面从严治党取得的成效，信息产业的大力发展，双机场建设和国际航线的开通以及诸多领事馆的设立，天府文化本底等为天府总部商务区建设提供了必要条件。

对于城市来说，只有城市的基础设施保障、公共服务便捷度、社会安全形态、城市对人才的吸引等各方面基础条件发展到一定的阶段，才能够为形成总部经济区奠定基础。成都及天府新区恰恰为总部经济区的构建提供了实践所需要的基础因素，如对外开放优势明显、产业集聚效应加速升级、企业营商环境优化、创新能力提升等。"十三五"期间，成都轨道交通运营里程达558千米。成都双流国际机场及天府国际机场投入使用，开通航线300余条；国际班列累计开行达11000列，其中中欧班列累计达6700余列。成都市高新技术产业营业收入同比增长205%，轨道交通装备、生物医药已入选国家首批战略性新兴产业集群；累计注册新经济企业达44万多家。自从2017年7月成都出台"人才新政12条"，截至2022年4月，成都已吸引新落户青年人才近60万人。

同时，天府总部商务区建设是基于当地城市特有的发展因素所形成的，其依赖于核心区域的信息网络、次核心区的物流网络和组织网络，以及边缘区域的生产架构组建，势必形成公司总部负责资源调配＋次核心区加快构建物流网络和产品配置＋边缘区域生产系统。从成都物流网络体系及产业布局来看，产业链价值及物流体系为天府总部商务区的形成提供了必要的物流网络和产品配置基础。从成都对周边的辐射以及天府总部商务区的区域合作来看，边缘区域已经形成的生产价值和即将开展的区域合作为总部商务区的构建提供了原动力。

此外，基于中心城市成都与周边城市的发展差异、周边城市不同种类的产业基础、相对廉价的劳动力、特殊行业的人才技能、完善的交通体系等，都为总部经济区的产生提供了支撑。

七、思考及建议

（一）聚焦发展定位，加快形成独具特色的政策保障措施

纵观国内外先发 CBD 发展情况，可以明显看出 CBD 所带来的效益是巨大的，对天府总部商务区来讲，发展潜力是无穷的。但是各个地方在发展重点、政策体系等方面都有明显的差异，这也对天府总部商务区如何制定适宜自身发展的政策体系带来了挑战。因此天府总部商务区在强化政策保障体系方面应结合四川特点，以及周边配套产业体系，找准发展定位和发展重点，制定有益于发挥本土优势的体系政策，否则将有可能带来总部商务区的发展偏离。

（二）聚焦体制机制，持续优化营商环境，推动政务服务升级

优化营商环境对招引促建等方面将带来很大的提升，同时也是推动总部经济健康发展的有力保障。建议完善立法制度，特别是在完善跨国公司的立法方面，在做好跨国公司权益保障的前提下，提升应对跨国公司的风险防范能力。以人才为着力点，以提升综合服务水平和宜居宜商

的软硬件环境为支撑，提升总部经济发展的配套服务设施水平。继续推进商事制度改革，提高总部企业服务的便利性和高效性。在政务大厅或者部门网站建立总部专务入口，全面推动无纸化申报、绿色通道、容错受理等便利措施，为总部企业获取行政服务提供便捷。

（三）聚焦创新策源，提升创新驱动能力，实现产业引领

习近平总书记多次强调，要强化科技创新源头供给，提升创新策源能力。创新策源已成为新一轮中心城市乃至总部经济的着力点，建议总部经济在培育发展过程中持续加大基础研究的保障力度，不断提升参与竞争的基础实力；提升高新技术开发的软硬件基础，为高新技术开发产业提供便利的条件；组建多层级平台集群，提升产业链条的完整性。

（四）聚焦建圈强链，加强合作完善全链条式产业体系

总部经济的发展不能仅仅依靠楼宇经济，需要更多周边完善的配套产业体系支撑，因此建立健全以总部经济为核心的总部产业体系十分必要。建议一方面以成渝地区双城经济圈建设为依托，提升周边市州的产业体系，推动周边产业体系的优化提升；另一方面强化总部经济与周边产业的交流沟通，通过举行总部经济论坛及产业发展联盟会议等，增强总部经济与周边产业体系的交流合作，推动形成多条完整产业链条。此外，加强对总部企业的培养，形成一套完整的总部企业培育机制，对优秀的总部企业积极开展培育，从人才、政策、研发等方面全方位支持，加快总部企业的发展。

八、案例来源说明

本文中的案例资料和图片主要来源于课题研究团队对天府新区管委会、天府总部商务区管委会考察调研及访谈，小部分资料来源于《四川

日报》《成都日报》等权威媒体，整理所得。

九、教学思考

1. 天府总部商务区是如何践行习近平总书记来川视察重要讲话精神的？

2. 天府总部商务区是通过哪种方式解决大城市病的？

3. 天府总部商务区是如何在坚守生态用地红线基础上，实现自身高效发展的？

参考文献

［1］吴宣恭. 关于发展总部经济的几个问题［J］. 福建论坛（人文社会科学版），2005（10）.

［2］王军. 国际大都市总部经济发展实践的理论逻辑及其应用［J］. 理论学刊，2007（12）.

［3］张武晴. 上海构建国际一流总部经济生态圈的关键及建议［J］. 科学发展，2020（7）.

课题指导：中共四川省委党校（四川行政学院）　郭义盟　余霄
编写单位：中共成都市委党校（成都行政学院）
研究团队：李甲奇　李毅　代韩骏　何非　向桂玲

泸州推动泸永江融合发展示范区建设的实践案例研究

摘要

川渝自古一家亲，但随着 1997 年川渝分家，两地间的交流与互动开始相对减少。随着"成渝地区双城经济圈""一干多支、五区协同"等战略的提出，泸永江融合发展示范区作为《川渝毗邻地区合作共建区域发展功能平台推进方案》明确的 9 个合作平台之一，率先得到批复。泸州市作为泸永江融合发展示范区的重要成员，聚焦目标和定位，坚持规划引领发展，在基础设施建设、产业发展、职业教育、文化旅游、公共服务等领域重点发力；坚持解放思想、创新思维，与永川、江津两地进行深化务实合作，着力构建联系更加紧密的利益共同体和发展共同体，全力以赴合力推动各项重点任务加快落地见效。

关键词

泸州；泸永江融合发展示范区；一体化；功能平台

一、导语

川渝自古一家亲。四川和重庆，地域相邻，文化上一脉相承，历史上又曾同属一个行政区域，自古两地经济交流、人员往来频繁。1997年，重庆直辖，川渝分家，由于地方行政分割和两地存在的经济利益瓜葛，两地间的交流与互动相对减少。近年来，四川省围绕"一干多支、五区协同"的发展思路，逐渐形成以成都为核心的区域发展新格局，而重庆则在"一区两群"的协同发展战略下逐渐形成了自己的经济发展体系。两地发展差异逐渐增大，互补联系逐渐减少，竞争大于合作，不利于两地经济的互促共进，也不利于国家宏观发展战略的有效实施。其实，早在川渝分家之初就有有识之士就曾指出"分得开的是行政区划，隔不断的是经济联系"，川渝经济一体化发展的思想就开始萌芽。随着"成渝经济区""成渝城市群""成渝地区双城经济圈"等认识的不断深入，各种一体化的理论应运而生，各种不同规模的一体化实践也在不断推进。

2020年1月，中央财经委员会第六次会议明确提出，推动成渝地区双城经济圈建设，将双城经济圈定位为全国重要的"一极两中心两地"，建设全国"第四核心经济增长极"成为重要目标。随后，《成渝地区双城经济圈建设规划纲要》提出了规划建设川南渝西融合发展试验区的设想。其中，泸永江（泸州、永川、江津的简称）融合发展示范区作为《川渝毗邻地区合作共建区域发展功能平台推进方案》明确的9个合作平台之一，率先得到批复。"泸永江"是四川、重庆积极探索经济区与行政区适度分离，实现跨行政区融合发展的示范区，其目的是探索跨省级行政区融合发展模式，为川渝经济一体化发展全面展开积累经验。同时，也为解决成渝地区"中部塌陷"、培养造就新的经济增长极打下基础。2021年11月15日，《泸永江融合发展示范区总体方案》获四川省人民政府、重庆市人民政府批准实施，并将泸永江融合发展示范区定位为川渝滇黔结合部经济中心、成渝"双核"重要功能配套区、成渝地区南向开放合作门户、长江经济带绿色发展示范区。据此，泸州市被委以"先行军"的重任，与重庆市永川区和江津区两地携手共同探索经济区与行政区适度分离改革路径。随着泸永江融合发展示范区（泸州）党工委、管委会成立，《泸永江融合发展示范区总体方案》《泸永江融合发展示范区发展规划》的逐步落地落实，成渝地区双城经济圈"南翼"跨越式发展即将展开历史新画卷。

泸州地处川滇黔渝四省市结合部，毗邻成渝主轴，距"双核"距离适中，是成渝地区双城经济圈的重要组成部分，是交通运输部规划建设中的 63 个国家级综合交通枢纽之一，是国家西部陆海新通道西线四川南下的门户，国家中心城市——成都的最近出海通道，也是四川省 7 个有条件争创全省经济副中心备选城市之一。作为"泸永江"合作伙伴的江津是重庆中心城区同城化先行区，永川是重庆主城区向外辐射的战略支点，2022 年江津、永川 GDP 总量分别排名重庆市各区县的第 6、第 7 名。因此，"泸永江"成为川渝经济一体化发展条件最佳的地区。"泸永江"的发展建设将对成渝地区双城经济圈南翼跨越发展，对川渝毗邻地区融合发展，对长江上游地区绿色发展以及对解决成渝"中部塌陷"问题和培育新的经济增长极具有重大意义。如今，泸永江融合发展示范区的各项工作已经有序推进，并初见成效。所以，有必要认真梳理泸州推动泸永江融合发展示范区建设实践的案例经验，为推进川渝经济一体化发展提供思考和启迪。

二、背景介绍

当今世界百年未有之大变局加速演进，中国正迈进全面建设社会主义现代化国家新征程，新发展理念全面贯彻，新发展格局加快构建。泸永江融合发展示范区的萌芽与发展离不开宏观背景的变化与烘托。

（一）成渝地区双城经济圈战略视野下的"泸永江"

四川是沟通"一带一路"与长江经济带的重要腹地。2020年1月，中央财经委员会提出"推动成渝地区双城经济圈建设"，在西部形成高质量发展的重要增长极。国家推动成渝地区经济圈建设旨在努力将其打造成全国第四核心经济增长极，体现全国重要经济中心、科技创新中心、改革开放新高地、高质量生活宜居地的战略定位，从而沟通"一带一路"和长江经济带，促进西部大开发发展战略顺利实现。根据成渝地区双城经济圈的实际，南突东进、"双核"相向而行是发展的重要方向。"泸永江"位于"双核"之间，靠近成渝主轴通道，实现协同发展对解决"主轴通道坍塌"问题意义重大。另外，泸州、永川、江津皆是成渝地区双城经济圈中经济实力较强的地区，"泸永江"是9大一体化发展功能平台中的"强强联合"。因此，泸州加快推动泸永江融合发展示范区建设，实现"成渝双圈"南翼跨越发展，打造川滇黔渝结合部经济中心，打造成渝经济发展第三极，意义非凡。双城经济圈需要"泸永江"的发展。

（二）"一干多支、五区协同""一区两群"战略下的"泸永江"

2013年，四川省委为解决成都"一城独大"问题，提出"多点多极支撑"发展战略。在"多点多极支撑"发展战略中，提出了"支持川南地区率先实现次级突破"。泸州作为川南地区的龙头城市之一，其发展备受关注。2018年，中共四川省委十一届三次全会提出了对内"一干多支、五区协同"，对外"四项拓展、全域开放"的新发展战略。在"四项拓展、全域开放"的具体表述中，"突出南向、提升东向"摆在战略的前两位。作为泸永江融合发展示范区重要组成部分的泸州，地处成渝地区双城经济圈最南端，是四川在长江干流上的最东端，占南又据东。向南经由隆黄-黄百铁路到达钦州，联通北部湾；向东经由长江黄金水道，联通重庆、武汉、南京、上海等城市，直达长三角经济区，进而接轨环太平洋地区，在四川对外开放战略中具有极其重要的地位。围绕成渝地区双城经济圈的国家战略带来的重大历史机遇，中共四川省委十一届八次全会提出了坚持以成渝地区双城经济圈建设为战略引领，要求将"一干多支、五区协同""四向拓展、全域开放"与成渝地区双城经济圈国家发展战略有机结合。四川省委十二届党代会提出"支持宜宾 – 泸州组团建设川南省域经济副中心"；2023 年 8 月，国家发展改革委规划建设"宜宾 – 泸州国家复合型流通支点城市"。泸州作为成渝毗邻地区中经济实力最强、距重庆核心城区最近的城市，地位更加突出。同时，在重庆"一区两群"发展战略中，江津作为重庆中心城区同城化先行区，永川作为重庆主城区向外辐射的战略支点，备受外界关注。因此，泸州加快推动泸永江融合发展示范区建设，对川南地区加速崛起、促进干支联动，永川、江津融入主城、辐射周边，以及加快川渝一体化发展均具有重要意义。"一干多支、五区协同""一区两群"都离不开"泸永江"。

（三）泸州"一体两翼"特色发展战略助推"泸永江"发展

泸州市作为"泸永江"的重要成员，坐拥长江黄金水道，区域优势明显，资源条件优越，产业基础雄厚，近年来经济发展取得了长足进步，川滇黔渝结合部区域中心城市地位更加巩固。但因为地处川渝两省市边界，长期受行政壁垒的困扰，产业政策、基础设施配套、公共服务供给缺乏协调配合，与邻近的永川、江津发展模式趋同，同质化竞争问题严重，经济发展并未达到理想状态。为了进一步落实中央、四川省重大区域发展战略，泸州市第九次党代会明确提出实施"一体两翼"特色发展战略，建设新时代区域中心城市的宏伟蓝图。在"一体两翼"特色发展战略中，突出做优东翼的战略目标，力争把东翼建设成为泸州融入成渝地区双城经济圈的桥头堡。由此，建设泸永江融合发展示范区平台，推进泸州、永川、江津三地融合发展，是中央和四川省发展战略在泸州市的具体实践，是川南渝西地区实现资源整合、优化配置、错位发展的必由之路，也是推动解决成渝双圈"周边塌陷"问题，实现区域均衡发展的有力举措。

三、典型案例

（一）不懈追踪见成效，科学谋划出新篇

四川、重庆有长江一脉相连，历史上曾经同属一个行政地区管辖，地缘相近，人文相亲，交流密切。1997年川渝分家后，由于行政区划的分割，地方经济利益的瓜葛，脱离了统一的发展规划，川渝之间经济交流受到一定程度的限制，小到生猪、鲜肉日常市场行为都受到限制。经济发展面临着产业趋同、重复投入、无序竞争等问题。

然而，川渝本是一个完整的经济地域单元，川渝经济一体化有其历史客观必然性，融入重庆经济发展也一直是泸州的夙愿。一体化发展离不开平台建设，泸州历届市委、市政府以"咬定青山不放松"的精神，从2011年渝广合作示范区报批时，就开始为泸渝合作不懈追求。2015年，川渝双方签署了《关于加强两省市合作共筑成渝城市群工作备忘录》，为泸渝深化合作交流指明了方向。随后，两地党政代表团多次交流，充分表达了对基础设施互联互通、特色产业优势互补、合作平台共建共享的强烈愿望。2019年，泸州市、内江市和荣昌、永川区共同签订了《深化川渝合作推动泸内荣永协同发展战略合作协议》，并请香港城市设计院设计完成《川渝经济融合发展先行试验区总体方案（"泸内荣永"两市两区）》。"泸内荣永"提出从生态环境、基础设施、产业协作、平台建设、国土空间、公共服务等方面进行深化合作，着力把"泸内荣永"打造成川渝合作新亮点、一体化发展示范点。此方案得到四川省政府、重庆市政府高度重视，"泸内荣永"即"泸永江"前身。2021年7月，川渝共同印发《川渝毗邻地区合作共建区域发展功能平台推进方

案》；同年 11 月，《泸永江融合发展示范区总体方案》获川渝两地人民政府批准实施。2023 年 1 月，《泸永江融合发展示范区发展规划》由三地共同公布；8 月，泸永江融合发展示范区（泸州）党工委、管委会成立，融合发展示范区各项工作有序推进。泸永江融合发展示范区的规划范围包括泸州、永川、江津一市两区，面积 17026 平方公里，2022 年常住人口 676 万人，地区生产总值 5134.54 亿元。至此，泸州对川渝经济一体化发展平台的不懈追求，终于如愿以偿。

积极推进泸渝合作的同时，泸州市委、市政府不忘充分发挥泸州自身比较优势，力争在推进合作中壮大自己。中共四川省委十一届三次全会在部署构建"一干多支、五区协同"发展战略时，明确支持将川南经济区打造成为全省第二经济增长极，支持泸州建设川渝滇黔结合部区域中心城市和成渝经济区南部中心城市，这给予了泸州更高的定位和更大的期待。泸州市委在此基础上进一步明确了争创"全省经济副中心"和"成渝地区经济副中心"的目标，并提出加快建设"两中心一枢纽一门户一高地"的决定，在开放引领、产业升级、城市提质、乡村振兴、民生改善、生态环保方面共同发力，推动高质量发展。2021 年 11 月 17 日，泸州市第九次党代会召开，会议响亮地提出实施"一体两翼"特色发展战略、奋力建设新时代区域中心城市。2022 年，四川省委十二届党代会提出"支持宜宾－泸州组团建设川南省域经济副中心""高水平建设全省第二经济增长极"。2023 年，国家将泸州列入港口型国家物流枢纽城市、复合型流通支点城市名单。抓住机遇，及时实施工业延链强链补链战略，依托泸州现有制造业基础，打造具有核心竞争力的产业生态链；通过酒城人才聚集行动，打造创新人才聚集高地。实施高质量发展"八大行动"与高品质生活"八大工程"多管齐下，泸州必将形成"既为一域争光，又为全局添彩"的良好态势，引领泸永江融合发展示范区翻开历史新的一页。

规划在发展中起着重要的引领作用，规划科学就能带来效益。泸州市一方面紧盯川渝一体化发展趋势，持续扩大"朋友圈"，同时科学规划自身发展，积极发挥比较优势，努力绘就了高质量发展的"同心圆"。

（二）铁路高速补短板，互联互通畅发展

交通基础设施是推动成渝地区双城经济圈建设的先行领域，也是畅通经济社会循环的"动脉血管"。"泸永江"虽然地理位置优越，"水公铁空"立体交通体系已基本形成，又是国家规划建设中的国家级综合性交通枢纽，但就目前交通网络建设而言，由于铁路干线通道建设不足，高速铁路建设起步较晚，内部互联互通不够发达，港口优势未能得到充分发挥，面对飞速发展的一体化进程，交通基础仍是制约其发展的重要短板。为此，泸州市委、市政府协同永川、江津两地地方党委、政府将一体化发展的首要功夫下在交通运输基础建设上，将一体化发展的"第一张牌"打在"外畅内联"上。

首先，围绕"外畅内联"，完成了绵泸高铁的建设，结束了不通客运的尴尬历史，泸州正式进入高铁时代。同时，渝昆高铁四川段建设"神速"，重庆中心城区至江津至泸州至乐山的城际铁路纳入重庆市"十四五"规划。绵泸高铁北接成渝高铁，南连渝昆高铁，是成渝地区双城经济圈城际铁路网的重要组成部分。绵泸高铁内自泸段开通后，川南城市群由此整体迈入"高铁时代"。"一轨贯川南"，泸州、自贡和内江随之进入"半小时经济圈"，搭上高铁快车的泸州和自贡，与成渝等中心城市的时空距离也大幅缩短，时针至少拨快 1 小时。据中国铁路成都局集团有限公司相关负责人介绍，乘坐绵泸高铁往返成泸两地，最快仅需 1 小时30 分钟。此前，泸州与成都之间主要靠高速公路连接，开车需 3.5 个小时以上，大巴则需 4～5 小时，高铁优势立竿见影。绵泸高铁内自泸段通

车后，紧密了泸州与成都之间的联系，吸引了周边城市旅客到泸州中转，也给沿线居民带来实实在在的民生红利，实现"早上在绵阳吃米粉，中午在泸州喝单碗"的美好夙愿。高速铁路更是以"高速"缩短了地区之间的经济距离、人与人之间的心理距离，加速了地区之间经济要素的流动，加快了沿线区域经济的发展乃至西南地区经济的发展。让川南地区百姓开启了"同城交通化"的"双城生活"模式，加强了与成都、重庆甚至外界城市的联系，让生活拥有更多选择性和多元化。同时，新产业、新合作也正在萌芽，随着绵泸高铁的开通，四川省泸州市、宜宾市、内江市、自贡市，重庆市永川区、江津区、荣昌区七市区推出川南渝西文化旅游环线，串联起七市区极具代表性的景点，深入推进成渝地区双城经济圈和巴蜀文化旅游走廊建设。

其次，围绕"内联"，三地党和政府把连接泸渝两地的公路建设作为重点。已相继建成通车 G93 成渝环线、g8515 泸荣高速公路、泸永高速公路，以及绕道隆昌的成渝高速公路等，正在建设完善泸永高速公路，加快推进重庆至叙永至筠连、自贡经泸州至永川、江津经泸州至宜宾等高速公路的前期工作。高速公路网不断织密，泸渝两地国省干道建设也在快马加鞭。其中，2023 年 7 月，江泸北线施工现场干得热火朝天。泸渝两地间已成功开行跨省城际公交线路 7 条，惠及 100 余万群众。合江县白鹿镇和江津塘河之间的省际公交路线就是其中一条。江津（塘河镇）距合江（白鹿镇）不到 20 千米，但由于没有直达线路，出行难一直是困扰两地群众的问题。"以前从白鹿到塘河只有坐'节节车'，要 2 个小时，赶场、走亲戚都不方便。"当地老百姓感慨道。在了解到群众诉求后，白鹿镇政府积极参与省际公交的建设推动工作，2020 年 12 月，往返白鹿镇至塘河镇的省际公交线路建成通车，乘车时间较之前节省 2/3，每隔半个小时一班车，且全程票价仅需 5 元。从塘河来白鹿赶场的小罗感慨道："省际公交车开通后，掐着时间赶公交，不用等，收费也不贵，实在是太方便了。"省际公交开通后，极大方便了沿线老百姓的出行，缩短了沿途转车、等车的时间，为"圈内"同城化发展带来了便利。一方面改善了民生，另一方面也促进了地方经济的发展。

随着高速铁路、高速公路网络不断完善，川渝毗邻片区交通出行条件不断优化，泸县、合江县等川南地区次级交通枢纽不断成形，将有力推动泸永江地区经济地理重塑，对于泸州融入成渝地区双城经济圈，构建川南渝西融合发展战略支点意义重大。

（三）特色发展强产业，园区建设固根基

产业是经济之本，推进产业协作是成渝地区双城经济圈建设的重中之重。为促进产业发展，三地政府把工作的着力点放在了"特色"和"园区"上。

合江县与江津区毗邻，在经济、社会等方面相融相通，在工业发展和园区建设方面历来有着深厚的合作基础和先天的合作优势。合江临港工业园区和江津区工业园区（珞璜组团）相距55千米，有宜泸渝G93高速和黄金水道长江相联，而正在建设中的G353国道、规划建设中的合江李子坝码头还将进一步缩短两地的距离。因此，早在2020年7月，四川省就把合江县确定为成渝地区双城经济圈建设县域集成改革试点的9个县之一，为合江县产业发展打开了新的窗口。在此背景下，江津和合江两地顺势而为、因势利导，谋求共同规划建设跨行政区域组团发展示范区。2020年11月，重庆江津工业园（珞璜组团）与四川泸州合江临港工业园区针对产业发展、园区建设等方面签订合作协议，推动共建川渝新材料产业合作示范园区，加强在产业配套、"飞地"招商等方面的合作，重点发展绿色化工新材料、家居新材料、包装新材料、建筑新材料等产业。2021年1月，"合江·江津（珞璜）"新材料产业合作示范园区通过专家评审，成为四川首批成渝地区双城经济圈产业合作示范园区。该园

区旨在打造特色新材料优势产业集群,力争 3 年内共建合作一批 50 家以上的产业配套加工企业,落户一批 15 家以上的产业"飞地招商"项目,深入推动两地产业分工协作,形成错位发展、竞相发展的态势。目前,双方已组建了工作领导小组和联合招商专班,深入开展产业合作,积极推进项目落地。其中,合江临港工业园区已规划 2.98 平方千米区域用于共同打造产业合作示范园区(一期),先行拿出 300 亩存量土地用于承接"飞地招商"项目落地,园区水电路等配套工程已完善,场地平整基本结束,"三通一平"初具模型。部分先行项目已开始初见成效,如竹类门模产业产值已近 10 亿元。截至 2022 年,合江组团入驻企业达 206 家,规上企业 78 家,主营业务收入 351.26 亿元,税收 15.65 亿元。

同样,合江县与江津区地理上的毗邻,为两地农业的合作化、集约化、规模化发展,提供了天然的便利。四川省合江县荔江镇是著名的"水果之乡"和全国优质晚熟荔枝基地,荔枝种植面积 20 多万亩。然而苦于荔枝的种植数量有限,这种供不应求的难题也成为幸福的烦恼。而位于江津区朱杨镇的桥坪村洼地居多,独特的地理环境形成了湿热、无霜冻的小气候,拥有典型的冲击土壤,也非常适合荔枝生长。但与邻近以荔枝种植闻名的泸州市合江县相比,朱杨镇桥坪村的荔枝种植可以说是相当"年轻",在荔枝种植方面经验匮乏,多年来由于缺乏技术指导和相应管理经验,美好的愿望只能停留在理想上。2018 年,朱杨镇桥坪村引入外来的农资企业,开始了荔枝的集中种植,在短短一年后合江县举办的荔枝节上,朱杨镇桥坪村荔枝首度亮相就以优良的口感吸引了众多国内外客户的关注,最终当年出产的 2.5 万斤鲜果被来自日本的客户全部订购。乘着泸永江融合发展示范区建设的东风,合江荔枝企业主动出击、扩大战场,在朱杨镇桥坪村承包 600 余亩土地,发展标准化荔枝园。而朱杨镇也多次组织人员到四川省合江县荔江镇学习荔枝产业发展相关先进经验,学习了解了荔江镇荔枝产业"1 + N"发展模式,"市场主体 + 国有公司 + 村集体公司 + 农户"的利益导向机制,标准化荔枝园发展、荔枝种植技术、嫁接技术、营销经验等，并签署《区域合作框架协议》，建立合作联动机制，促进荔枝产业协同发展。此外，合江县·江津区高效特色农业带合作园区规划面积 5 万亩，计划到 2025 年，建成 5 万亩高效粮油示范园区，分为合江县临港"稻渔＋"示范区、白鹿稻渔融合发展示范区和江津区石蟆富硒水稻示范区三个功能区。2022 年，园区已建成产业基地综合产值达 1.56 亿元，项目区农民群众人均增收 1200 余元。

案例点评

　　新材料产业园和荔枝产业合作只是"泸永江"产业资源共享、优势互补、合作共兴的一个小小的缩影。只有继续以成渝地区双城经济圈建设为契机，依托泸永江融合发展示范区建设，深挖有利于三地产业合作共进的利益契合点，加快推进跨地区产业园区建设，加快推进跨地区产业联盟构建，才能进一步提升泸永江融合发展区的产业影响力，筑牢成渝地区双城经济圈新增长极的产业根基。

（四）生态防护铸屏障，公共服务保民生

　　在经济建设取得飞速发展的同时，三地在环保方面也付出了一定的代价。可持续发展、生态环保建设刻不容缓。泸州、永川、江津三地共饮一江水，同为长江上游重要生态屏障。《成渝地区双城经济圈建设规划纲要》明确提出，推动生态共建共保，加强污染跨界协同治理，探索绿色转型发展新路径三项具体任务。生态"融圈"，泸州市始终坚持高位推动，市领导多次赴重庆共商成渝地区双城经济圈建设，就加强长江等跨界河流联防联控、司法协作，建立长效机制、协同推进生态保护达成一致意见。

　　大陆溪河是长江左岸一级支流，发源于重庆市永川区吉安镇，流经四川省泸州市泸县、合江县后又进入永川区朱沱镇，最后汇入长江。过

去，每年八九月大陆溪河河面就长满了水葫芦、水白菜等水生植物，冬季枯萎后开始腐烂变色，水质受到严重影响。近年来，虽然在下游的永川区持续深化水环境综合治理，清除河中漂浮物、排除障碍，对河道进行清淤和生态修复，但是因为大陆溪河上游的泸县境内存在化工企业和场镇生活污水污染问题，单靠下游治理效果有限。2020 年以来，川渝两省市水利部门多次开展水行政联合执法，同年年底，永川区与合江县专门就大陆溪河开展联合执法专项行动，沿着陆域和水域两条路线巡查。随后，两地还多次召开水环境治理座谈会，交流水污染治理尤其是针对水体富营养化相关问题的工作经验，两地趁势加强大溪河水域水生植物治理工作。一系列治理行动，推动了大陆溪河流域水环境质量持续改善，长江出川断面水质稳定保持 Ⅱ 类标准。随着长江十年禁渔期工作的深入，河鱼已重新回归。此外，泸州市已联合重庆市江津区、永川区、荣昌区生态环境局，多次协同开展区域大气污染防治联合执法，共同推动生态文明建设和生态环境保护。2021 年 6 月，泸州、江津、永川首次联动帮扶工作在永川区开展，针对交界区域重点行业、重点企业大气污染治理问题开展督导帮扶。同年 9 月起，泸渝两地每月定期在永川、江津、泸县、合江开展川渝两地大气帮扶检查。主城区空气质量优良天数率从 2016 年的 69.7% 提升到现在的 88.5% 以上。川渝两地生态环境执法部门信息互动共享平台搭建起来，企业污染防治措施和环境风险防范措施落实情况纳入有效监督，泸州的生态"融圈"促进了区域生态环境质量持续改善。

在泸永江三地融合发展的过程中，也注重提升公共服务质量和水平，不断增强人民群众获得感、幸福感、安全感。2021 年 1 月，泸州开通西南片区跨省门诊慢特病费用直接结算业务，泸州和重庆两地异地门诊就医"跑腿""垫资"成为历史。以往每次跨省医疗都要求病患先行垫付医疗费用，待出院后再持相关手续回本地核算报销，有时还需多次在居住地和就医地之间往返，整个过程极为不便，阻碍了川南渝西地区居民共享医疗资源。随着西南片区门诊慢特病费用跨省异地就医直接结算开通运行，跨省异地就医只需要先备案、选定点医院，就可在已开通门诊慢特病费用跨省直接结算的定点医院刷卡结算医疗费用，再也不用为报销费用而来回奔波，大大节省了居民就医的时间成本。同年6月，泸州市不动产登记中心"川渝通办"业务开通，川渝两地居民办理不动产权登记等相关业务不用再两地跑，不动产登记业务实现了跨省通办，交易双方只需要带上资料到本地窗口申请办理相关手续，两地业务部门接到申请，工作人员按照签订的工作方案和流程，就会在承诺时限内为双方人员办理好不动产登记证明。

案例点评　泸永江三地部门联手，推动生态环境保护协调联动齐抓共管，推动区域公共服务互认互通共建共享，有效提高了人民群众的幸福感、获得感，为三地共同创造高品质生活，提高城市发展能级，提升城市凝聚力迈出了坚实的一步。

（五）体制机制作保障，政策优惠促发展

改革开放40多年来的历史经验证明，体制机制的改革一直发挥着"逢山开路、遇水架桥"的先锋军作用。从争取泸永江融合发展示范区获批开始，体制机制的改革创新就一直受到泸州市委、市政府的高度重视。2021年11月9日，《泸永江融合发展示范区总体方案》获批，泸州市委、市政府高度重视，立即成立了由市委书记、市长为组长的推动泸永江融合发展示范区建设领导小组，全面指挥协调各项工作，完善领导机制，确保高规格推进、强有力领导。在市发展改革委组建泸永江联合办公室，同时设立基础设施、现代产业等7个专项推进组，具体负责各专项工作。为确保工作高效运转，另设4个统筹工作组，统筹专项推进情况，确保人员管理制度化，任务落实清单化，工作推进台账化。对各级领导干部

强化"抓项目是本职,不抓项目是失职,抓不好项目是不称职"的意识,出台并印发有《总体方案任务分工》《2022 年重点工作任务》《泸州市"东翼"2022 年机制建设及方案编制任务清单》《泸州市"东翼"建设 2022 年工作要点》等相关文件。同时,泸州市还从各县区、市级有关部门及国企抽调业务骨干,市发展改革委送派 18 名中层干部到联合办公室充实力量,以进一步完善决策层、协调层、执行层三级贯通运行机制,确保落地落实。2023 年 8 月,泸永江融合发展示范区(泸州)党工委、管委会成立,融合发展进入"快车道"。

另外,自党中央部署推动成渝地区双城经济圈建设以来,泸县警方与重庆警方务实推进川渝两地边界地区警务合作,通过签订警务合作协议、共同搭建警务合作平台、加强联合执法和数据共享等方式形成"联动、联处、联管、联打、联调、联办"的"六联"机制,共同织牢区域安全网、共建川渝平安边界。四川省泸州市泸县立石镇与重庆市永川区吉安镇地处川南渝西结合部,由于两省市边界地区通信信号不稳定,经常发生群众拨打"110"报警电话信号跨省漂移等问题,为警情处置的时效带来考验。针对这一问题,川渝两地公安机关深入调研,在"川渝两地警务合作总体框架"支撑下,双方建立了 110"一键可达、一体出警"快速接处警工作机制,建立健全分类处置、先行出警、同步联动的指挥调度模式,让毗邻地区群众切实体会到"行政管辖有界、公安服务无界"。此外,两地建立跨区域犯罪、流窜犯罪、团伙犯罪协作机制,针对执法办案中出现的新情况、新问题,双方公安机关快速沟通、有效协作。在追逃追赃、查询抓捕、调查取证等方面形成有效衔接、相互配合、优势互补的运行机制,最大限度简化办案流程,提高跨区域执法办案质效。截至 2021 年底,双方共联合处警 11 起,联合成功破获系列盗窃案 3 起,打掉盗窃伙团 2 个,抓获盗窃嫌疑人 5 名,追回并返还被盗手机 9 部、摩托车 2 辆。泸县立石派出所先后与永川交警及吉安、来苏、仙龙等派出所在接处警、交通管理、破案打击、数据信息、治安管控等方面建立合作机制，通过深化警务合作，最快速度出警处置，最大限度方便群众，构建了信息互通、资源互享、优势互补、良性互动的警务合作新格局。

透过警务合作，可以看到泸州在跨行政区体制机制方面的探索和努力。另外，为加快构建高效协作新格局，泸州、永川、江津三地也同时在探索在产业协作共兴、税收利益共享、公共服务共建共享、跨区域协同治理机制等方面合作体制机制，为推动泸永江融合发展示范区建设、构建成渝"双圈"新增长极提供坚实制度保障。

四、实施效果

泸永江融合发展示范区的设立，旨在通过泸州、永川、江津一市两区的融合发展，推动成渝地区双城经济圈南翼跨越发展；探索川渝毗邻地区融合发展新模式；推动长江上游地区绿色发展。其实质是通过对经济区与行政区分离改革的探索促进经济的发展。因此，经济基础的变化、产业发展的态势、基础设施的完善、公共服务的供给等情况成为案例实施效果的重要评判指标。

（一）经济实力大幅跃升，协同发展日渐成势

泸州、永川、江津一市两区近年来经济实力大幅跃升，经济总量持续增长（见表1）。

表1　泸州、永川、江津生产总值数据（2017—2022 年）

单位：亿元

年份	泸州	永川	江津
2017 年	1698.9	704.5	757.1
2018 年	1895.6	845.7	902.3
2019 年	2071.0	952.7	1036.7

年份	泸州	永川	江津
2020 年	2157.2	1012.4	1109.4
2021 年	2406.1	1144.2	1258.0
2022 年	2601.5	1202.84	1330.02

资料来源：根据泸州市、永川区、江津区统计年鉴（2017—2022 年）整理。

泸永江融合发展示范区一方面承担着为川渝一体化"投石问路"的重任，另一方面也肩负着推动成渝地区双城经济圈"中部塌陷"地区重新崛起、南翼跨越发展、打造"双城经济圈"新经济增长极的使命。《泸永江融合发展示范区总体方案》虽获批时间短，但由于三地政府早酝酿、早规划，且规划与建设同步，融合发展试验已有一定起色。从经济总量上看，"泸永江"现行经济基础雄厚，2022 年三地 GDP 总量已达 5134.54 亿元，比上年增长 6.78%（2022 年川渝两地增速约 2.95%，"双城经济圈"增速 3.0%），在川渝两地皆高于平均增速，属增速较快地区。就泸州而言，与南充差距由 2018 年 300 亿元以上缩小到 2022 年 100 亿元以内，将达州甩得更远。2021 年，江津、永川 GDP 总量分列重庆市 38 个区县的第 6、第 7 两名，特别是永川增速更是高达 9.4%，GDP 总量排名上升一位。这与近年来三地一体化发展密不可分。未来，三地发展建设极具培养万亿级新经济增长极的潜质。再从发展潜力来看，"泸永江组合"与"双核"左右逢源，又濒临"黄金水道"，是全国 63 个全国综合性交通枢纽之一，具有各种对外开放条件组合优势，又有国家长期"三线建设"投资的积累，重化工业、装备制造、机械加工产业基础扎实，非常适合进一步构建以高耗能、高耗水、技术密集产业为主导的产业集群，也非常适合商贸物流等第三产业以及各种高新产业的发展，还是西部陆海新通道南向的关键节点，增长潜力无限。

（二）产业发展蒸蒸日上，园区建设日新月异

近年来三地产业发展中，密切重视以自身特色为根基、瞄准当今产

业发展新动向、紧密追踪"双核"主导产业及其变动趋势，以功能分担和配套发展为主线，狠抓重点产业及园区建设，总体成绩斐然。一是联手承接"双核"产业转移。举办了泸永江融合发展示范区首次重大项目集中签约活动，围绕汽摩及零部件、能源及新材料、特色消费品、医疗器械等领域，签约项目9个，总投资175亿元。二是共同组建产业联盟。组建泸永江装备产业联盟，会员数量已达140余家；组建川南渝西大数据产业联盟，包含行业龙头在内的300余家相关企业加盟其中。三是推动园区合作共建。合江·江津（珞璜）新材料产业示范园区成功入选首批成渝地区双城经济圈产业合作示范园区名单；推进神仙桥产业园扩区调位和省级化工园区认定，加快构建沿江绿色产业发展新格局。四是加快推进泸永江现代农业合作示范园建设。积极推进特色酒庄、特色农业和文旅资源融合发展，加快建设巴蜀鱼米之乡核心区；建成优质粮油及稻田综合种养产业带28万亩、长江中上游晚熟龙眼荔枝产业带3.3万亩、优质茶叶产业带6.5万亩、酿酒用糯红高粱产业带31万亩、花椒产业带57.3万亩。仅泸州市产业园区就实现营业收入约3700亿元，增长7.2%左右。近年来，永川、江津以优越的区位条件、完备的产业基础、充沛的人才资源、良好的营商环境，围绕汽摩及零部件、智能制造、电子信息、原研药开发等重点产业吸引了一大批优质项目入驻，为泸永江融合发展示范区注入强劲动力。

（三）交通基础不断夯实，开放发展势能蓄积

在现代经济发展中交通网络正扮演着越来越重要的角色，而且交通便利性的重要程度远远大于通达性，廉价且快捷的交通网络更能够汇聚人流和物流。三地以提升内联外畅水平为导向，构建互联互通、管理协同、安全高效的基础设施网络，着力打通省际边界的"断头路""瓶颈路"。一是铁路大通道建设有序推进。绵泸高铁内自泸段建成通车，实现高铁零突破；渝昆高铁泸州段全面开建；隆黄铁路隆叙段扩能改造工程

实现开工建设，叙毕铁路稳步推进，预计在 2023 年底前将实现通车，火车直抵贵州黄桶，与我国东西大动脉相连，从而结束隆黄铁路"断头线"历史，为陆海新通道西线的全线贯通打下坚实基础。二是高速公路城际路网不断完善。叙威高速建成通车，泸永高速公路、古金高速公路稳步建设，渝叙筑高速公路、江津经泸州至宜宾高速公路、自贡至永川高速公路等项目前期工作推进有序，渝泸高速公路扩容改造、重庆至合江至叙永高速公路等项目已纳入《成渝地区双城经济圈综合交通运输发展规划》，5 年来高速公路通车里程从 379 千米增加到 533 千米。三是市内交通持续优化。G246 线泸县立石镇至泸州段加快建设，G353 合江县白鹿镇（川渝界）至符阳街道段改建工程、S437 泸县毗卢镇坳丘村至沙子坪村段改建工程等项目加快开展前期工作。四是立体交通加快构建。泸州港稳居全省水运首港，集装箱吞吐量约占全省 60%。2022 年，全市进出口总额达 192.21 亿元。云龙机场通航城市达 49 个（通航点 51 个），2021年旅客吞吐量突破 210 万人次，成为四川第三大航空港，进入全国中型机场行列。成功创建全国综合运输服务示范城市，国家级综合交通枢纽雏形初见。

（四）公共服务持续优化，生态环保初见成效

在融合发展的过程中，不断提升公共服务质量和水平，不断增强人民群众获得感、幸福感、安全感，公共服务迈上新台阶。围绕这一目标，泸州联合永川、江津两区着力推进公共服务优化、生态环境改善并获相应成果：一是泸州、江津共同印发了《成渝地区双城经济圈民营经济协同发展"泸州-江津"示范区实施方案》，聚焦错位协同发展，积极探索民营经济发展新模式机制。二是深化医保合作，泸州开通西南片区跨省门诊慢特病费用直接结算业务，成功列入全国首批自助开通异地就医直接结算服务试点，全市 298 家定点医疗机构全部接入国家异地就医平台，实现异地就医直接结算。三是深化医疗合作，永川、泸州建立川渝儿童

自闭症康复专科联盟、诊疗康复中心；永川妇幼保健院与西南医科大学附属医院建立医疗协作共同体。四是深化教育协作，加快西部职教基地建设，推动产城职创融合发展，成功举办首届西部职教基地高峰会；联合荣昌区签订《渝西川南（泸永江荣）教育共同体框架协议》，共同打造成渝地区双城经济圈职业教育协同发展示范区。五是深化人才交流，举办"江津－泸州"春风行动直播带货等招聘活动6个、招聘会46场，提供岗位3.9万个。六是深化生态保护，签订《永川泸州龙溪河流域联防联控合作协议》，建成柏杨溪水质、永川朱沱四明地表水环境自动检测站，推动水质检测数据共享。加强长江生态修复，共同实施长江两岸生态屏障防护林带提质增效工程，完成营造林3900亩。构建联合执法机制，开展重大林业有害生物联合巡查、长江流域水行政联合执法、大气污染联合执法等行动9次。

五、特色亮点

（一）坚持解放思想，倡导互利共赢深化合作

思想是行动的指南，一切离开思想指导的行动是难以想象的。深圳之所以能从名不见经传的小渔村发展成为当今世界著名的国际大都市，坚持思想解放功不可没。泸永江融合发展示范区虽几经变化、不断升级，但能在获批后短短时间内迅速发展并尽快取得良好效果，首先是思想观念的提升、发展理念的更新、思维方式的转换和一体化发展方向坚定的结果。党的十八届五中全会提出的创新、协调、绿色、开放、共享的五大发展理念，顺应时代要求，符合我国国情，对破解发展难题、增强发展动力、厚植发展优势具有重大指导意义。中共四川省委十一届七次全会强调，要强化"一盘棋"思维，增进"一家亲"感情，推动互利共赢、合作发展是一体化发展的必由之路。"泸永江"的成功起步首先是思想解放、不懈追求的结果。

（二）坚持因地制宜，紧扣地方特色促进发展

因地制宜是经济发展永恒的原则，"优势更优势、专业更专业"是区域经济发展的客观需要。如前所述，泸永江融合发展示范区是9大一体化发展功能平台区基础条件最好、未来发展潜力最大的地区。泸永江融合发展示范区的提出，是在"成渝地区双城经济圈"国家重大发展战略的基础上，对"一极两地两中心"定位的进一步落实和发展延伸。这也就决定其发展规划和定位必须高规格、大手笔，而不能小敲小打。《泸永江融合发展示范区总体方案》高屋建瓴地提出了建设川滇黔渝结合部经济中心、成渝"双核"重要功能配套区、成渝地区南向开放合作门户、长江经济带绿色发展示范区的战略发展定位；提出到2025年地区生产总值突破8000亿元的战略目标；提出了远期打造成渝地区双城经济圈万亿级新增长极的战略构想。如是定位，如此发展，川渝一体，成渝地区双城经济圈未来可期。在产业发展中，"泸永江"强调现代产业体系的建立，着力打造世界级白酒产业集群、全国纸及纸制品产业基地、西南纺织制造中心、千亿级汽摩产业集群以及重装制造和新兴产业基地，这一系列规划设想皆建立在地方特色基础之上。

（三）坚持规划引领，紧盯未来趋势谋篇布局

规划既是起点又是目标指向。为绘就一张明确的行动蓝图，泸州一直紧盯"双圈"演绎动态，早在2019年就制定了相关规划，坚持规划先行。2020年7月27日，四川和重庆两省市政府办公厅联合印发《川渝毗邻地区合作共建区域发展功能平台推进方案》后，泸州、永川、江津三市区迅速启动泸永江融合发展示范区规划建设，共同邀请国家发展改革委宏观经济研究院参与指导总体方案编制工作。2021年5月，《泸永江融合发展示范区总体方案（送审稿）》由三市区人民政府共同呈请两省市人民政府审批。与此同时，三市区启动泸永江融合发展示范区的发展规划、

国土空间规划、综合交通规划等专项规划的前期准备工作。2021 年 11 月,《泸永江融合发展示范区总体方案》获批,在短短不到半年的时间里取得了较为丰硕的成果,2023 年 1 月,《泸永江融合发展示范区发展规划》由三地共同公布,保证了未来一体化发展有章可循、有规可依。这与三地地方党政密切追踪、科学预测成渝地区双城经济圈未来变化,提前谋划一体化发展工作,规划与建设同行密不可分。未来随着世界百年未有之大变局的变化,随着迈向社会主义现代化强国进程的加快,成渝地区双城经济圈的发展还将面临许多新变数,因此密切追踪、科学预测未来变化十分必要,提前谋划,规划与建设同行亦必不可少。

(四) 坚持改革创新,推动体制机制优化完善

改革创新是引领发展的强劲动力。体制机制的创新为泸永江融合发展示范区建设提供了有力保障。《泸永江融合发展示范区总体方案》明确,要深入推进规划编制、项目统筹、产业协作、利益共享、城乡融合等方面的机制创新,协同探索建立融合发展的体制机制。常言道,万事开头难。泸永江融合发展示范区虽然实践时间不长,但在创新体制机制方面已有一系列探索实践。其着力点主要放在领导管理机制、利益分配机制、人才运用管理机制、公共园区建设管理机制、民营企业发展管理机制、环保公共服务共建共享机制、平安保障机制等方面。例如,2021 年泸州联合江津共同印发了《成渝地区双城经济圈民营经济协同发展"泸州 – 江津"示范区实施方案》,聚焦错位协同发展,积极探索民营经济发展新模式机制。在探索川渝边界警务合作新模式时,两地警方创新推出 110 报警一键可达、情报信息互通等机制,大胆探索公安信息化运用路径,扩展警务合作内容,促进公安专业信息资源的互相开放,实现情报信息资源的整合。统一规划、互联互通、产业协调互补、生态共治共享、公共服务深入对接共享、合作建设机制不断协调完善等方面都为今后成渝地区双城经济圈建设的进一步深化发展提供了有益的思考。

六、经验启示

通过前面对泸永江融合发展示范区发展案例的客观科学分析，我们发现以下经验和启示值得思考借鉴。

（一）坚定解放思想、更新理念是一体化发展的先导

中央财经委员会强调，成渝地区双城经济圈建设是一项系统工程，要加强顶层设计和统筹协调，突出中心城市带动作用，强化要素市场化配置，牢固树立一体化发展理念，做到统一谋划、一体部署、相互协作、共同实施，唱好"双城记"。成渝地区双城经济圈是新的国家发展战略，将会面临许多前所未有的难题，思想的解放、理念的更新必不可少。一是要以创新、协调、绿色、开放、共享的五大发展理念为座右铭；二是要树立优先"做大蛋糕"的思想，打破地方利益的藩篱；三是要摒弃"富帮穷"思想，推进互亮亮点、强强联合、优劣互补，实现合作共赢、良性循环；四是要引入"飞地"化发展思维，效仿股份制模式，推进成本共担、利益共享。

（二）坚持统一领导、高位推动是一体化发展的保障

《泸永江融合发展示范区总体方案》获批以来，也存在规划好、落地慢，具体工作推进欠佳，合作共建功能平台园区尚未取得实质性进展等问题。究其原因，缺乏实质性的领导管理机构和统一的平台公司建设是主要影响因素。实践证明，临时、松散型的议事协调机构难以适应当前一体化发展的客观现实需要。临时管理机构难以对行政分割的不同地区实行有效管理，难以平衡不同级别行政区之间的平等议事，更难以协调各地方经济利益分配问题。总体而言，与常设领导管理机构相比，推动力度有天壤之别。因此，一体化发展初期，可学习效仿川渝高竹新区建

立常设正式的共同管理机构，投资搭建共同的平台公司，统一经营、统一管理、共负盈亏，才是成功之道。坚持统一领导高位推动是"泸永江"进一步深化改革的重要方向，也是全面推动川渝经济一体化工作的重要启示。

（三）强调成本共担、利益共享是一体化发展的根本

由于行政区的分离，财政的分灶吃饭，利益的分配问题成为制约一体化发展的根本问题。高竹新区的顺利推进，"泸永江"规划落实较慢的根本原因皆在于此。目前，同为川渝一体化九大功能平台之一的高竹新区已先行先试，按照锁定存量、分享增量的原则，建立起了地方税收收入分享机制，对于区内新落地的企业税收，广安市和渝北区两地按照1∶1的比例分享，有力地推动了一体化工作的进程，其效果拭目以待。然而，泸永江融合发展示范区利益共享机制尚未建立，特别是税利共享分配没有明确的安排，限制了泸永江三地深化合作的积极性，影响了一体化的进一步发展。因此，及时学习借鉴高竹新区经验，总结"泸永江"工作得失，运用"飞地"化发展思维，效仿股份制模式，建立利益共享机制，是解决问题的有效路径。

（四）推动对外开放与区域协调发展是一体化发展的重要出路

现代经济是开放型经济。中国40多年的改革开放历史经验证明，谁走在对外开放的前列谁将受益。成渝地区双城经济圈的其中一个定位是"改革开放新高地"，"泸永江"是成渝地区双城经济圈战略的落地落实，"成渝地区南向开放门户"是"泸永江"的定位，"协同融入内外互促的开放合作格局"是"泸永江"的重要任务。为此，"泸永江"充分利用国家级综合交通枢纽、中国（四川）自由贸易试验区川南临港片区、泸州综合保税区、跨境电商综合试验区、江津综合保税区等国家级对外开放平台，"软硬兼施"的优越条件，立足地方特色，着眼当代产业发展动

向，着力"双核"主导产业，大力发展以港口为核心的服务业，以重装设备、汽摩设备制造、新能源新材料、高耗能高耗水、食品饮料以及新兴战略产业为主的第二产业。力求在服务周边的同时，求得自身的发展，最终实现对外开放新格局，打造成渝地区对外开放第三极。如此将区域协调发展与对外开放融为一体的思路及做法值得学习、值得效仿。

（五）加强基础设施互联互通是一体化发展的需要

交通运输是经济发展的基础，也决定着区域经济的兴衰成败。没有交通哪来产业，经济要发展交通必须先行。泸永江融合发展示范区立足自身基础，坚持以提升内联外畅水平为导向，构建互联互通、管理协同、安全高效的基础设施网络，以着力打通省际"断头路""瓶颈路"为工作重点；使其日趋成为长江上游重要的水运港，出川首港；长江、京昆大通道、川渝高速公路、川黔高速公路、渝贵高速铁路等交通大动脉的枢纽；四川省第三大航空港城市，建设全国综合运输服务示范城市，进入全国中型机场行列，国家级综合交通枢纽雏形初见，交通基础日渐夯实，确保了交通在日后一体化发展先行性的有效实现。

（六）强化园区要素保障支撑是一体化发展的基础

"巧妇难为无米之炊"，经济的发展建设需要物的支撑。要素是生产、生活的基本保障，是园区发展的基础，也是园区核心竞争力之一。许多规划停留在纸上，项目落地欠佳，与园区要素保障力度不够有着直接的关系。"泸永江"在提升要素保障中特别注意了以下几个方面：一是切实落实"三生融合"发展理念。从立项、环评、安评、土地报批、用地规划、建设规划等各环节落实发展理念，确保配套设施的完善，特别是加强生活设施、道路交通方面的要素保障。二是积极协调相关部门，环环相扣建立"包保制"，确保企业落地和平稳运营。三是面对面与企业沟通，确保要素保障政策落地落实。四是对重点成长性企业，适当采取政府奖励与补贴。五是向上争取本地优势资源留存，确保各要素成本有效降低。这一系列具体举措保障了企业的落地与平稳运营，促进了园区的发展，推动了一体化发展的进程，值得学习、值得借鉴。

七、案例来源说明

本文中的案例来源于课题研究团队的实地调研走访、泸州市发展改革委提供的相关资料数据以及主流媒体公开报道等。

八、教学思考

1. 泸州在建设泸永江融合发展示范区的过程中应当发挥什么样的作用？

2. 推动经济区与行政区适度分离、实现区域经济一体化的重点与难点是什么？

参考文献

[1] 廖元和. 关于成渝经济区的探讨 [J]. 探索，2005（6）.

[2] 刘世庆. 成渝"试验区"建设比较研究：兼论四川推进全省统筹城乡发展的机遇 [J]. 开放导报，2007（6）.

[3] 王益. 地方政府间跨区域合作研究：以川渝合作示范区（广安片区）为例 [D]. 重庆：重庆大学，2018.

[4] 陈颖，陈秋艳. 泸州如何融入成渝地区双城经济圈发展？[J]. 四川省情，2020（10）.

[5] 覃成林. 区域协调发展机制体系研究 [J]. 经济学家，2011（4）.

[6] 周放，周治滨. 川渝合作与成渝经济区建设研究：川渝党校系统第四届理论研讨会论文集 [M]. 北京：光明日报出版社，2011.

［7］章尺木，李明．地方保护与合作：基于产业结构趋同的经济学 ［J］，财经科学，2007（3）.

［8］韩斌，刘朝明，汪涛．川渝地区产业关联与产业合作政策研究 ［J］.经济学家，2008（6）.

［9］金凤君，陈卓．新发展阶段背景下成渝地区双城经济圈的发展 优势与方向［J］.西南大学学报（自然科学版），2022（1）.

［10］李凌．积极融入成渝地区双城经济圈发展 加快建设泸永江文 化旅游融合发展示范带［J］.重庆行政.2022（2）.

［11］四川省泸州市龙马潭区发展和改革局课题组．龙马潭融入成渝 地区双城经济圈思考［J］.当代县域经济，2021（4）.

课题指导：中共四川省委党校（四川行政学院）　杨玉婷

编写单位：中共泸州市委党校（泸州行政学院）

研究团队：陈出新　罗剑　李茜　邓鸿丹

绵阳加快建设中国科技城，全力打造成渝副中心的实践案例研究

摘要

推动成渝地区双城经济圈建设，是以习近平同志为核心的党中央作出的重大战略部署，进一步丰富和发展了我国区域协调发展战略布局，对推进"一带一路"建设、长江经济带发展和新时代西部大开发形成新格局具有重要支撑作用，对推动高质量发展、区域协调发展具有重要意义。绵阳作为中国唯一科技城、成渝地区第三大经济体、成渝区域性中心城市的排头兵，理应在这一国家战略中肩负重要使命、发挥重要作用。在深度参与成渝地区双城经济圈建设的过程中，绵阳紧紧围绕"两中心两地"战略目标找结合、求协作、谋发展，加快建设中国科技城，全力打造成渝副中心，在新时代推进西部大开发和成渝地区双城经济圈建设过程中进行了积极探索，积累了有益经验。

关键词

成渝地区双城经济圈；绵阳；科技城；成渝副中心

一、导语

2020 年 1 月，习近平总书记在中央财经委员会第六次会议上发表重要讲话，将成渝地区双城经济圈建设上升为国家战略，并深刻阐明了推动成渝地区双城经济圈建设的重大意义、总体思路、基本要求和重点任务，为新时代成渝地区高质量发展擘画了美好蓝图、提供了根本遵循。2020 年 7 月 10 日，中共四川省委十一届七次全会通过了《关于深入贯彻习近平总书记重要讲话精神 加快推动成渝地区双城经济圈建设的决定》，对加快推动成渝地区双城经济圈建设作出系统安排部署，为绵阳深度参与成渝地区双城经济圈建设提供了方向指引和行动指南。全会明确提出："支持区域中心城市争创全省和成渝地区经济副中心。"同年 7 月 29 日，中共绵阳市委七届九次全会作出《关于深入贯彻习近平总书记重要讲话精神 深度参与成渝地区双城经济圈建设的决定》，从政治的高度、全局的角度、系统的维度，对绵阳深度参与成渝地区双城经济圈建设作出系统安排部署。全会鲜明提出："绵阳要建设成渝地区副中心城市。强化与成都、重庆两个国家中心城市协同联动，承接功能疏解和产业外溢，增强经济承载、人口吸纳和综合服务功能，提高城市综合竞争力，提升区域辐射带动力，打造市场主体高层次、经济聚集高强度、城市发展高能级的成渝地区副中心城市。"副中心城市不仅是经济副中心，而且在科技创新、改革开放、高品质生活宜居地打造等方面都有更高的要求。这是希望能借此引导绵阳全市上下不断增强经济承载、人口吸纳和综合服务功能，全面提升城市能级，持续提升绵阳的经济影响力、区域带动力和全局贡献力。2022 年 4 月 13 日，在绵阳市级领导干部和县级主要负责同志读书班开班式上，四川省委常委、绵阳市委书记特别强调，要更好把握和运用党的百年奋斗历史经验，弘扬伟大建党精神，动员全市各级党组织和广大党员干部坚定信心、勇毅前行，真抓实干、狠抓落实，加快建设中国科技城，全力打造成渝副中心。

深度参与成渝地区双城经济圈建设，有利于绵阳塑造区域发展新优势，构建现代产业新体系，壮大经济总量，提升发展质量，巩固成渝地区第三大经济体地位；有利于绵阳打造创新驱动新引擎，集聚创新资源要素，加强区域协同创新，加速成果转移转化，将科技资源优势转化为经济发展优势；有利于建设改革开放新高地，破除体制机制障碍，构建对外开放大通道，拓展对外开放空间，激发经济社会发展动力活力；有利于提升宜居生活新品质，增强城市承载能力，推动公共服务共建共享，厚植绿色发展优势，建设高质量发展与高品质生活相得益彰的美好家园。

为深入学习贯彻习近平总书记在中央财经委员会第六次会议上的重要讲话精神，全面落实党中央和省委决策部署，进一步深化认识、把准方向，更好推动成渝地区双城经济圈建设这项国家战略在绵阳落到实处、见到实效，绵阳市深入贯彻落实《成渝地区双城经济圈建设规划纲要》，成立了绵阳市深度参与成渝地区双城经济圈建设暨推进区域协同发展领导小组，由市委书记任组长、市长任第一副组长，制定领导小组和领导小组办公室工作规则，对全市深度参与成渝地区双城经济圈建设进行安排部署，加快建设科技城，全力打造成渝副中心，推动绵阳深度参与成渝地区双城经济圈建设成势见效。

本案例以加快建设中国科技城，全力打造成渝副中心为主题，以绵阳深度参与成渝地区双城经济圈建设过程中的区域协同创新、区域合作发展、公共服务共享等方面的典型做法为重点，对绵阳深度参与成渝地区双城经济圈建设的经验做法与取得的成效进行提炼和总结，进而为绵阳深度参与成渝地区双城经济圈建设，推动区域协同发展，助推成渝地区双城经济圈打造成为带动全国高质量发展的重要增长极和动力源，提供绵阳方案、贡献绵阳力量。

二、背景介绍

绵阳是党中央、国务院批准建设的中国唯一科技城、四川第二大经济体和成渝城市群区域中心城市，辖 5 县 3 区 1 市，代管四川省政府科学城办事处。一直以来，党中央高度重视绵阳发展，对其寄予殷切希望。2018 年 2 月，习近平总书记来川视察时专门指出，四川承担国家改革试点的任务不少，包括建设全面创新改革试验区、建设中国（四川）自由贸易试验区，推动军民融合发展，建设绵阳科技城，等等，各项改革任务都要精心组织好、实施好。他特别强调，绵阳是我国重要的国防军工和科研生产基地，军民融合发展潜力巨大。要打造共通共用、共建共享的军民融合示范平台，发挥军工企业技术优势，发展军民结合产业，促进军地、军民融合发展，蹚出一条军民深度融合发展的路子。习近平总书记这些重要指示，为绵阳发展指明了前进方向、提供了根本遵循。2020 年 9 月，时任国务院副总理刘鹤来绵阳出席科技城建设部际协调小组第十四次会议时，明确要求绵阳科技城要着力建设国防军工科研生产的重要基地、军民融合发展的示范区、成渝地区双城经济圈的创新高地，探索建设具有全国影响力的科技创新示范区。四川省委、省政府高度重视绵阳发展，给予了有力支持。时任四川省委书记彭清华在 2020 年省"两会"参加绵阳代表团审议时专门指出，绵阳是省委"一干多支、五区协同"战略部署中重点支持建设的区域中心城市之一，是成都平原经济区、环成都经济圈的重要支撑力量，完全有条件深度参与成渝地区双城经济圈建设这盘"大棋局"，共同担负起这项重大政治责任，要求绵阳抢抓重大机遇，发挥自身优势，紧紧围绕"两中心两地"战略目标找结合、求协作、谋发展，努力在成渝地区双城经济圈建设中展现新担当、新作为。这些重要指示，对绵阳深度参与成渝地区双城经济圈建设提出了明确要求，增添了绵阳的信心和决心。2020 年，绵阳经济总量已突破 3000

亿元，成为成渝地区第一个过 3000 亿元的地级市，在促进经济圈整个区域崛起中处于重要位置。深度参与成渝地区双城经济圈建设，绵阳具有较强的发展基础和发展优势，但也存在一些困难和挑战。

（一）基础和优势

1. 经济发展势头猛

绵阳有较大的经济总量和较快的经济增速。2017 年全市生产总值在四川省地级市中率先突破 2000 亿元，2019 年达到 2856.2 亿元，全国城市排名进入百强，2020 年又率先突破 3000 亿元，实现"十三五"期间连跨两个千亿台阶的重大跨越，且近几年经济增速始终保持全省前 3 位。绵阳有坚实的产业基础，已初步形成先进制造业"6 + 6"、现代服务业"8 + 1"、现代农业"6 + 10"现代产业体系。近几年引进 5 亿元以上重大产业项目 232 个，其中总投资 465 亿元的京东方柔性面板、240 亿元的惠科液晶显示器件项目建成投产，总投资 202 亿元的威马智能网联新能源汽车等项目加快建设。2020 年 5 月，绵阳被国务院认定为"促进工业稳增长和转型升级、实施技术改造成效明显"的城市，是西部地区唯一入选的城市。绵阳有充裕的产业发展空间，拥有 3 个国家级开发区（含综合保税区）、8 个省级开发区，是全省拥有省级以上开发区数量最多、面积最大的地级市，并于 2020 年 12 月，获批建设省级新区——绵阳科技城新区。所有这些，使得绵阳成为把成渝地区建成具有全国影响力的重要经济中心的重要支撑。

2. 科技创新实力强

作为中国唯一科技城和我国重要的国防军工和科研生产基地，绵阳科技资源特别是战略科技资源富集。拥有中国工程物理研究院、中国空气动力研究与发展中心等国家级科研院所 18 家，西南科技大学等高等院校 15 所，国省重点实验室、工程技术研究中心、企业技术研究中心、工程研究中心 176 家，"两院"院士 29 名、占全省近 1/2，在绵研究人员数量高于德阳、乐山等9个地级城市科研人员总和。研究与试验发展经费支出占地区生产总值比重保持在6.5%以上，位居全国城市前列，"十一五"以来累计荣获国家科技进步奖64项，居全国地级市第1位。科技创新综合水平指数达75.78%，居四川省第2位。所有这些，使得绵阳成为把成渝地区建成具有全国影响力的科技创新中心的重要引领。

3. 改革开放潜力大

就改革而言，绵阳历来是国家重大改革布局地，习近平总书记来川视察时指出的四川承担的4项国家重大改革试点任务，有3项与绵阳直接相关。国务院推广的三批次56条全面创新改革试验经验，绵阳贡献9条，其中应收账款融资服务模式获国务院总理肯定性批示；全省推广的三批次56条全创经验，绵阳贡献18条。就开放而言，绵阳是四川北向西出的门户，西部区域性综合交通枢纽，高速公路通车和在建里程位居全省第3位，绵阳南郊机场旅客吞吐量位居成渝地区第3位，排名进入全国机场50强，拥有科博会、综合保税区和跨境电商综合试验区等重大开放平台。所有这些，使得绵阳成为把成渝地区建成具有全国影响力的改革开放新高地的重要支点。

4. 生态宜居环境好

古往今来，绵阳都是郡县、州府治所或专区、地区行署所在地，城市建设一直走在全省前列，连续多届蝉联全国文明城市。绵阳有优良的生态环境，有4个国家级自然保护区，森林覆盖率达55.45%，城市绿地占比为37.51%。绵阳有宜居的生活环境，基础教育优势明显，所有县（市、区）均通过义务教育发展基本均衡县国家认定，高等教育办学规模居全国同类城市前列，高考连续18年保持全省领先，每年清华、北大录取人数约占全省1/3，学科竞赛荣获全国一等奖人数约占全省1/2。拥有三级医疗机构18家，位居中西部同类城市第1位。绵阳有一流的营商环境，制定了促进民营经济健康发展"33条"、优化营商环境"35条"等一批政策，全省营商环境评价排名第2位，近几年累计新增市场主体15.7万户、总量达到37.4万户，数量稳居四川省第2位。所有这些，使得绵阳成为把成渝地区建成具有全国影响力的高品质生活宜居地的重要承载。

（二）困难和挑战

1. 区位处于相对劣势

四川省委提出要形成"四向拓展、全域开放"立体全面开放新态势，其中"四向拓展"中重点是突出东进南向，省内受益最多的首先是与成都提出同城化发展的眉山、资阳和德阳，其次是与成都和重庆接壤的遂宁、内江、自贡、泸州等中间带城市。而绵阳地处成渝地区双城经济圈西北部外围，毗邻龙门山断裂带和川西北生态保护区，既不在成渝中轴线上也不在"两翼"，西南方向与成都隔着德阳，东南方向与重庆隔着南充、广安，地理条件客观上不占优势。所辖平武、北川为长江上游生态屏障的核心区域，发展空间受限。

2. 交通开放大通道功能较弱

川渝合作重大项目的规划布局，特别是高铁等对外大通道项目主要规划布局在南向，北向较少。绵阳境内仅有成都、西安两向通道，东西向通道也仅有正在开展前期工作的绵遂内铁路，缺少重大基础设施的布局。机场设计年旅客吞吐量200万人次，2019年已超400万人次，不能满足日益增长的客流量及飞行训练需求。

3. 发展集聚效应不强

绵阳发展正处于要素驱动阶段，主要依靠资金、土地等各种生产要素的投入来促进经济增长。目前经济圈内各城市产业同质化倾向较普遍，绵阳在成都、重庆的强大虹吸作用中竞争力不强。大企业、大集团少，仅长虹1家企业入围2019中国企业500强。绵阳对于资金、技术、人才等高质量发展的要素集聚能力不强。

（三）工作思路和行动路径

2020年7月，绵阳市委召开七届九次全会，审议通过《关于深入贯彻习近平总书记重要讲话精神深度参与成渝地区双城经济圈建设的决定》，对绵阳深度参与成渝地区双城经济圈建设作出了"四个发展定位、四个主攻方向、八大行动"的系统谋划。此后，2020年9月，科技城建设部际协调小组第十四次会议在绵阳召开，刘鹤同志在会上代表党中央、国务院进一步明确了新发展阶段绵阳科技城的发展定位和目标任务，同意国家层面出台支持科技城建设科技创新先行示范区的意见。10月，中央政治局审议通过了《成渝地区双城经济圈建设规划纲要》，明确提出高水平建设中国（绵阳）科技城，鼓励大院大所发展孵化器、产业园，推动空气动力技术、核技术等再研发和在周边地区转化；10月底，党的十九届五中全会召开，审议通过《中共中央关于制定国民经济和社会发展第十四个五年规划和二○三五年远景目标的建议》，提出坚持创新在我国现代化建设全局中的核心地位，并把科技自立自强作为国家发展的战略支撑，摆在各项规划任务的首位进行专章部署。12月，四川省委召开十一届八次全会，明确提出高水平建设中国（绵阳）科技城，打造国防军工科研生产重要基地、军民融合发展示范区、成渝地区双城经济圈创新高地、科技创新先行示范区；12月底，绵阳市委召开七届十次全会，提出坚持以深度参与成渝地区双城经济圈建设为战略引领，对绵阳立足新发展阶段、贯彻新发展理念、融入新发展格局、促进高质量发展作出系统谋划。进而开启了绵阳深度参与成渝地区双城经济圈建设的新篇章。落实到具体行动上，绵阳重点在推动区域协同创新、区域合作发展、公共服务共享等方面狠下功夫，加快建设中国科技城，全力打造成渝副中心。

1. 推动区域协同创新

绵阳着力强化国家战略科技力量，高水平建设中国（绵阳）科技城，积极搭建创新平台，促进创新要素流动，高标准规划建设绵阳科技城新区，携手打造成渝绵"创新金三角"。建立国家两用技术交易中心，四川大型科学仪器共享平台成都、重庆、遂宁三个分中心，服务经济圈内企业超过4000家。

2. 推动区域合作发展

在推动区域合作发展方面，绵阳与成都和重庆北碚区的一批合作事项扎实推进，与德阳、遂宁、广元、阿坝等地合作事项持续推进，与重庆江北区战略合作全面开启。

3. 推动公共服务共享

随着越来越多的公共服务共建共享，市民的获得感成色十足。如环境联防联控更有力，绵阳与德阳、遂宁等地协同推进涪江、鄢江流域环境综合治理；医疗资源共享更有效，全市三甲医院达 12 家，绵阳与成都、北碚等地区互通医疗信息；社会民生服务更便捷，成德绵遂养老保险关系电子化转移率达 100%，43 个政务服务事项"绵碚"跨区域通办。

三、典型案例

（一）新区汇聚创新势能，打造科技创新高地

绵阳科技城新区是 2020 年 12 月 23 日由四川省人民政府批复设立的 4 个省级新区之一，规划面积 396 平方千米，覆盖 9 个乡镇，包含涪城区城郊街道、游仙区游仙街道和安州区花荄镇部分行政区域，常住人口约 80 万人，2021 年地区生产总值约 100.48 亿元。一年多来，新区通过建机制、出规划，培育壮大创新平台载体，科技创新活力迸发，创新主体量质齐升，创新平台高效聚集。目前，新区直管区拥有科技型中小企业 700 余家；有效高新技术企业达 92 家；拥有专精特新企业 25 家；拥有瞪羚企业 4 家，企业创新主体梯次培育机构初显。

创新是引领发展的第一动力，四川省人民政府批复设立绵阳科技城新区的文件中就指出："新区要努力建设成为成渝地区双城经济圈创新高地和国家产城融合发展示范区，探索建设具有全国影响力的科技创新示范区。"如何破解创新驱动不足难题，实现发展"道新"、"事新"和"质新"是摆在新区面前迫切需要解决的问题。为加大招引大院大所力

度，科技城新区加快完善创新保障体制机制，在政策保障方面，进一步健全科技奖励政策，对荣获省级以上科技进步奖的项目单位给予最高50万元的奖励；健全研发投入政策，对进行研发费用加计扣除的企业，按年度研发费用总额给予最高10万元的补助；健全创新平台政策，对首次认定的国家、省、市（重点）实验室、工程技术研究中心给予最高150万元研发经费补助。健全成果转移转化政策，对进行技术合同登记的企业，按技术交易额给予最高20万元的奖励。在要素保障方面，整合技术、资本、信息、人才、科研设施等要素资源，不断完善科技服务体系。推进省级人力资源产业园建设，着力构建全方位人才服务体系；支持国家两用技术交易中心、喀斯玛商城（西南中心）建设，着力打造线上线下技术服务体系；创新财政科技投入方式，设立科创贷、双创孵化投资基金、订单快利贷等金融产品，着力完善金融服务体系。在创新能力保障方面，采取"以院招院"模式，依托在绵科技力量优势，加强与国家重点科研院所、双一流高校对接，引进设立科研平台。采取"以企招院"模式，坚持政府搭台、企业唱戏的原则，支持企业与科研院所、双一流高校合作，共建创新平台。坚持"筑巢引凤"思路，不断优化院所、双一流高校招引环境，制定专项政策，重点在资金、土地等方面做好服务保障。

立足新起点，激发新动能，新区行而不辍，努力拼搏，成立了由科技局牵头的工作组，先后对接了西南科技大学、中国航天科工三院、中国工程物理研究院等近20余家大学、科研单位，并起草了《绵阳科技城新区科技创新发展"十四五"规划》。新区围绕创新体系补链、强链，着力构建"科研主力＋企业协同"创新体系，支持在绵院校设立高能级创新平台，鼓励高新技术企业、瞪羚企业等优质企业组建工程技术研究中心、实验室等创新研发平台。积极构建"众创空间＋孵化器＋加速器＋产业园"孵化链条，支持军民两用技术交易中心、大型科学仪器共享平台等创新平台拓展服务功能、提升服务能力。目前，新区直管区拥有国家空管监视与通信系统工程技术研究中心等国家级创新平台7个（见图

1）、四川省北斗应用工程技术研究中心等省级创新平台 27 个、绵阳市卫星通信技术重点实验室等市级创新平台 6 个，拥有国省级孵化器、众创空间 12 个。

图 1　国家级创新平台：国家空管监视与通信系统工程技术研究中心

（图片来源：科技城新区管委会）

国家空管监视与通信系统工程技术研究中心，于 2013 年由科技部批建，是九洲电器联合北京航空航天大学、民航数据通信公司、九洲空管共同建设，属于信息通信与空间遥感领域，专门从事空管监视与通信系统工程技术研究与开发的国家科研平台，具有行业唯一性。中心自成立以来，研制并形成了覆盖飞机从起飞、爬升、巡航、下降到着陆的全过程、全系统的空管装备，年研发投入超 2 亿元，完成新型机载监视防撞设备等科技成果转化 30 余项，直接经济效益超 50 亿元，带动 500 亿级产业链规模。

在绵阳市委、市政府的支持与推动下，经过与久远集团多轮谈判，中国（绵阳）科技城先进技术研究院（以下简称先研院）落地科技城新区。先研院由院地协作共同举办，将发挥科研院所在国家创新体系中的影响力和创新资源优势，促进资源共享，与成都、重庆共同打造成渝绵"创新金三角"，让重大科技成果二次研发和转移转化，形成现实的生产力。先研院于 2021 年 12 月挂牌，是以在绵科研单位为主要技术支撑，聚焦核技术应用、激光装备、先进材料等优势领域，瞄准"卡脖子"问题和国产替代等关键核心技术，推动科技成果转移转化、创新人才引育、金融资本汇集、军民深度融合，打造共通共用、共建共享的军民科技协同创新示范平台。经过三个多月的不间断施工，先研院达到使用条件，并于 2022 年 3 月 31 日迎来了第一次活动——久远集团携九院各所科技处走进新区。先研院的成立，将进一步优化和完善绵阳科技成果创新平台体系，为加快建设国家科技创新先行示范区和成渝地区双城经济圈创新高地提供新动能，为实现高水平科技自立自强的国家战略贡献绵阳智慧和力量。

案例点评

2021 年是科技城新区的新生之年，新区通过定战略、强班子、做规划、搞创新，实现了一连串"从无到有"的探索，跑出了新区建设的"速度与激情"，以"新生"诉"新声"，新区发展未来可期。《成渝地区双城经济圈建设规划纲要》提出，高水平建设中国（绵阳）科技城，鼓励大院大所发展孵化器、产业园。新区的核心价值是科技创新，作为科技创新资源聚集地的绵阳科技城新区，使命光荣，责任重大。绵阳市委专题谋划加快建设国家科技创新先行示范区，支撑引领高质量发展，将加快高能级科技创新平台建设作为重点工作，布局建设战略科技、产业创新和功能服务三类平台，对强化产业技术创新、打通科技成果转化"最后一公里"、加快建设国家科技创新先行示范区具有十分重要的意义。

（二）绵碚携手共前行，区域合作见成效

在深入参与成渝地区双城经济圈建设的过程中，四川省绵阳市与重庆市北碚区（以下简称绵碚）聚焦创新要素集聚，促进产学研深度融合，

协同推动产业链延伸、价值链提升、供应链融通，以企业需求为导向，以军工仪器资源共享为核心，以线上业务系统为载体，通过构建仪器设备数据库、检验检测能力数据库、专家数据库，建设线上线下协同的服务体系，逐步探索形成仪器共享、仪器研发、仪器金融、仪器产品、园区运营、认证培训的体系化综合服务能力，致力打造川渝非毗邻地区合作的典范。

2017 年 1 月，四川省科技厅、绵阳市人民政府联合共建四川大型科学仪器共享平台（17 共享网），以"省市协同 + 政企共建"的模式，公开遴选社会化科技服务公司——四川中科融创科技有限公司作为平台建设、运营、服务主体。平台通过模式创新探索出地方与科研院所大型国防科研资源跨军民、跨行业、跨地区开放共享模式，2017 年 9 月成功入选国务院首批在全国复制推广的 13 条全面创新改革经验，独创"银行 + 政府 + 平台"联合支持企业购置仪器设备、改善创新条件的科技金融服务新模式。2020 年 1 月，"设备仪器贷"入选国务院第三批在全国复制推广的 20 项全面创新改革举措。四川大型科学仪器共享平台抢抓成渝地区双城经济圈建设和绵碚合作的机遇，进行川内其他地区以及重庆地区的区域布点工作，完成了成都分中心、重庆分中心的建设运营，促进平台要素资源整合和结构优化，推动川渝军工资源协同发展。2020 年 4 月 28 日，绵阳市与北碚区发布《四川省绵阳市人民政府重庆市北碚区人民政府推动成渝地区双城经济圈建设三年行动计划（2020—2022 年）》，将四川军民融合大型科学仪器共享平台重庆分中心（以下简称重庆分中心）建设作为计划内容之一。2020 年 10 月 28 日，重庆分中心在北碚顺利揭牌运营。

在近两年的工作推进过程中，重庆分中心按照军地协同、共建共享、市场运营、价值服务的总体定位，以企业需求为导向，以军工仪器资源共享为核心，通过仪器设备数据库、检验检测能力数据库、专家数据库的建设，结合成渝地区双城经济圈建设，开展仪器共享、仪器产品、技术对接、认证培训等相关服务。通过"政府 + 平台""市场 + 公益""线上+线下"相结合的建设模式，实现团队专业化，业务市场化，平台网络化。目前，重庆分中心的建设已经取得了以下成效。

在推进平台共享共用方面，绵碚整合两地科技创新资源，搭建两用技术成果转化和资源共享公共服务平台（见图2）。2021年新增重庆大学、西南大学、重庆材料研究院、中国测试技术研究院、重庆材料研究院、兵装集团59所、重庆建设集团等28家合作单位，新增共享设备557台（套），其中涉及物理性能测试设备121台（套）、计量仪器与基标准设备72台（套）、人工实验环境设备39台（套），质谱、光谱、色谱仪101台（套），弥补了平台在汽车研发测试设备上的空白。平台初步构建起川渝资源共享链，整合仪器设备6568台（套），设备原值超过42亿元，各类测试指标19万余个。绵碚企业信息服务金桥平台——绵碚仪器共享协同平台正式上线，整合两地设备300余台（套），形成测试能力2200余种，归集供需信息1万余条，达成共建绵碚科技创新券（科技人才服务券）合作，有效深化绵碚科技创新，扩宽资源共用通道，实现科技创新资源开放共享。

2　2021年重庆英才·智汇北碚行动暨重庆市数字经济人力资源服务产业园成立大会

（图片来源：四川大型科学仪器共享平台）

在强化平台推广方面，自落地后，平台先后走访 81 家企业，挖掘各类技术及相关需求 120 余个，为 40 余家企业提供川渝跨区域仪器共享服务 400 余次。先后组织实施绵碚合作校企技术对接交流会、绵碚合作北碚区现代农业对接会、绵碚数字经济协同创新研讨会、绵碚协同创新精准对接会、2021 年绵碚"质量月"活动启动仪式等 7 场科技创新活动和 3 场专题培训活动，累计参与人员达 574 人。发挥北碚区民营经济综合改革示范试点政策资源优势，承办首届成渝地区双城经济圈商会合作峰会、主办"成渝携手 渝创渝新"MBA（EMBA）创新创业大赛，重庆市四川绵阳商会在北碚区揭牌成立。

在推进引领产业发展方面，平台促成西南科技大学和重庆荣凯川仪、中国柑橘研究所与绵阳市梓潼县、西南大学和际华三五三六实业有限公司等开展产学研合作，累计签订协议 60 余份，为两地企业提供服务 600 余次，创造经济价值 5 亿元以上。平台积极推动绵碚科研协同创新项目合作，围绕柑橘、蚕桑、花木等特色农业和传感器、工业互联网等优势制造业，与绵阳持续探索共建产业合作园区，共建互投产业投资子基金、合计约 3 亿元，加强工业互联网等产业协同发展得到更加充分的政策支持。针对性开展绵阳·北碚项目对接交流 17 次，成功促成"梓潼县柑橘全产业链建设研发""臭黄荆小分子果胶对前列腺炎的研究""服装人体数据快速采集及三维建模技术""超声波雾化保鲜设备鉴定""桥塔表观病害识别及检测系统研究"等 6 个项目合作，累计带动企业研发投入近 800 万元，为绵碚两地科技协同创新起到积极作用。

下一步，四川大型科学仪器共享平台将以成渝地区双城经济圈建设为契机，利用成都分中心、重庆分中心站点优势，持续强化资源整合工作和业务开拓能力，更好地推进军民融合仪器设备开放共享，释放检验检测服务能力，加快整合和优化两地科研仪器资源，实现两地资源的互动和共享服务，为建设成渝绵"创新金三角"贡献力量。

绵阳市与北碚区两地迅速行动，结合各自发展实际，立足优势互补，积极对接，合力推动各项工作，实现了合作共赢。四川军民融合大型科学仪器共享平台重庆分中心紧密围绕军地协同、共建共享、市场运营、价值服务的总体定位，深度参与成渝地区双城经济圈建设，在资源聚集、服务产业、市场能力等方面取得了较好成绩。由此可见，绵碚两地推动绵阳市加快建设国家科技创新先行示范区，北碚区加快建设川渝地区创新发展示范区，在打造川渝非毗邻地区合作典范上形成了有效的经验，可挖掘、可推广。

（三）"助理"助力"金三角"，协同创新开新局

"欢迎您正式加入中国（绵阳）科技城科技助理队伍，希望在我们的携手努力下，共同开创建设国家科技创新先行示范区和成渝地区双城经济圈创新高地新篇章！"在绵阳市科技局的科技助理办公室内，每张桌子上都放置了一份寄语、一套办公用品，以表示对科技助理到来的欢迎。科技助理是绵阳从创新体制机制入手，从在绵科研院所、高校、企业中择优遴选一批高学历、高层次青年才俊担任，促进科研院所、高校和企事业单位与地方政府创新资源共享、信息互通、合作双赢，实现绵阳科技创新工作新突破，加快把绵阳"沉睡"的科技资源转化为高质量发展的强大动力，努力干出"创新金三角"建设的新天地。

按照绵阳市委、市政府统一安排部署，市科技局采取"重点工作＋局领导＋科技助理＋业务科室"的模式，推动科技助理担当"智囊参谋""宣传员""调查员""招商员"的角色，不断实现科技创新重点工作新突破。"我们要积极转变角色，发挥个人专长，投入到绵阳科技创新的事业中来，真抓实干、狠抓落实争当'创新金三角'建设的冲锋队。"绵阳首批科技助理们前往市科技局报到时，内心难掩激动。科技助理们通过一线调研了解到：绵阳全市国家级科研院所达18家，高等院校达15所，

国省级各类创新平台 209 个，两院院士 30 名，全市 R&D 经费支出占 GDP 比重居全国城市前列，科技创新综合水平指数居全省第二。作为"创新金三角"重要一极，绵阳创新潜力巨大，国防科工比较优势明显，但仍存在一些薄弱环节。首先，体制机制障碍比较突出。构建"创新金三角"缺乏一个较为有效的跨区域机制，院地科技创新协同攻关和科技成果在绵阳就地转移转化体制机制还有待完善，绵阳国防科研院所科研人员的创新热情还没有得到充分调动和释放。其次，创新链产业链结合不够紧密。核应用、航空航天等领域具备全国乃至全球领先的研发基础，但"绵阳很强，绵阳市不强""大科技小产业"的问题较为突出，科技成果本地转化不充分，区域内呈现创新成果供给与地方需要的结构性错位。绵阳市 20 亿元的技术合同登记额虽然全省第二，但与成都 491 亿元的额度差距明显。最后，企业科技人才流失现象较为突出。作为三线城市，绵阳人才吸引力还有差距，以京东方为例，在京东方全集团同等待遇下，成都、重庆、绵阳校园招聘意愿生源比为 10∶8∶1。同时，受制于区域协同发展负面影响，部分企业创新中心迁移至成都，绵阳 2016 年规上企业 R&D 人员数为 12385 人，2018 年增长为 18564 人，但此后逐年下降，2020 年仅为 16181 人，比 2018 年减少了 2383 人，降幅高达 14.7%。

　　怎么破解绵阳建设"创新金三角"中的问题？思路从哪里来？问题的突破口在哪里？科技助理们进行了如下思考：首先，要瞄准问题的核心——破除体制机制壁垒。以中国兵器装备集团为例。2017 年，中国兵器装备集团自动化研究所被确定为全国首批 41 家军工科研院所转制改企单位之一，同时也成为首批国有企业混合所有制改革试点单位。就此，中国兵器装备集团自动化研究所开启了市场化的创新改革之路。2020 年 3 月，集团员工持股获国务院国有企业改革领导小组同意，进行了方案报批等工作。同时，中国兵器装备集团还以"技术＋资金""市场＋资金"的条件，甄选战略投资者，不断向着市场化的改革方向迈进。其次，在培育良好的创新生态方面，绵阳要加强平台建设，着力打造全省区域协同创新"主引擎",深入开展科技交流合作(见图3),推进科技创新券在两省市率先实现互通互用。加快推进成德绵国家科技成果转移转化示范区建设,强化金融支撑、人才保障,聚焦创新要素,整合创新资源,最大限度地为创新发展营造"软环境"。最后,在增强协同创新辐射能力方面,绵阳要加强与"一带一路"国家(区域)、京津冀、长三角、粤港澳大湾区等区域的科技合作交流,强化与北京、上海、深圳等国内创新高地的对接沟通。通过高质量办好科博会和创新发展论坛,打造具有全国影响力的科技交流合作平台。借助国家军民两用技术交易中心平台优势,做大做强做优技术交易。

图3 "融合创新·科技赋能"院企联合技术需求对接活动

(图片来源:绵阳市科技局)

到岗以来,科技助理们累计开展各类交流培训活动10余场次;制定并向629家重点创新企业发放需求调查表,现已收集到500余家反馈并陆续分批次开始实地调研对接;成功推动长虹、京东方、惠科等企业与电子科大专家团队就数字化赋能开展交流。接下来,真抓实干、狠抓落实,打造集聚各类科技创新要素的"强磁场",成为科技助理们的共识。其中,一名科技助理特别说道:"建设'创新金三角',这是省委、省政府赋予绵阳的重大任务,也是绵阳作为国家重要的国防军工和科研生产基地，建设具有全国影响力的科技创新先行示范区的使命所系。做好这项工作对于壮大我市科技创新主体力量，提升我市科技创新能级具有重大意义。作为绵阳科技战线上的一员，接下来，我要和其他科技助理一起，为把绵阳早日建设成为成渝绵'创新金三角'中的重要'一角'，贡献出自己全部的光和热！"

案例点评 2022 年 1 月，绵阳市获批开展国家创新型城市建设。作为中国唯一科技城，建设成渝地区双城经济圈创新高地、打造全国重要的科技创新和区域协同创新示范区、建设成渝绵"创新金三角"，既是绵阳作为全省创新主引擎，服务国家科技自立自强的使命所在，也是绵阳加快把创新资源优势转化为高质量发展优势，提升科技城创新能级的重要途径。绵阳唯有抢抓机遇，乘势而上，以创新的思维、战略的眼光、开放的视野来谋划工作，狠抓落实。科技助理们走在科技创新一线，"串联"起企业、科研院所、地方政府部门，促进了科技资源整合转化，为绵阳科技创新提供了有力支持。绵阳科技助理工作的相关经验，具有可复制、可推广性。

（四）以高能级平台支撑高水平开放，助力改革开放新高地建设

中国（绵阳）科技城国际科技博览会（以下简称科博会）是经我国政府批准，由科技部和四川省人民政府共同主办的国家级展会，每年定期在中国科技城——绵阳举办，是四川省对外开放合作重要平台之一。科博会自 2013 年创办以来，已连续成功举办九届，荣获"全国十佳品牌展会""中国十佳优秀特色展会""中国品牌展览会金奖"称号，已成为海内外广泛关注、积极参与、共襄发展的国家级科技博览会。绵阳市获评"中国十佳会展城市"，成为四川省唯一、西部地区第二个获此殊荣的非省会城市。

2020年以来，科博会坚持助推服务发展，努力赋能成渝地区双城经济圈建设。科博会秉承"会展搭台、经济唱戏"理念，务实推动成渝地区双城经济圈建设取得新突破、再上新台阶。2020年9月21日至25日在绵阳举办的第八届科博会，取得了丰硕成果，得到了各界的一致好评。在第八届科博会中举办的中国科技城投资推介会，由四川省经济合作局、绵阳市人民政府、重庆市北碚区人民政府联合承办，邀请康宁显示、华为公司、格力集团、航天科技集团和企业家联合会等千余家企业、协会负责人在云端相聚，在线参加活动，屏对屏展开积极互动，绵阳市和重庆北碚区分别作投资环境推介，并通过《中国企业报》中企视讯平台、川报集团等全程进行直播。2021年9月8日，第九届科博会在绵阳启幕，该届科博会采取线上线下结合、线上为主线下为辅方式进行，线上举办云展览展示、网络投资推介大会，线下举办中国（绵阳）科技城创新发展论坛、新材料产业发展高峰论坛、新型显示产业创新发展论坛等。

总的来说，前九届科博会先后邀请10位国家级领导人以及255名省部级领导、96名"两院"院士和1300余名国际国内科技界、商界重要嘉宾莅临出席，得到了34个国家部委单位以及10余个国家级学会协会鼎力支持。其中，2016年9月，第四届科博会，中美省州经贸合作经验被商务部推向全国，得到时任国务院副总理汪洋的肯定性批示。2017年9月第五届科博会收到时任国务院总理李克强、以色列总理内塔尼亚胡发来的贺信（见图4）。2018年9月第六届科博会收到时任捷克共和国总统米洛什·泽曼先生发来贺信。共有包括国家重点央企、世界500强企业、国内外知名企业、国家重点科研院所、高校在内的6338家单位到会展出领先科技产品、技术，累计展陈项目21320项，观众超过800万人次（其中，线上观展人数达578.4万人），国家"十二五"科技创新成就展、国家科技奖获奖项目暨新技术展、中国科普产品展、中科院成果展等国家级展览项目先后到会巡展。同期，聚焦展会主题，围绕军民协同创新、前沿关键技术、科技成果转化、高端人才汇聚等焦点、热点问题，还举办了中国科技城创新发展论坛等系列专业论坛、经贸促进及科技人才交流等活动共 210 余场次。

图4 第五届中国（绵阳）科技城国际科技博览会开幕式

（图片来源：科博会组委会办公室）

自 2015 年第三届科博会首次设立主宾国以来，先后有捷克、美国、以色列、奥地利、匈牙利等国家担任主宾国，并组织开展了中捷、中美、中以、中奥、中俄、中匈系列经贸促进活动，取得了丰硕成果。来自俄罗斯、芬兰驻华大使馆以及驻蓉渝昆领事馆、绵阳友好合作城市等的外国官员参加了系列经贸交流活动，国际工业和企业家大会、英中贸易协会、中欧投资促进协会、德国雇主协会等国际机构、商会协会和罗尔斯·罗伊斯、3M 等 700 余家境外知名企业参展参会，参展参会国家（地区）达 60 余个，"一带一路"倡议沿线国家等境外参展参会企业、机构逐年递增；全面创新改革试验区、国家自主创新示范区及高新区、四川五大经济区等区域组团参展参会。前九届科博会，共签约各类投资合作项目 3365 个、签约金额 8018.9 亿元，体现了科博会"共办、共享、共赢"的发展理念，践行了省委"一干多支、五区协同""四向拓展、全域开放"的发展战略，为四川及绵阳转型升级发展提供了强劲动力。

举办科博会是绵阳乃至四川服务国家战略的重要举措和直接抓手。绵阳科博会的成功举办得益于各方的有力支持。对于绵阳成功举办科博会的经验，主要可以归纳为以下几点：第一，深入领会习近平总书记对四川工作系列重要指示精神，是办好科博会的理论基础和行动指南；第二，四川省委、省政府的坚强领导和国家部委的强力支持，是办好科博会的坚强保障；第三，各参展参会单位积极参与，是办好科博会的核心力量。由此可见，绵阳科博会的成功经验，可以为其他地区举办富有地域特色的会展提供有益借鉴。

（五）"川渝通办"真便民，公共服务共分享

2020年1月，习近平总书记主持召开中央财经委员会第六次会议并发表重要讲话，提出要大力推动成渝地区双城经济圈建设，在西部形成高质量发展的重要增长极。随后，川渝两省市党委、政府及所属部门召开多次专题或联席会议，联合推出了一系列涉及经济圈建设的重大决策。其中，中共绵阳市委七届九次全会提出，要实施公共服务共建共享行动，坚持以人民为中心的发展思想，着力解决群众急难愁盼的民生问题。川渝两省市住建部门联合签署了住房公积金一体化发展合作备忘录，制定了具体工作方案，明确提出要探索开展两地资金融通使用，支持有条件的城市逐步开展资金融通使用试点工作，为全面资金融通使用积累经验。

为加快推进上级决策部署在绵阳住房公积金领域落地生根、见行见效，绵渝两地公积金中心经过多次调研论证、会商研讨、征求意见、修改完善和并行报批，双方于2020年12月签订了《渝绵住房公积金一体

化发展战略合作协议》《渝绵住房公积金资金融通使用合作备忘录》，取得了显著改革成效。一是高质量完成住房公积金"跨省通办""川渝通办""一网通办"等服务事项。对照住房公积金服务"跨省通办"事项清单，综合利用全程网办、代收代办、两地联办的方式，全面实现个人住房公积金缴存贷款等信息查询、出具贷款职工住房公积金缴存使用证明、正常退休提取公积金、住房公积金单位登记开户、住房公积金单位及个人缴存信息变更等 8 个高频住房公积金服务事项"跨省通办""川渝通办"；扎实开展"一网通办"能力提升百日攻坚行动，业务办理时限缩短率提升 91.16%，网上可办率达 100%，全程网办率达 90% 以上，被评为全市"一网通办"先进单位。二是实现渝绵住房公积金转移接续业务"全程网办"。在接入全国住房公积金异地转移接续平台的基础上，进一步优化业务流程、提升服务质效，全面实现渝绵两地住房公积金异地转移接续业务"全程网办"，通过该平台办理重庆缴存职工异地转入绵阳业务 107 笔 127.88 万元；接入全国住房公积金小程序，将住房公积金异地转移接续业务纳入该小程序办理，积极向缴存职工宣传推广该小程序的应用，实现住房公积金异地转移接续业务"指尖办""掌上办"，2021 年通过该程序办理重庆缴存职工异地转入绵阳业务 50 笔 45.90 万元，真正做到了"账随人走，钱随账走"和异地办事"不跑路、不跑腿"。

"你好！是绵阳市住房公积金服务中心吗？我是刚从重庆来绵阳工作的，我姓罗，我想办理异地公积金提取业务，请问怎么办理呢？""您好！罗先生，我们是绵阳市住房公积金服务中心，随着成渝地区双城经济圈建设的不断推进，成渝两地的很多业务都可以'跨省通办'，您要办理的这个业务在网上直接办理即可，你先把相关资料准备好，来新益大厦 12 楼的窗口办理，不需要再跑到重庆去哈！"电话那头还详细地介绍了住房公积金"川渝通办"业务和网上办理提取业务的方法及流程，也非常耐心地告知需要准备的资料。打完电话后，罗先生不由地感慨："真没想到这么方便，党的政策就是好啊！太为我们这些老百姓着想了！以前去窗口办理都要跑几次，而且还要两地跑，现在想都没想到直接在绵阳办理就行，真是太方便了。"

罗先生是重庆某通信施工企业职工，2022 年 2 月通过社会招聘来到绵阳某通信施工企业工作。在绵阳上班后，要办理个人社保转移和公积金提取等业务，由于疫情，不能前往重庆两江新区办理相关业务，电话咨询了解到公积金提取可以在绵阳市住房公积金中心直接办理，无须前往重庆。听到这一政策，罗先生感到非常惊喜，万万没想到现在的政策如此方便，如此人性化，考虑得如此周全。他立马根据电话里告知的内容，准备相关资料（①身份证原件及复印件；②婚姻证明材料原件及复印件；③最近一年的银行还款凭据；④房屋所有权证复印件或购房合同原件；⑤借款合同原件）。不久后就来到新益大厦 12 楼办理公积金提取业务，罗先生至今都清楚地记得是一位名叫杨婷的业务员热情地接待了他。杨婷微笑着对罗先生说："您好！很高兴为您服务，根据您交上来的资料来看，您还是在咱们窗口第一个办理重庆公积金提取业务的呢。我们都是经过专业培训的，这个窗口也是专门为成渝两地办理公积金业务设立的，所以您有什么需求尽管给我们说哈。"紧接着，杨婷就开始耐心细致地审查相关资料，也很快在"川渝通办"平台上上传了资料，没过几分钟，重庆那边就打来电话对业务员杨婷说："由于罗先生的个人资料在填写时有几处涂改，影响了审核的通过，请重新填报好资料，注意准确性，不要再有改的黑疤了哦。"杨婷将此情况反馈给了还在窗口等待的罗先生，让罗先生回去重新准备材料，当时罗先生还有点不能理解，心想那么小的涂改是不会影响审核的，还想再解释或者希望可以通融一下，但最后一想，工作人员已经说明了情况，本身也是自己在填写的时候大意填错了，自己造成了涂改痕迹，所以没再前去纠缠或理论，笑着说："理解理解，还是你们认真细心严谨。"说着就带上资料回去了。罗先生回去后将个人的相关资料认认真真地重新填写了一遍，还仔细检查了一遍，希望不会再犯低级错误。

2月18日，罗先生又来到窗口（见图5），还是杨婷接待了他，杨婷依然是耐心细致地查阅和上传了他的资料，不到两分钟，"川渝通办"平台上就显示已审核通过，杨婷告知他："两个工作日你要提取的公积金就可以到个人账户了，请回去耐心等待吧。"罗先生听后非常高兴，没想到如此顺利和便捷，更让他惊喜的是他下午就收到银行短信了，信息提示提取的公积金到账，他迫不及待地将这个好消息告诉了家人，还打电话给绵阳市公积金中心："现在我可以在网上直接提交我的资料，提取我在重庆缴的住房公积金，这样就省去绵渝两头跑的麻烦了，确实方便了很多，我也少跑了很多路，谢谢你们！谢谢党和国家的大好政策，真正地做到了为人民服务！"

图5　绵阳市公积金中心"川渝通办"窗口

（图片来源：绵阳市住房公积金中心）

目前，伴随着住房公积金"川渝通办"业务的开通，真正实现了让"数据多跑路，群众少跑腿"，越来越多的人享受到了住房公积金的便捷性，解决了缴存职工"两地跑"的问题，有效提升了缴存职工的办事幸福感和满意度。

绵阳立足自身实际、深挖工作潜力、大胆改革创新，推动住房公积金领域重点工作与中央、省、市重大决策部署有机融合，有效促进住房公积金公共服务资源合理配置和普惠共享，进一步提升了渝绵两地住房公积金使用质效，使绵阳缴存职工异地安家置业的梦想成为现实，全面彰显了住房公积金制度的便民性，增强了制度的吸引力。同时，两地住房公积金公共服务共建共享为绵渝人员跨区域流动提供了高效便捷的服务，为两地人员深度参与成渝地区双城经济圈建设提供了有力保障。其有效做法，可为其他地区提供参考和借鉴。

四、实施效果

2020 年以来，绵阳市深入贯彻落实《成渝地区双城经济圈建设规划纲要》，强化与成都、重庆协同联动，开展跨区域合作，加快推动成绵、绵德一体化发展和绵遂协同发展，与北碚区、江北区等重庆市重点地区深化合作，深度参与成渝地区双城经济圈建设，各项工作取得显著成效。

（一）着力推动创新驱动发展，协同发展动能切实增强

1. 强化国家战略科技力量

绵阳依托中国工程物理研究院技术优势，开工建设激光产业基地，引进中广核集团建设核医疗健康产业基地。依托中国工程物理研究院、中国航发四川燃气涡轮研究院基础优势，建设游仙区、涪城区高技术产业基地，分别获得省级专项资金支持 3800 万元。围绕电子信息、卫星应用、核技术应用、激光、智能制造等领域打造特色产业集群。

2. 积极搭建创新平台

绵阳推动大院大所技术再研发和就近就地转化，高水平加快建设中

国科技城。科技城新区正式挂牌运行，省委、省政府出台"一对一"支持政策。绵阳积极参与西部科学城建设，配合国省编制《西部科学城建设方案》，携手打造成渝绵"创新金三角"；支持在绵单位争创国家实验室和天府实验室，推进科技创新协同协作。大型仪器共享平台整合仪器设备 6011 台（套），形成 19 万个检测指标，服务企业 1.1 万余次。两用技术交易中心在全国布局分中心 6 个，收录科技成果 3.1 万项。全市技术合同认定登记额达 14 亿元。

3. 营造良好创新生态

绵阳深化国家科技和金融结合试点，建立科技型中小企业信贷融资风险池、高新技术中小企业贷款风险补偿基金和应急转贷资金池。金融专营机构推出补贴贷、订单贷等特色金融产品，"仪器设备贷"被国务院向全国推广。扩大对外交流合作，协同建设成德绵国家科技成果转移转化示范区，商定区域协同创新、产业协作配套等合作事项 147 项。持续推进西南科技大学职务科技成果混合所有制改革试点，累计实现 59 项专利和植物新品种转化。

（二）着力推动产业协作共兴，协同发展支撑更加牢固

1. 携手共建产业链条

绵阳牵头办好北斗卫星导航等 15 个产业联盟。绵阳京东方、成都京东方、重庆京东方开展上下游产业链建设。长虹与华为合作建设四川电子信息产业集聚区工业互联网平台。印发《绵阳市贯彻落实〈国家数字经济创新发展试验区（四川）建设工作方案〉实施方案》，积极推进试验区建设先行先试工作。举行绵阳·北碚深度参与成渝地区双城经济圈建设招商引资网络推介会，对接知名企业商会共 171 家，集中展示签约项目 105 个、签约金额达 691.73 亿元。

2. 强化区域产业合作

绵阳推进与北碚信息基础设施共建共享，依托重庆市工业互联网标

识解析顶级节点优势，推动绵碚两地企业合作建设重点行业标识解析二级节点。支持绵阳市经开区与重庆市长寿经济技术开发区、游仙高新区与重庆蔡家智慧新城合作创建成渝地区双城经济圈合作示范园区。成立重庆绵阳商会，建立两地服务民营经济协同创新发展专家库。深化成绵一体化发展，共同编制《成绵两地工业产品推介目录》，共同打造新型显示等先进制造业集群。长虹、九洲等企业在成都建立研发中心。与遂宁、潼南、铜梁联合打造渝遂绵优质蔬菜生产带。依托"大蜀道""大九寨"加强与经济圈城市文旅产业合作。推进民营经济交流发展，绵阳北碚两地300余家民营企业实现互访，举办"绵碚双城百企友谊联展"，两地70家知名企业参加。

3. 加快发展现代服务业

绵阳培育消费新业态，运用网络直播、社交电商等电商新模式带动销售，开展"游醉美茶乡·品生态羌茶"羌茶节等直播。建设完成跨境电商公共服务平台、监管中心等基础设施，开通跨境电商零售出口（9610）、跨境电商B2B直接出口（9710）通关模式。举办"网络大V绵碚行"，两地跨省游重启，近百人旅游团双向首发。进一步推动与成都平原经济区城市基本实现旅游官网互通，官微互通。与成都市、德阳市、乐山市等地共同开展文旅宣传营销活动。举办绵、成、德、广、遂三国文化旅游景区图片展。

（三）着力推动交通互联互通，协同发展基础不断夯实

1. 畅通铁路运输通道

绵阳融入"蓉欧＋"战略，加快推进成兰铁路绵阳段建设。积极推动绵遂内铁路前期工作。建成皂角铺铁路物流基地，做好与青白江铁路口岸有效衔接。

2. 着力完善公路路网

绵阳加快建设九绵高速、广平高速、中遂高速、G5成绵高速扩容项

目。加快推进绵苍高速前期工作。绵西高速、九绵高速张家坪至青莲互通段建成通车。高速公路通车和在建里程 726 千米，从全省第 11 位上升至第 3 位。

3. 加快建设区域航空枢纽

绵阳南郊机场跻身全国机场 50 强，年旅客吞吐量从 154 万人次增加到最高峰 415.9 万人次、稳居全省第 2 位。加快建设南郊机场 T2 航站楼、北川通用机场。持续推进三台、江油通用机场前期工作。

（四）着力推动公共服务共享，协同发展质效明显提升

1. 促进人才交流合作

在四川两弹一星干部学院挂牌成立北碚区干部人才培训研修基地，115 名北碚区管党政主要领导干部赴绵开展专题培训，两批次川渝互派挂职的 6 名优秀年轻干部到岗履职。绵阳市、北碚区 6 对学校互派优秀干部结对交流 1 个月。

2. 教育合作更加紧密

西南科技大学等 6 所在绵高校加入成渝地区双城经济圈高校艺术联盟。绵阳职业技术学院会同成渝两地 37 家高校、40 家企业、7 家行业组织，成立了文化和旅游产教联盟。四川中医药高等专科学校、重庆三峡医药高等专科学校共同发起成立了"成渝双城经济圈医药卫生职业教育联盟"。举办 2021 年成渝地区双城经济圈（绵碚）义务教育学校高质量发展高峰论坛、成渝地区双城经济圈学前教育联合研讨会。

3. 环境联防联控更加有力

绵阳参与成渝地区大气污染联防联控，建立臭氧污染天气应急管控清单，联合遂宁市开展跨区域联合执法检查 2 次。与德阳市、遂宁市等地协同推进涪江、郪江流域环境综合治理，联合开展嘉陵江流域跨区域生态补偿。探索推广重庆北碚"林长制"及林权改革新模式。

4. 医疗资源共享更加有效

基本实现绵碚检查检验结果互认，继续完善实行二级以上医疗机构医学检验检查结果互认和双向转诊合作机制。全力推进统筹区域内异地门诊医疗直接结算工作。国家医疗保障信息平台四川绵阳统筹区上线使用，实现医保信息系统全国"一张网"。

5. 社会民生服务更加便捷

绵阳全面支持电子社保卡扫描登录，将电子社保卡接入"绵阳智慧人社"App、"i 绵阳"App。推进社保卡共享应用，重庆市北碚区持卡人可直接前往绵阳市 14 个服务网点办理社保卡相关业务。绵阳市持卡人在北碚区可以办理对等社保卡服务，北碚区市民持社保卡可在绵阳市 7 个公立图书馆借阅图书。开展成渝地区双城经济圈住房公积金一体化便捷服务专项行动，实现住房公积金缴存、正常提取等"川渝通办"事项全程网办。加强人力资源协作发展，与重庆市北碚区、大足区、荣昌区以及泸州市、宜宾市等地签署人力资源产业园协同发展战略合作协议。推进"跨省通办"，第一批 58 项"跨省通办"、95 项"川渝通办"、43 项"绵碚通办"政务服务事项在绵阳市落地落实。

2021 年，绵阳全市实现地区生产总值为 3350.29 亿元，同比增长 8.7%。第一产业增加值同比增长 7.5%，居全省前列；规上工业增加值同比增长 11.4%，居全省第 1 位，是 2004 年以来最好位次；服务业增加值同比增长 9.3%，全社会固定资产投资同比增长 11%，社会消费品零售总额同比增长 18.5%；地方一般公共预算收入为 159.2 亿元，同比增长 12.9%；城乡居民人均可支配收入分别为 43150 元、21340 元，同比分别增长 8.7%、10.5%。2021 年末，绵阳全市总人口为 526.97 万人，常住人口城镇化率为 53.63%，中心城区面积为 181.8 平方千米。入围全国城市综合竞争力百强，排名第 75 位。同时，根据《泽平宏观》发布的 2021 中国城市高质量发展排名，绵阳排名第 42 位。同时，绵阳还成功入围新一批国家创新型城市建设名单。2021 年全社会研发经费支出占 GDP 比重达到 7.14%，居全国城市前列，科技创新综合水平指数居西部城市前列。深入实施"科技城人才计划"，加强高端人才服务，新增"两院"院士 3 名、总数达到 30 名，引进博士 420 名、创新创业团队 32 个。1 人荣获中华技能大奖。深化国家科技金融结合试点，与成都共同申建全国科创金融改革试验区。国家军民两用技术交易中心年交易额超过 2 亿元。四川省知识产权保护中心绵阳分中心投入试运行，全市有效发明专利拥有量达到 8660 件，每万人有效发明专利拥有量达到 17.8 件，技术合同认定登记额超过 20 亿元。

五、特色亮点

（一）着力强化组织领导，深入贯彻落实国省重大区域战略

1. 建立组织领导体系

绵阳成立了绵阳市深度参与成渝地区双城经济圈建设暨推进区域协同发展领导小组，制定领导小组和领导小组办公室工作规则，负责工作统筹谋划和推进落实，从强化领导统筹谋划入手，为绵阳深度参与成渝地区双城经济圈建设奠定了坚实的基础。

2. 强化顶层系统谋划

中共绵阳市委七届九次全会作出《中共绵阳市委关于深入贯彻习近平总书记重要讲话精神深度参与成渝地区双城经济圈建设的决定》（以下简称《决定》），对绵阳市深度参与成渝地区双城经济圈建设进行系统谋划。《决定》对绵阳深度参与成渝地区双城经济圈建设作出了四个发展定位、四个主攻方向、八大行动的系统谋划。其中，建设具有国际影响力的中国科技城、建设国家重要国防科研生产基地、建设西部内陆改革开放新高地、建设成渝地区副中心城市，这"四个发展定位"是绵阳深度参与成渝地区双城经济圈建设的奋斗目标。优先发展先进制造业、着力提高科技创新能力、持续深化改革扩大开放、加快建设 I 型大城市，这

"四个主攻方向"是绵阳深度参与成渝地区双城经济圈建设的着力重点。实施现代产业体系构建行动、实施协同创新能力提升行动、实施交通基础设施畅通行动、实施国土空间布局优化行动、实施城市发展能级跃升行动、实施生态环境保护协同行动、实施体制机制创新深化行动、实施公共服务共建共享行动,这"八大行动"重点解决实施路径问题。同时,还就凝聚深度参与成渝地区双城经济圈建设的强大合力提出了具体要求,包括加强组织领导、健全推进机制、激发市场主体活力、强化人才支撑、调动各方积极参与,旨在重点解决推进力量问题。

3. 落实工作责任

绵阳印发了《绵阳市贯彻落实〈成渝地区双城经济圈建设规划纲要〉重点任务责任分工方案》《绵阳市深度参与成渝地区双城经济圈建设暨推进区域协同发展2021年工作要点》等系列文件,明确全市深度参与成渝地区双城经济圈建设各项工作任务,将工作责任落实到具体部门,形成工作合力。

4. 开展工作督查

绵阳将"深度参与成渝地区双城经济圈建设重大事项完成情况"纳入2020年度、2021年度县(市、区)、园区和市直单位目标绩效综合考核指标体系,促进各项重点工作高质高效推进。

(二)汇聚各界智慧和力量,协同发展共识更加凝聚

1. 做深课题研究

绵阳聚焦"一极一源""两中心两地"目标,结合绵阳自身优势,形成绵阳市深度参与成渝地区双城经济圈建设综合研究报告。市级各部门围绕16个专题深入开展研究,形成专题研究报告16篇。

2. 召开专家研讨会

绵阳举办了以"建设中国科技城、打造成渝副中心——绵阳在成渝地区双城经济圈建设中的新担当新作为"为主题的绵阳市深度参与成渝

地区双城经济圈建设研讨会。由四川省社科院、重庆社科院、绵阳市委、绵阳市人民政府主办，重庆市北碚区委、区政府协办。中国社会科学院学部委员潘家华，四川省决策咨询委员会副主任、四川省社科院原党委书记李后强，重庆社会科学院原党组书记、院长唐青阳等 8 名专家作主旨演讲，省市相关领导、县市区（园区）和在绵科研院所、高等院校、重点企业相关负责人等 100 余人参会。

3. 推动社会各界参与

绵阳市人大组织了 3 个调研组开展深入调研，形成了专题报告。市政协召开了政协常委会议专题协商议政。市委统战部组织全市统一战线开展实地调研，形成研究材料 17 篇。

（三）着力推动区域合作联动，协同发展广度深度持续扩展

1. 携手北碚打造川渝合作典范

2020 年 4 月 1 日，绵阳与重庆市北碚区召开了推动成渝地区双城经济圈建设党政联席会议，签订了合作框架协议，是第一个成渝地区非毗邻城市签订的协议。2020 年 4 月 29 日至 30 日，召开了第二次党政联席会议暨三年行动计划签署仪式，明确两地重大战略协同行动、交通路网互联互通行动、产业发展联动协同行动等 10 个方面、29 条合作内容、43 项具体合作事项。

2. 推进成都平原一体化发展

绵阳加强与成都市、德阳市、遂宁市等兄弟城市的合作，加快推动成绵、绵德一体化发展，绵遂协同发展，深化与成都平原经济区城市一体化发展，推动 147 项合作事项落地见效。2021 年 6 月 1 日，与成都召开党政联席会，签订了《以创新驱动深化成绵一体化发展合作协议》，共同打造具有全国影响力的科技创新中心。

六、经验启示

（一）明晰的发展定位是绵阳深度参与成渝地区双城经济圈建设的前提和基础

加快建设中国科技城，全力打造成渝副中心，这是绵阳深度参与成渝地区双城经济圈建设的主题。绵阳作为科技城，经过 21 年建设，在创新能力建设、创新要素聚集、科技人员创新活力释放等方面，都有了相当的实力和基础。绵阳牢牢把握成渝地区双城经济圈建设重大战略机遇，进一步明确了发展定位和目标任务，找准切入点、明确主攻点，充分发挥比较优势，主动融入、协同发展，全力擦亮叫响中国（绵阳）科技城的"金字招牌"，着眼科创＋经济、科创＋金融、军民融合、所有制融合四个方向，加快发展"六大工程"和军民融合发展"五大行动"，完善科技创新体系，优化科技创新生态，增强协同创新发展能力，与重庆、成都共建中国西部科学城，全力创建国家军民融合发展重点区域和国防科技工业军民融合创新示范基地，提高整体创新能力、科技对经济的支撑能力和可持续发展能力，将绵阳打造成为区域内知识创新高地、科技服务中心、成果转化地标，加快建设国家科技创新先行示范区，不断提升中国（绵阳）科技城创新能级，为全力打造成渝副中心奠定了坚实的基础。

（二）积极发挥战略资源优势是绵阳深度参与成渝地区双城经济圈建设的关键举措

绵阳是中国唯一的科技城，重要的国防军工重镇，战略地位凸显。绵阳正积极以发达的科技资源、鲜明的主导产业、先进的人力资源等战略资源优势，推动成渝地区双城经济圈建设成势见效。当前，绵阳军民融合发展不断深入，教育科技实力显著增强，创新生态环境日臻完善，为加快建成成渝地区科技创新中心第三极奠定了坚实基础。绵阳依托中国工程物理研究院等单位，积极参与综合性国家科学中心建设。重点打造四川军民融合高技术产业联盟、大型仪器设备资源共享平台等省市协同创新平台，探索政府、企业、高校、科研院所等多方参与的共建模式，谋划在核技术、信息化、智能制造等方向的知识溢出机制。实施技术研发、成果转化、支撑保障三大类平台改革改造，全面提升各类创新平台市场化、专业化水平。鼓励院所、高校、企业所属的国省重点实验室、工程技术研究中心、企业技术中心、工业设计中心面向市场创新主体，以联合研发、资源共享、技术咨询、智力支持等方式提供有偿服务。通过创新相接、产业承接、交通连接、服务链接和开放对接、改革衔接，绵阳完全有实力发展成为成渝地区双城经济圈的区域创新中心、科技创新增长极。

（三）努力形成各方共建合力是绵阳深度参与成渝地区双城经济圈建设的重要保障

创新生态建设是一个复杂的系统工程，绵阳深度参与成渝地区双城经济圈建设，需要科技城管委会、科技、财政、税务、住房和城乡建设、交通、教育、医疗、生态环境等部门共同努力和密切配合。绵阳充分发挥成渝地区双城经济圈建设战略优势、全面创新改革试验区成德绵先行先试政策优势，建立由政府牵头、相关部门参与的跨部门综合协调机制，实现政府从单一的创新管理向创新管理和创新生态建设管理并重的方向转变，努力形成各方共建合力。同时，绵阳通过组建工作专班，细化工作措施和责任分工。明确专人负责，建立工作台账，逐项梳理分析本领域能纳入国省规划、文件的项目和事项，找准了对接的突破口，增强了政策争取的针对性和实效性。

七、案例来源说明

本文中案例的来源有课题研究团队的实地调研走访、绵阳相关单位和部门提供的资料数据、主流媒体公开报道等。

八、教学思考

1. 如何深度参与成渝地区双城经济圈建设，塑造区域发展新优势？

2. 如何围绕"两中心两地"战略目标找结合、求协作、谋发展？

3. 绵阳深度参与成渝地区双城经济圈建设有哪些可复制、可推广的经验？

参考文献

[1] 邓玲，陈希勇，曾武佳. 区域中心城市融入成渝地区双城经济圈的路径研究 [J]. 成都大学学报（社会科学版），2021（6）.

[2] 张守帅. 突出高质量发展导向和高水平协作联动 合力推动成渝地区双城经济圈建设取得更大进展 [N]. 四川日报，2021-12-15.

[3] 陈涛，王思懿，吴戈，陈小满. 成渝地区双城经济圈科技创新中心建设：现状、问题及对策 [J]. 中国西部，2021（6）.

[4] 涂建军，况人瑞，毛凯，李南羲. 成渝城市群高质量发展水平评价 [J]. 经济地理，2021，41（7）.

[5] 彭劲松. 成渝地区具有全国影响力的科技创新中心建设及协同发展研究 [J]. 城市，2020（4）.

[6] 刘超. 全力推动高质量发展 把绵阳建成成渝地区副中心城市 [N]. 华西都市报，2020-05-12.

[7] 白俊红，蒋伏心. 协同创新、空间关联与区域创新绩效 [J].

经济研究，2015，50（7）.

［8］叶伟巍，梅亮，李文等. 协同创新的动态机制与激励政策：基于复杂系统理论视角 ［J］. 管理世界，2014（6）.

课题指导： 中共四川省委党校（四川行政学院）　周鹏

编写单位： 中共绵阳市委党校（绵阳行政学院）

研究团队： 党海燕　王仕军　杨艳　杨富兰　彭树青　李慧

遂宁市安居区建设遂潼川渝毗邻地区一体化发展引领区的实践案例研究

摘要

建设成渝地区双城经济圈（以下简称"双圈"）战略提出以后，遂宁市安居区把"建设遂潼川渝毗邻地区一体化发展引领区"作为发展战略定位，树牢一体化理念，与潼南区携手共进、精诚合作，深入推进各领域、各层次、各方面一体化发展，开创了合作机制完善高效、基础设施互联互通、生态环境联防联治、社会民生互利互融、发展平台共建共享的新局面，为川渝毗邻地区推动经济区与行政区适度分离、构建区域统一大市场、形成新发展格局作出了积极探索。

关键词

安居区；毗邻地区；一体化；引领区

一、导语

推动"双圈"建设是习近平总书记亲自谋划、亲自部署、亲自推动的重大区域发展战略。习近平总书记在中央财经委员会第六次会议上的重要讲话中，深刻阐明了推动成渝地区双城经济圈建设的重大意义、总体思路、基本要求和重点任务，为新时代成渝地区高质量发展擘画了美好蓝图、提供了根本遵循。

中共四川省委十一届七次全会聚焦推动"双圈"建设进行安排部署，提出了强化川渝互动，促进成渝地区中部崛起、南翼跨越、北翼振兴，加快实现区域空间布局整体优化、功能体系整体完善、发展能级整体提升等目标任务。

"双圈"战略的实施是遂宁在"两个一百年"奋斗目标历史交汇期迎来的重大历史性机遇。自"双圈"战略提出以来，遂宁市便把"与潼南共建川渝毗邻地区一体化发展先行区"作为贯彻落实国家战略的重要抓手。

安居区深入贯彻落实中央、四川省委、遂宁市委建设"双圈"的决策部署，把"建设遂潼川渝毗邻地区一体化发展引领区"作为战略目标，树牢"一体化"理念，强化"一盘棋"思维，充分发挥安居比较优势，加快建设成渝地区特色工业示范区和清洁能源示范基地，全力打造遂潼一体化发展引领区。

"双圈"战略提出两年多来，安居区围绕建设遂潼川渝毗邻地区一体化发展引领区全力投入，紧扣"一体化"，与潼南区深度合作、同心同力，推动两地在交通设施互联互通、产业发展共育共长、文化旅游互融互兴、创新驱动互利互惠等方面取得了优异成绩，促进了区域新发展格局的形成、统一市场的初步建立、经济区与行政区的适度分离，为川渝毗邻地区一体化发展探索了"安居路径"、形成了"安居经验"、创造了

"安居模式"，为其他地区提供了有益的参考和借鉴。

二、背景介绍

（一）区情概况

安居区是 2003 年 12 月成立的县级行政区，东部紧邻重庆市潼南区。2021 年全区实现地区生产总值（GDP）210 亿元，辖区面积 1258 平方千米，辖 14 个镇、2 个街道，250 个村、53 个社区，人口 81 万人。天然气资源丰富，是承接成渝产业转移、配套服务成渝的重要功能板块，是遂宁中心城区经济发展极核重要组成部分。境内有国家 AAAA 级七彩明珠景区，拥有遂渝、遂内、遂资 3 条高速公路。该地是全国产粮大县、生猪调出大县，拥有全国文明城市等多张国家级名片。

潼南区历史悠久，公元 373 年建制设县，1912 年设东安县，1914 年因地处潼川府之南更名为潼南，2015 年经国务院批准撤县设区。该区位于重庆市西北部，西部紧邻遂宁市安居区。2021 年全区实现地区生产总值（GDP）539 亿元，辖区面积 1583 平方千米，辖 20 个镇、3 个街道，总人口 95.09 万人，是川渝合作示范区、全国现代农业示范区、国家新型城镇化综合试点地区。潼南地处重庆、成都两座国家级中心城市 1 小时经济圈交汇点，是川渝合作门户之城、成渝经济区枢纽之城、山水田园智慧之城。渝遂快速铁路、高速公路横贯。天然气储量 3000 亿立方米以上，是全国单体规模最大的整装气藏主产区。涪、琼两江穿境而过，水电资源藏量 14 万千瓦，是全国小水电之乡。

（二）面临的挑战

1. 经济体量不对等，财政收支失衡，支撑发展有困难

2021 年，安居区实现地区生产总值（GDP）210.42 亿元，按可比价格计算，同比增长 8.7%，高于全市（8.2%）0.5 个百分点，排位居全市第

一，增速实现"三连冠"。两年平均增长7.3%，高于全市（6.2%）1.1个百分点。分产业看，第一产业实现增加值42.01亿元，同比增长7.7%，对全区GDP的贡献率为19.6%，拉动GDP增长1.7个百分点。第二产业实现增加值108.85亿元，增长9.1%，对全区GDP的贡献率为51.3%，拉动GDP增长4.5个百分点。其中，工业增加值95.97亿元，增长10.9%，对全区GDP的贡献率为53.2%，拉动GDP增长4.6个百分点。第三产业增加值实现59.56亿元，增长8.7%，对全区GDP的贡献率为29.1%，拉动GDP增长2.5个百分点。三次产业结构比为20.0∶51.7∶28.3。

2021年潼南区实现地区生产总值539.35亿元、增长9.5%。分产业看，第一产业增加值84.28亿元、增长8.7%。第二产业增加值236.18亿元、增长9.7%，高于全市2.4个百分点。其中，工业增加值169.05亿元、增长10.8%；建筑业增加值67.13亿元、增长6.9%。第三产业增加值218.89亿元、增长9.5%。进一步分析，潼南区2021年实现工业增加值169.05亿元、增长10.8%，是拉动经济增长的首要动力。规上工业增加值增长12.6%。1—12月累计实现规上工业总产值442.72亿元、增长15.4%。从主要产业看，节能环保产业产值11.19亿元、增长46.6%，绿色建筑建材产业产值52.34亿元、增长15.8%，特色消费品产值142.51亿元、增长23.1%，化工新材料产值51.40亿元、增长28.7%，智能制造产业产值185.28亿元、增长5.8%。工业用电5.52亿千瓦时、增长5.0%，用气2.13亿立方米、下降2.8%。

不难看出，安居区2021年全区实现地区生产总值（GDP）210亿元、潼南区2021年全区实现地区生产总值（GDP）539亿元，安居区地区生产总值仅为潼南区的38.9%，经济总量上存在较大的"级差"。从经济增长速度看，2021年安居区经济增速为8.7%、潼南区为9.5%，安居区低于潼南区0.8个百分点，经济增长速度也存在一定的"量差"。从财政收入看，2021年，安居区实现财政总收入19.86亿元、实现地方财政总支出58.09亿元；潼南区完成一般公共预算收入23.32亿元、一般公共预算支出 61.51 亿。两地财政均属于收支严重失衡的"吃饭财政",接受中央财政转移支付数额较大,自身财力比较有限,财政盈余用于支撑交通基础设施建设、民生保障、产业发展以及遂潼涪江创新产业园区等合作平台开发建设的能力较弱。

2. 行政级别不相同,资金投入压力大,体制机制待突破

安居区部分领导干部向课题调研组反映,由于安居区行政级别(县级)低于潼南区(地市级),两地在一体化建设中难免存在一些需要突破的体制机制障碍。比如,由于行政级别的不同,两地拥有的行政权力大小不一样,有的时候,在项目对接洽谈中潼南区可以立即"拍板"决定的事项,对于安居区就需要向上一级政府请示以获得授权。这种情况下,平台建设、项目合作、工作衔接的顺畅性、推动的及时性都受到一些影响。两地计划合作建设的遂潼快捷通道(总投资约 48 亿元)、遂潼沿江通道(总投资约 16 亿元)、遂潼大道(总投资约 54 亿元)、潼安大道(总投资约 15 亿元)等重点项目均需要投入大量资金,两地财力有限,面临巨大的投入压力。安居、潼南两地依托遂潼涪江创新产业园区建设,发挥两地天然气资源富集的优势,在该园区中特别规划了遂潼天然气化工园区,聚焦天然气综合利用、精细化工,找准了利益的"连接点"。这是好事情。不过,也有领导干部向调研组反映,由于政策对化工园区地域范围的严格约束,两地合作建设的天然气化工园区需要重新走程序以获得"准生证"。此外,在招商引资优惠政策、企业税费缴纳、生产要素价格、人才资格认证等方面,两地还需要进行大量体制机制创新,需要做到标准统一、一视同仁。

3. 有利条件不突出,示范项目不够多,发展后劲待提升

有领导干部调侃:安居区、潼南区均位于远离成都、重庆都市圈的"省际边缘地带",位于成渝发展主轴的"中部塌陷区",地理边缘化特征明显。据安居区聘请的外部智囊机构研判分析,在"十四五"期间,安居、潼南接受成都、重庆两地都市圈的辐射带动还不强,最多体现在规模不大的传统产业转移、开放平台共享等领域，相反资金、人才、商品销售等重要要素还会继续被虹吸。目前安居与潼南区在产业共兴、生态共治、文旅共荣等方面包装储备的项目不多，实实在在合作共建、落地落实、终端见效的项目屈指可数，示范带动作用有待进一步加强。2021年，作为安居区重要支柱产业的汽车与装备制造业共实现产值38.34亿元，下降18.3%，下降幅度较大，对工业制造造成较大冲击；食品及特色消费品产业共实现产值20.87亿元，下降10.6%。这些重要产业生产的下滑是一个不良的信号，值得高度重视，必须加以分析研判，否则会直接影响安居区经济的发展势头和持久能力。

（三）政策背景与地方部署落实

1. 政策背景

2021年10月，中共中央、国务院发布了《成渝地区双城经济圈建设规划纲要》，特别指出成渝地区双城经济圈在双循环新发展格局中的重要地位，为进一步唱好"双城记"指明了具体方向、提出了新的更高要求。

2021年1月，四川省发展改革委和重庆市发展改革委联合印发的《遂潼川渝毗邻地区一体化发展先行区总体方案》指出，遂宁市和潼南区将按照"统一谋划、一体部署、相互协作、共同实施"的总体要求，立足成渝、联动双城、先行先试、形成典范，推进基础设施、产业发展、生态环保、机制创新、公共服务五个一体化，助力打造区域协作的高水平样板，建设联动成渝的重要门户枢纽，带动成渝地区中部崛起形成重要支撑。

2021年2月，四川省第十三届人民代表大会第四次会议批准的《四川省国民经济和社会发展第十四个五年规划和二〇三五年远景目标纲要》提出在成渝地区双城经济圈中部，共建遂宁潼南川渝毗邻地区一体化发展先行区。同年3月，十三届全国人大四次会议表决通过的《关于国民经济和社会发展第十四个五年规划和2035年远景目标纲要的决议》，进一步明确了成渝地区双城经济圈建设的目标。

2020 年 3 月，遂潼双方共同签署"1 + N"合作协议，即 1 个《推进遂宁潼南一体化发展合作协议》和 17 个专项合作协议，包含区域规划、基础设施、产业发展、协同创新、生态保护、公共服务、体制机制等 7 个一体化大类、38 个具体协议事项。

2. 地方部署落实

建设遂潼涪江创新产业园区是遂潼两地一体化发展的战略抓手，遂潼两地共同制定了《遂潼涪江创新产业园区建设实施方案》。安居区成立了"全面融入成渝地区双城经济圈建设遂潼一体化发展先行示范区"领导小组和 7 个专项工作组，下设"双城办"，抽调 2 名专职干部负责日常工作。抽调 5 名专职干部，成立安居区天然气产业园区筹备组，全力参与涪江创新产业园区临时党委和筹委会建设。

2021 年 7 月，安居区印发《遂潼川渝毗邻地区一体化发展引领区行动方案》，明确提出充分发挥安居区比较优势，加快建设成渝地区特色工业示范区和清洁能源示范基地，打造遂潼川渝毗邻地区一体化发展引领区的目标。

三、典型案例

（一）推动交通一体化，实现基础设施互联互通

2020 年 3 月 10 日，重庆市潼南区党政代表团来遂考察，召开了遂潼一体化发展领导小组第一次会议，签署了"1 + N"即 1 个《推动遂宁潼南一体化发展合作协议》和 17 个专项合作协议，谋划了一大批交通建设项目，公路、铁路、水路、航空齐发力。2021 年 5 月 18 日，遂潼一体化交通互联互通项目座谈会在潼南举行，会议研究了《遂潼交通一体化行动计划（2021—2023 年）重点任务清单》，重点讨论了璧山—铜梁—潼南—大英、安居—潼南—武胜高速公路，遂潼快捷通道、遂潼大道、沿江通道、潼安大道等线路方案，就道路接线位置、技术标准、建设时序

等进行了深入合作。

1. 从上至下：表决心

在积极融入"双圈"、建设遂潼一体化发展引领区的工作中，安居区主要负责同志响亮地提出了交通一体化的战略口号，"安居要在遂潼一体化发展中主动承担更多功能，展现安居价值，同时要借助安居机场的建设契机，主动融入成渝航空经济圈"。安居区委主要负责同志多次表示："作为接受成渝双核等距辐射的安居，将立足区位优势，抢抓机遇、积极作为，进一步搭建成渝城市群开放通道和合作平台，增强产业协同发展能力，推进交通路网互联互通，抓好环境大保护，不断增强区域经济综合实力，深度融入成渝地区双城经济圈，加快建设遂潼一体化发展先行区。"安居区交通运输局主要负责同志也坚定表示："做好成南达万高铁、渝遂高铁、绵遂内城际铁路和遂渝高速扩容规划建设。在成渝地区双城经济圈建设中，安居要夯实交通基础，拉近融入'双城'时空距离，助力全面一体化高质量推进。"作为与潼南区玉溪镇接壤的西眉镇和磨溪镇的两位党委主要负责同志表示："将打破地域界限，积极打通与潼南区互联互通的'最后一公里'。""将在交通基础设施、产业协同、社会服务、文旅繁荣上下功夫，全方位融入遂潼一体化发展战略布局。"

2. 从近至远：盘活路

2021 年 4 月 23 日，安居区磨溪镇至重庆市潼南区公交线路顺利开通，这是成渝地区双城经济圈毗邻区县开通的首条跨省城际公交。开通的这条公交线路全长 29 千米，起点为潼南区江北汽车站，终点为安居区磨溪镇公共汽车站，沿途共设 35 个站点，其中安居境内 8 个，全程运行时间约 1 小时。开通初期共计投入车辆 4 辆，远期将增至 8 辆，从潼南城区到磨溪镇票价仅需 5 元。

家住磨溪镇千丘村的田女士，是磨溪镇至重庆市潼南区公交线路开通的第一批乘客之一。在她看来，磨溪至潼南城际公交的开通，解决了遂潼两地多年来没有公交车直达的问题，极大地方便了两地居民出行。

田女士表示："我有亲戚在那边住，我们以前就经常去潼南玩，之前是自己坐车或者开车不方便，有时候回来太晚了又没有车，只有自己打个车。现在公交车开通了，车票钱也不贵，想什么时候回来都行，不用着急赶时间，比较便利。"潼南区双江镇居民刘先生也对开通两地公交车赞不绝口："国家很好，把这个路线开通了，今天到磨溪来参观、来旅游，方便得很。有了这条公交线，我们以后还要经常来耍。""现在这个路好太多了，跑起来非常顺畅，大大节省了时间。"家住磨溪镇的翟先生表示。1985 年，翟先生从部队复员后，就投入了运输行业，站在一处山坡上，翟先生指着下方平整的道路说："以前从我家到潼南要跑 50 多千米，现在只有 10 多千米，车程由 1 个多小时缩短到 15 分钟。提升改造后，此处最大弯道的绕坡路已变为直路，相比以前减少了 1.5 千米。"得益于 2020年 12 月 25 日从安居开往潼南（崇龛）的省际农村客运班车的开通，村民们"坐上这个车，就能出省"。这是目前三家镇和潼南区崇龛镇老百姓出行的真实写照。

G246 线建于解放前，是当时连接遂潼两地的主道路。遂潼大道既是遂潼沿江通道的主要通道，连接 G246 和遂宁中环线，又是遂宁主城区到遂宁港的重要水陆连接线。在安居积极融入成渝地区双城经济圈建设后，该道路经历了多次改建、扩宽、截弯取直，实现了从碎石路到水泥路再到柏油路的提升。随后 G246 沿线发展起了养殖、种植、旅游等产业，成为了遂潼两地的发展致富路。

遂宁市众鑫虾缘水产养殖专业合作社落地永灵村，汇聚了来自安居和船山的 56 家养殖户。"我们的龙虾主要销往遂宁、潼南两地，丰产期每天约有 500 斤龙虾发往潼南。"合作社负责人邹先生说，"我见证了G246 的多次变迁发展，感受到这条路给遂潼两地深入交往带来的便利。对于水产运输，时间就是金钱！从合作社出发，仅需半个小时就能抵达潼南的销售市场，目前运输车在路上跑的时间比以前大大减少了。"

一条路盘活一方百姓，一条路串联起遂潼两地。如今，随着遂潼一体化发展战略的深入实施，安居将开展更多的交通合作项目，这也必将更大程度改善遂潼两地交往的交通条件，促进两地更加深入地交流发展。

3. 从深至广：谋未来

安居、潼南两地在未来交通上，从深至广携手共进，提升两地互联互通水平，实现遂潼一体化发展。

潼南区交通局主要负责同志表示："当前，遂宁潼南两地共同推进兰渝高铁、渝遂高速公路扩能前期工作，力争'十四五'期间启动建设，共同谋划遂潼快捷通道、遂潼沿江通道建设；共同争取市郊铁路璧铜线延伸至遂宁、规划建设安居—潼南—武胜高速公路等项目。"潼南将以遂潼两地，特别是安潼的交通基础设施互联互通建设为主体，推进高速化衔接，以城际交通、城市交通、快速通道建设为主，织密以高速铁路、城际铁路、高速公路为主体的干线路网，提高两地外部辐射力和内部吸引力。同时，以水运航空为补充，推进多元化融合。"高速铁路、高速公路具有快速连接、方便快捷的明显优势，而水运、航空同步推进，能在货物运输、旅游观光、多元化出行方面给予补充。"

遂宁市交通运输局主要负责同志表示，要织密一张路网，在高速公路方面，遂宁将加快推进渝遂高速公路扩能、南遂潼高速公路建设，规划研究武胜经潼南至安居高速公路；在地方干线公路方面，加快推进遂宁至潼南快捷通道、遂潼沿江通道、遂潼大道（G246）、S209、S207等项目，实现互联互通；在水运通道方面，加快推进双江航电枢纽、三星船闸建设，共同推动涪江航道提标升级，积极争取将涪江纳入国家内河高等级航道。

在遂潼两地交运发力的基础上，安居区正在积极探索"客运＋旅游"新模式，开通直达两地旅游班次；加大相邻地区的客运运力配置，促进周边老百姓的交流；适时开通更多公共交通，实现两地公交卡互融互通；建立交通行政执法协同联动机制，实现信息共享，积极构建遂潼川渝毗邻地区一体化发展先行区。

交通一体化是区域一体化的基础支撑，是融合发展的先导。安居、潼南以基础互联互通为引领，开展多层次、立体化的合作，推动一体化走深走实，进一步促进民心相通、要素流通，推动两地实现行政区与经济区相分离，构建了区域统一大市场，形成了两地间要素便利流通的新发展格局。

（二）推动产业一体化，实现产业发展共育共兴

安居有着丰富的天然气资源优势。2012 年 9 月，川中地区油气勘探在安居磨溪 8 井发现磨溪区块寒武系龙王庙组气藏，获测试日产气 107 万立方米，取得了四川盆地寒武系勘探的历史性突破。2012 年 12 月，川中地区油气勘探又在磨溪 8 井等 8 口探井相继投入试采，到 2013 年 12 月底安全优质高效建成 10 亿立方米试采工程并一次投产成功。2014 年 9 月建设一期 40 亿立方米产能工程全面完工，随即二期 60 亿立方米产能建设全面展开。2015 年 10 月，成功建成年产能 110 亿立方米天然气的设计规模，历时 37 个月，创造了中国石油大型整装气藏从发现到全面投产的最快速度。依托安居天然气资源优势，中石油与遂宁发展有限公司成立天然气净化公司。该公司在安居建成年处理能力 100 亿立方米天然气的全国最大的净化处理厂（见图 1）。目前该公司正在安居加快建设全国最大地面储气调峰基地，启动建设四川最大的天然气发电项目。

2020 年，遂潼共同编制《遂潼一体化研究暨遂潼涪江创新产业园空间战略规划》，划定约 450 平方千米建设"遂潼涪江创新产业园"，以"产业链互补、开放式互联"的原则，实现规划一体化；在天然气化工、锂电及新材料、汽车智能制造、大众消费品等产业方面开展合作，共推产业一体化、市场一体化。安居与潼南区共同建设遂潼天然气产业园，着力构建能源开采、储气调峰、就地转化综合利用体系，全力建设结构

优化、技术先进、链条完整的"东方气都"核心区。

图1　中石油遂宁安居天然气净化有限公司生产现场

（图片来源：中共遂宁市安居区委组织部、中共遂宁市安居区委党校）

1. 利用属地资源，推动一体化发展

安居磨溪龙王庙组气藏是目前国内最大的单体海相碳酸盐岩整装气藏，探明储量达4400亿立方米，远景储量达1万亿立方米（见图2）。

图2　安居磨溪龙王庙组气藏

（图片来源：中共遂宁市安居区委组织部、中共遂宁市安居区委党校）

依托安居、潼南两地丰富的天然气资源和企业优势，充分考量遂潼两地差异化发展，在安居（安居经开区、遂潼之心）和潼南（田家片区）共建遂潼天然气产业园，共同发展打造遂潼天然气产业集群。安居以发展天然气清洁能源为主，潼南以发展天然气精细化加工为主。目前，遂宁源晗等项目已建成投产，四川能投储气调峰、晨光博达、金山试剂、成都川锋等项目正加快建设，中国华电天然气发电、内蒙古久泰新材料、重庆渝化新材料、成都赛普能源等总投资超过600亿元的天然气化工项目即将签约，为遂宁打造全产业链天然气千亿产业集群，建成全省八大千亿绿色化工产业基地之一贡献力量。

2. 共建遂潼产业园，实现产业融合

为推动产业园建设尽快落地落实、终端见效，遂潼两地认真深入谋划成立了川渝遂潼投资集团及遂星实业有限公司、潼星实业有限公司，作为推动园区建设的平台公司。

安居区成立以区委书记、区长任"双组长"的遂潼天然气产业园建设领导小组，统筹推进遂潼园区的各项工作，推进遂潼天然气产业园实体化运行。安居经开区新增设2名党工委委员，并明确1名正科级干部牵头，抽调10名专业人才，对标设置3个业务部门，组建遂潼天然气产业园安居园区工作专班，做到专人专职、专岗专责、专班专用。

安居政府与潼南经信委成立工业一体化发展工作领导小组，由双方主要负责人担任领导小组组长，成员由相关职能部门工作人员组成，在两地经信部门下设联合办公室。领导小组原则上每半年召开一次合作工作推进会议，负责双方合作过程中重大事项的研究、决策和部署，把握双方合作的方向、发展定位，研究审议合作重点任务等。潼南高新区与安居经开区建立遂潼天然气产业园共建联络小组，由双方园区主要负责人担任联络小组组长，联络小组具体推进发展天然气集群、共建遂潼天然气化工产业园事宜。

2021年4月，四川能投遂宁储气调峰基地项目开工建设，实现了遂潼天然气产业园建设开局见效。遂宁储气调峰基地项目计划总投资 10 亿元，主要建设 1 座 3 万立方米 LNG（液化天然气）双金属全包容罐、1 座 6 万立方米 LNG 预应力混凝土全容罐。项目投运后储气设施达 9 万立方米，应急储备能力达 5400 万立方米，将满足川中地区及周边 500 千米范围内的点供市场调整需求。

根据遂潼两地共建成渝地区双城经济圈产业合作示范园区工作方案，在潼南区经信委和遂宁市经信局的支持下，依托潼安两地丰富的天然气资源，积极推动共建遂潼天然气产业集群。签订《推进工业一体化共同发展打造遂潼天然气产业集群战略合作协议》，通过《共建遂潼天然气产业园区的建议方案》，重点规划发展化工与新材料产业，共建遂潼天然气产业园，形成一园两组团的格局，为遂宁构建"东方气都"打通了绿色高效、开放共享、合作共赢的能源供应渠道。

案例点评　产业一体化是安潼两地合作的关键领域。两地在产业一体化方面有着得天独厚的优势条件——天然气。两地境内均蕴含丰富的天然气资源，又都面临相似的"发展困境"，那就是对资源的就地转化度不够。两地紧紧扭住这个资源共同点、利益连接点做好"气"文章，在园区规划建设、产业一体化发展等方面作了许多开创性贡献。

（三）推动毗邻一体化，实现相邻地区结盟共进

"双圈"建设为安居及成渝周边区县提供了开放共享、合作共赢的发展机遇，安居借势发展，与周边县区携手合作，结盟而行。

1. 共建成渝轴线区（市）县协同发展联盟

2018 年 11 月成渝轴线区（市）县协同发展联盟（以下简称成渝轴线联盟）成立，由成渝北翼、南翼和中部三条发展走廊沿线 14 个区（市）

县（安居区、璧山区、大足区、荣昌区、铜梁区、潼南区、永川区、安岳县、东兴区、简阳市、隆昌市、龙泉驿区、乐至县、泸县）自愿组成。成渝轴线联盟坚持区域协调可持续发展，以"开放、共建、合作、共享"为宗旨，深化成渝轴线产业、基础设施、环境、社会事业等领域的合作，助推成渝轴线协同发展。

2021年6月28日，以"深化毗邻合作，共谋中部崛起"为主题的成渝轴线区（市）县协同发展联盟在遂宁市安居区召开第三届年会，联盟14个区（市）县相聚一堂，共创区域特色品牌，共建深化合作机制，共同谱写成渝相向发展新篇章。联盟14个区（市）县共同签订了汽车产业协同发展合作协议，就深化合作进行了紧密协商和沟通交流，并在产业发展、基础设施、社会事业、环境保护等领域达成了多项合作意向，签署了31个合作项目。

成渝轴线联盟成员表示："安居的产业合作发展使我们企业有了更多的机遇和机会，这对安居聚焦加快打造遂潼川渝毗邻地区一体化发展引领先行区也有一定的影响力。"

成渝轴线联盟能进一步深化联盟县市区之间交流合作，最大程度凝聚共识、凝聚智慧、凝聚力量，最大限度相向发展、协同发展、融合发展，促使各区（市）县在产业发展上共享机遇、在基础设施上共谋发展、在环境保护上共守共护、在社会事业上共创未来，在推动成渝地区实现中部崛起中，努力实现各自"小目标"，全面展现联盟"大担当"。

成渝轴线联盟自成立以来，各区（市）县在产业发展、基础设施、环境保护、公共服务等领域精诚合作，共谋发展，取得了一系列的丰硕成果。2020年14个区（市）县生产总值达7783.11亿元，同比增长29.38%，占成渝城市群总量的1/9；城镇居民人均可支配收入达30894元，超过江西、河北、陕西、云南等省份平均水平，成为川渝毗邻地区合作共建区域发展重大功能平台，形成可复制可推广经验。

2. 遂 (安居) 潼一家亲,共叙发展情

安居作为成渝轴线联盟的一员,充分发挥安居位于遂潼之间、成渝之心、川渝毗邻的地理优势,促进遂潼两地在经济社会发展上实现深度融合、组团发展,打造遂潼川渝毗邻地区一体化发展桥头堡。安居承接遂潼外溢功能,有效提升安居经开区发展能级,优化区域发展格局,做强遂潼产业支撑,为建成遂潼川渝毗邻地区一体化发展引领区添砖加瓦。

安居区积极推动(安居)和潼南两地社会民生互惠互利发展。安居区有关部门负责人介绍道:"遂宁市安居区和重庆市潼南区两地民政局积极组织两地社会组织开展交流协作,筹备了'助爱牵手·安潼同行'系列关爱未成年主题活动。目前,已开展'未保法'宣讲课、友谊联结、学习解压等活动,为100余名两地留守儿童送去了关爱与服务。"

住在安居城里的张先生脸上挂满了笑容,他说道:"很明显地感受到近年来,安居人口相对前几年逐渐增多。周边地区特别是潼南、安岳和我们联系得更加紧密了,来安居工作经商旅游的外地人越来越多,我们安居的变化真是越来越大,交通越来越便捷、商业越来越繁荣、产业越来越兴旺,天更蓝了,琼江的水也更清更绿了。"安居的发展成效都印在了安居区人民的心里。

成渝轴线联盟使安居的区域经济发展更加突出,公共服务功能更加协调,为川渝毗邻地区合作共建区域发展重大功能平台形成可复制可推广的经验,有利于积极回应人民美好生活向往,扩大优质公共产品和服务供给,创新先进合作方式,厚植优美生态根基,塑造鲜明生活品质,不断增强人口和经济承载力。

▶案例点评

"双圈"之中,成渝主轴的"中部塌陷"问题令人忧心。成渝主轴地区普遍存在经济体量小、资源要素分散、影响力弱的问题。成都向"东",重庆向"西",两地之间需要一个坚强有力的桥头堡以贯通"东西"。成渝轴线区(市)县协同发展联盟的成立

具有重大的战略意义，发挥着重要的桥梁纽带作用。安居与联盟其他成员携手共进具有夯实成渝底部支撑，挺起"中部脊梁"，补齐"双圈"短板的重要作用。

（四）推动创新一体化，实现科技创新共享共赢

近年来，安居区牢固树立科学技术是第一生产力、创新是引领发展的第一动力、人才是第一资源理念，坚定不移走开放创新、特色创新、科技创新之路。发挥安居、潼南、乐至三方资源优势，进一步加强交流合作，深度融入建设具有全国影响力的成渝科技创新中心，建立"全方位、多层次、宽领域"的新时代战略合作关系，加快推动"双圈"建设，努力推动三地统一大市场建设、构建经济发展新格局，促进经济社会共同繁荣。

1. 对标竞进，智造未来

安居区以开放的理念和胸襟与毗邻地区共创科技繁荣。2021年6月16日，安居举办了"对标竞进　智造未来——创新创业大赛暨川渝毗邻地区友谊赛"。比赛中，来自安居、潼南、乐至三地的参赛选手用专业的路演方式以及细致、谨慎的讲解，展现着对创新、创业的执着。某银行遂宁分行为此次大赛获奖项目授信1800万元，全力支持项目发展。

此次大赛体现了川渝各地创客们对创新创业的高度重视，也体现了创客们吃苦耐劳的精神，遂宁某户外运动有限公司的参赛选手小张提前一天便来到赛场参与彩排、让自己的表现达到最佳状态，他说："努力是会有回报的，作为新时代青年，我们要肩负起责任，让创新创业的风吹到每一个角落。"重庆某生物科技有限公司负责人崔某檀说道："本次大赛自启动以来，吸引了三地区30余个项目参赛，充分展示了创客们善于创新、勇于创新、激情创业的奋斗精神，有力激发了全社会创新创业的热情和活力，加强了成渝毗邻地区双创的交流，为三地全面融入成渝双

城经济圈作出新的贡献。"

安居区以举办这次大赛为契机,大力实施"科技创新三年攻坚"行动,全面推进创新驱动引领高质量发展,激荡创新思想、激励创新精神、激发创新成果,全力打造川渝毗邻地区产业科技创新中心,让科技在安居升温、让创新在三地传播、让福祉为川渝毗邻地区人民共享。

2. 科技助农,合作共享

为促进遂宁市、重庆市潼南区、铜梁区、合川区及周边地区科技特派员团队共建共享,推进区域内柠檬等优势特色产业一体化发展,安居积极加入涪江流域科技特派员精英团队,推进四地柠檬产业携手发展。

2021年5月21日,安居举办涪江流域科技特派员精英团队成立暨柠檬产业对接大会。会后专家与科技特派团成员前往安居区三家镇柠檬基地开展柠檬产业现场技术培训。通过技术、管理、销售等多个层面的深度融合,安居区玉丰、三家、白马、西眉、会龙等乡镇随处可见规模化种植的柠檬园。

2021年10月,在四川省遂宁市安居区横山镇双油房村别有一番丰收景象:从10月开始,一辆辆小货车从双油房村满载着柠檬驶向四面八方。"发展柠檬产业不仅能让农民提高收益,还能为农业产业调整、乡村振兴提供模板和典范。"安居区农业农村局相关负责人介绍,"2021年遂宁市安居区横山镇双油房村的柠檬产业园依托科技创新,产量达1900吨,通过公司加工后进行线下销售,销售额达到1000余万元,为乡村振兴注入新的活力"。

3. 签订协议,携手共赢

为实施创新驱动发展战略,推动成渝双城经济圈建设,进一步加强潼南区科技局、乐至县经科信局、安居区经信科技局的友好往来、经验交流、科技创新,拓展合作领域,建立更加紧密、更深层次、更大范围的合作交流关系。三方按照"资源整合、优势互补、点面结合、共谋发展"的原则,充分发挥合作三方在资源、科技、文化、创新、政策等方面的优势，努力实现"区县合作、互利双赢"的目标，签订了科技创新战略合作协议书。自协议签订以来，三地联合筛选多个精品项目同台竞技，推动三地在科技文化、科技项目、创新平台等方面深入合作，实现三方牵手从"浅水滩"进入"深水区"、从"重协同"转向"一体化"、从"好邻居"变成"一家亲"。

2021年5月，安居开展科技工作者日主题活动，邀请重庆市潼南区农业产业专家团队深入永正果业协会、沙田柚协会开展技术交流，为农技协产业发展提供技术服务。永正果业协会负责人小邱说："培训课上，技术专家从果业肥水管理、整形修剪、花果管理、病虫害防治四个方面进行详细讲解。村民认真听课，通过技术培训，村民户掌握了果园管理的基本要素，提升了科技素养，激发了村民对果园的生产管理的积极性，提高了管理的科学性和有效性。"此外技术专家还现场向村民教授整形修剪、花果期间管理，果农也向专家请教了自己在生产过程中遇到的难题。

2021年11月26日，安居区教育和体育局、遂宁市安居区科学技术协会共同主办第15届遂宁市安居区青少年科技创新大赛，潼南区科学技术协会受邀参加仪式。此次大赛以"创新、体验、成长"为主题，活动现场从科技作品、科技绘画、科技论文等方面进行成果展示。潼南区相关负责人说道："创新是一个民族进步的灵魂。本次大赛不仅是青少年科技创新活动成果展示的交流平台，同时也为两地科技教育工作者提供了交流平台，更是两地交流合作迈出的坚定一步。"

通过不断合作与创新，安居区在2021年研发经费投入（R&D）强度同比增长25.6%，1—12月高新技术产业营业收入同比增长452%，技术交易合同认定同比增长92.2%。安居全区掀起了"大众创业、万众创新"的热潮，成功通过国家知识产权强县工程试点区验收，安居经开区成功创建省级高新区，工业增加值增速连续7年位居遂宁市第一，GDP、工业投资等多项主要经济指标增速全市第一，经济增长持续领跑遂宁市。2022年3月，安居区还成功入列"国家大豆科技自强示范县"。为加快建设川渝毗邻地区产业科技创新中心，安居迈出了踏实的一步。

科学技术是第一生产力，创新是引领发展的第一动力，人才是第一资源理念。2020 年初，"双圈"战略明确了在成渝地区加快打造具有全国影响力的科技创新中心的战略任务；2021 年 2 月 25 日，科技部印发了《关于加强科技创新促进新时代西部大开发形成新格局的实施意见》，将支持成渝科技创新中心建设排在了任务的首位。安居、潼南、乐至三方发挥资源优势，进一步加强交流合作，为建设具有全国影响力的成渝科技创新中心探索了区域合作新路径。

（五）推动文旅一体化，实现后发地区文旅共兴

作为一个文旅后发地区，安居坚持在项目撬动、融合蝶变上做文章，在朴素资源的背后寻找亮点，在精准对接市场中寻找创新的卖点，走出了区域文旅融合发展、强势突围的路子。

1. 下好"盘活棋"

黄峨古镇由于投资方资金等原因导致项目建设一度停滞，成为安居文旅产业发展上的痛点。本着"新官理旧账，还要理得了、理得好旧账"的理念，安居完善基础配套补链、打造特色基地延链、丰富景点业态强链，全面盘活黄峨古镇资源，把痛点转化为卖点。

安居先后在黄峨古镇建成了黄峨书院、敢为人先馆、非遗文化体验馆。值得一提的是，在黄峨古镇打造了遂宁首个家风教育基地。自建成后短短 2 个月时间内，先后接待省内外游客 50 余批次，10000 余名游客。黄峨古镇有了名气、人气，商业气也自然跟着飙升了。目前已有 9 家经营主体落户黄峨古镇，在安居政府的规划下，建成了遂宁最大的游客餐饮中心、地方特色商品展销中心，补齐"吃住行游购娱"链条。由此，

黄峨古镇从以前无人问津的"烂摊子"，逐步转变成为远近闻名的"香馍馍"。

2020 年，《黄峨传奇》网络剧在国家广电总局备案并开拍，吸引了来附近潼南区、安岳县等的不少游客前来安居旅游参观。2022 年 3 月，大型家廉文化历史川剧《青山依旧》项目在安居区启动。川剧《青山依旧》准确聚焦黄峨家廉文化，以遂宁"本土教材"讲好清廉故事、传播廉洁文化，必将有力推动不敢腐、不能腐、不想腐贯通融合，大力推进清廉遂宁建设。遂宁市委宣传部负责人表示："要将《青山依旧》作为展示美丽遂宁、'成渝之星'的重要窗口，吸引感染更多人走进遂宁、品读遂宁、宣传遂宁、爱上遂宁。"

在黄峨古镇，安居主要负责人表示："高质量高标准建设黄峨书院家风家教实践基地，既是丰富安居文化发展内涵所需，更是做实弘扬中华优秀传统文化有效载体的重要举措。要结合'大明浪漫爱情第一村'杨慎·黄峨'同心诗侣'文化主题，在不破坏国家 AAAA 级景区原有风貌基础上，高站位高品质规划设计建设现有景观，讲好安居家风家教故事，全力打造全国家庭教育创新实践基地。"

2. 唱好"双城记"

安居自开通潼南城区至磨溪镇西部首条跨省城际公交线路以来，建设成渝轴线旅游大环线，切实让遂宁、潼南乃至四川、重庆等地游客来安居体验到了安居之美。

人间三月竞芳菲，姹紫嫣红迎春来。樱花主要产于北温带的中国华南、长江流域、华北、东北等地区，以及日本、朝鲜等国，在安居就能看到朵朵婀娜多姿的玫红樱花，实属粉色的"王国"，空气里弥漫着甜甜的味道。2022 年 3 月，安居区分水镇白匹沟村万株樱花开得艳丽粉嫩压满枝头，美得让人挪不开眼。来自潼南的李阿姨、来自遂宁的张阿姨穿上亮丽衣裳，带上亲朋好友在樱花林中载歌载舞。

2022 年 3 月，2022 年"七彩花开·联心遂潼"踏青季启动仪式在安居镇红岩嘴村举行。安居区与重庆市潼南区签订两地农业、文旅协同发展框架协议。协议明确，在农业方面，两地将共同建设精品粮油产业带、特色柠檬产业带、绿色蔬菜产业带，实现两地农业产业发展优势互补、合作共赢。在文旅方面，两地将整合文化旅游资源，打造泛琼江流域文化品牌，加强文化艺术交流合作，加强文旅人才交流培训，推动区域交流合作向更高水平、更宽领域、更深层次发展。安居区文化广播电视和旅游局负责人表示："安居区将以本次活动为契机，深化与潼南、铜梁、乐至等川渝毗邻区县的文旅交流合作，特别要在资源共享、信息共推、线路共建等方面下足功夫，推动毗邻区县文旅高质量融合发展、协同发展，助力区域乡村振兴，带动群众增收致富。"

为深入推进"双圈"建设、遂潼一体化发展，安居、潼南、铜梁等地以文旅"联姻"，构建跨区域文化旅游战略合作机制，推动区域交流合作向更高水平、更宽领域、更深层次发展，推动区域文化旅游的共同繁荣与一体化发展，着力打造泛琼江流域文旅品牌，助力川渝乡村文化振兴。

3. 建好"精品线"

2022 年 2 月 15 日，川渝泛琼江流域文旅联盟县（市、区）2022 年联席会暨乡村（红色）旅游精品路线推介会在安居区召开。来自潼南、铜梁、新都、简阳、乐至、安岳、安居的联盟县（市、区）共同推出乡村（红色）旅游精品线路。其中，红色感恩游线路：乐至陈毅故居—安居伍先华旧居—潼南杨闇公故里—铜梁邱少云烈士纪念馆。乡愁体验游线路：新都天府沸腾小镇—简阳家风荷乡—乐至四季果乡—安居凯歌公社—安居黄峨古镇—安居七彩明珠景区—安岳卧佛院—潼南陈抟故里—铜梁荷和原乡。

2019 年，安居旅游综合性收入同比增长 20%，以遂宁市唯一、全省第一入围四川省第二批现代公共文化服务体系示范县。2020 年，在守住零输入、零感染安居净土的同时，戴着口罩抓文旅，文旅投入 7.25 亿元，同比增长 353%，实现文旅收入 21.62 亿元，为全区经济增长领跑全市提供了强有力的支撑。安居获评全国最具投资价值旅游目的地。安居区委主要负责同志表示，安居要精心谋划遂潼一体化重大文旅项目，加快构建琼江文化旅游带、公园城市文旅融合样板区、生态康养度假区、现代农旅体验区"一带三区"遂潼一体化旅游发展布局，为加快打造遂潼川渝毗邻地区一体化发展引领区贡献更多的安居文旅方案和力量。

案例点评 相对遂潼一体化周边城市发展，安居文化旅游资源差、底子薄、起步晚，与川渝毗邻区（市）县相比资源优势明显不足，且前期文农旅资源和资金整合不充分，文旅招商效果不明显，文旅发展缺乏特色和品牌。为此，安居以争创天府旅游名县、全域旅游示范区为抓手，立足打造成渝地区休闲旅游必选地，树立"湖光山色、安逸安居"文旅品牌，走出一条安居、潼南后发地区文旅携手突围的发展新路子。

四、实施效果

国家"双圈"战略实施以来，安居、潼南从"背向发展"走向"携手共进"，从"安居说四川话""潼南说重庆话"到如今两地共说"一家话"。今天，两地携手推动人文更亲近、创新更紧密、交通更通达、民生更便捷，大大促进了经济区与行政区适度分离、统一大市场、新发展格局的形成。

（一）实现基础设施互联互通

一体化发展，交通当先行。交通一体化是遂潼一体化发展的重要载体、主要抓手。安居区作为成渝地区双城经济圈建设重要节点城市，位于成渝发展主轴线上，与潼南山水相连、人脉相通，有着先天的区位优势、便利条件。为深度融入"双圈"、推进一体化进程，积极配合、参与省市加快渝遂高铁、绵遂内城际铁路、兰渝高铁和遂渝高速扩容、璧潼安简高速等规划建设。全面启动 G246、G247 和 S209 升级改造前期工作。率先开通磨溪至潼南首条跨省城际公交线路，开通安居至潼南（崇龛）首条跨省农村客运班线。截至 2022 年 2 月，安居区磨溪镇至重庆市潼南区公交线路累计运送乘客超过 20 万人次！"民心公交"的经济价值、社会价值大大彰显。老百姓交口称赞，由衷感叹："这下安逸了，现在出一趟省比到城里面还要方便。"

（二）实现产业发展共育共兴

共同举办四川能投遂宁储气调峰基地等 35 个重大项目集中开工仪式，促进合作项目加快实施、落地见效。实现遂潼天然气综合利用产业园建设破题开局，筑牢合作坚实根基，推动两地境内天然气产业就地就近转化、绿色精细加工、综合开发利用，发挥乘数效应，实现价值提升，增强资源富集地区发展获得感。中遂净化有限公司年处理天然气 100 亿立方米左右，产量分别占遂宁、四川盆地、全国的 93.4%、16%、5%，为四川建设国家天然气千亿立方米级产能基地奠定了坚实资源基础。高质量承办成渝轴线区（市）县协同发展联盟年会，扩大"朋友圈"，与成渝地区双城经济圈兄弟地区、外部企业等签订合作协议 37 个。推动四川江淮等 18 户企业加入成渝汽车产业链供需对接平台，推动实现产业深度一体化、链条嵌入化、供给一体化。聚焦资源、产业优势，遂潼两地组团招商，在遂潼川渝毗邻地区一体化发展先行区全球投资推介会期间，遂潼两地共签约项目 13 个，签约额 152.6 亿元，项目涵盖锂电新材料、绿色建材、食品饮料、绿色化工等产业，促进产业深度"捆绑发展"。

（三）实现生态环境联防联控

"同饮一江水，自古一家亲"的安居、潼南两地山水相连，生态环境息息相关，共同担负着建设长江上游生态屏障的重任。两地在生态环境联防联控成效显著，获得省主管部门高度肯定，成功承办川渝跨界河流联防联治现场推进会，安居 – 潼南生态环境联防联控经验在全省得以推广。琼江大安出川断面自 2018 年 7 月以来，持续保持 Ⅲ 类水质，安居区河长制经验也在四川省得到推广。为进一步提升固定联防联控成果，与周边兄弟区县审议通过《琼江流域水生态环境保护川渝联防联治方案》《关于建立川渝跨界集中式饮用水水源地风险联合防控体系的实施方案》，夯实环境共治共保体系支撑。同时，多次到四川省生态环境厅汇报对接琼江生态走廊建设项目，目前项目已进入可行性研究报告前期编制阶段。安居潼南以跨区域河湖共治为依托，在污染共治、环保信息共享和林业领域共护上沟通互动，做好做足琼江文章，推动泛涪江、泛琼江流域高质量发展和生态文明建设走深走实。

（四）实现社会民生互惠互利

积极推动安居和潼南在社会民生领域互惠互利、共同发展。在医疗保障方面，已完成安居区人民医院等 3 家二级医院、毗邻潼南的西眉镇中心卫生院等 5 家医院和非毗邻潼南的玉丰镇卫生院等 20 家医院异地联网即时结算。在教育方面，安居职中与潼南职教中心正式签署协议成立"潼安职教联盟"。在社会组织方面，安居潼南两地社工携手开展"助爱牵手·安潼同行"系列活动。安居区鼎恒清盛社会工作服务中心相关负责人介绍："遂宁市安居区和重庆市潼南区两地民政局积极组织两地社会组织开展交流协作，筹备了'助爱牵手·安潼同行'系列关爱未成年主题活动。截至 2022 年，已开展'未保法'宣讲课、友谊联结、学习解压 3 场活动，为 100 余名两地留守儿童送去了关爱与服务。"除此之外，两地还实现了非营运小客车跨省市变更迁移（电子化转籍）。

（五）实现合作机制完善高效

遂潼两地共同成立临时党委，配齐领导班子，确定了以遂宁市委副书记为临时党委书记。设立了园区筹备工作委员会，以潼南区副厅级领导同志为筹委会主任，下设综合、规划建设、产业发展 3 个工作部，从遂宁市直部门、潼南区直部门等抽调精兵强将组建了工作团队，从而高位推动园区筹建工作。为确保筹建工作顺利推进，遂宁潼南共同制定了《园区领导班子成员分工》《园区文件运转程序》《园区干部人才管理暂行办法》等内部运行管理制度；谋划成立了川渝遂潼投资发展集团，安居区、潼南区分别成立旗下子公司，采用市场化运作模式，深度参与园区开发建设。安居区成立全面融入成渝地区双城经济圈建设遂潼一体化发展先行示范区领导小组和 7 个专项工作组，下设"双城办"，抽调 2 名专职干部负责日常工作。抽调 5 名专职干部，成立安居区天然气产业园区筹备组，全力参与潼涪江创新产业园区临时党委和筹委会建设。安居与潼南的一系列体制机制创新，推动了经济区与行政区适度分离，构建了统一的区域大市场，形成了互利共赢的新发展格局。

五、特色亮点

安潼两地在一体化进程中，发挥了积极的主动性和创造性，形成了特点，彰显了亮点。

（一）抢抓机遇红利

"双圈"战略的实施对地处成渝发展主轴的安居而言，无疑是一次千载难逢的发展机遇。安居把贯彻落实"双圈"战略当作弯道超车、跨越发展的重大历史性机遇来认真谋划，抢抓机遇红利。通过聘请外部智囊机构进行战略解读等方式对"双圈"战略蕴含的重大机遇、政策红利、有力支持等进行系统研判。在全区上下开展轰轰烈烈的大学习、大讨论活动，在干部职工中形成思想统一、方向明确、步调一致、行动有力的抓机遇、促发展的干事氛围和精神风貌。

（二）兴建合作园区

两地共建共享产业园区，已经启动遂潼天然气综合利用产业园（规划 10 平方千米，其中安居区 3.5 平方千米产业园，2 平方千米产业配套；潼南区 2.5 平方千米产业园，2 平方千米文旅配套）控制性详细规划设计，正按照"一体规划、成本共担、利益共享"的模式建设园区，探索经济区与行政区适度分离的路径。已经完成东方气都 1 号工程——新材料项目签约，正在有条不紊启动项目建设前期工作。项目总投资约 535 亿元，总用地约 5970 亩，项目建成后预计年产值 480 亿元人民币，预计年利税 125 亿元人民币。

（三）找准合作重点

区域一体化建设面广量大，在推动中需要抓住主要矛盾推动以点带面，有计划、有步骤地科学实施。安居区与潼南区进行多维度、多层次、多领域的深度沟通互动，共同研究实施路径、明确合作内容，聚力聚焦合作机制、基础设施、生态环境、社会民生、发展平台等方面重点发力。两地先后签署了 58 个专项合作协议，遂潼快捷通道、涪江复航、双江航电枢纽等一大批遂潼合作项目高效推进，全地域、全领域、全时域联动的态势逐渐形成。

（四）推动产业共兴

安居天然气蕴藏量极其丰富，潼南区也不遑多让，两地紧紧扭住天然气这个核心资源，做好"气"文章，共同建设天然产业园区，形成集聚发展的良好态势。该产业依托两地丰富的天然气资源，实现资源就地转化为目标的"气大庆"战略，重点招引以天然气为原料的制炔、制醇、制氨三大主链高分子母链基材产业项目。同时，开展以天然气开采、天然气脱硫、清洁能源、天然气精深加工为主的延链项目，招引电子化学品、高档溶剂、表面处理化学品、医药原料药、天然气制氢、CNG 等企业入驻。

（五）共建投融平台

为保障资金需求，由遂宁市国资委下属一级平台公司遂宁兴业投资集团有限公司与重庆市潼南区工业投资开发（集团）有限公司合资成立川渝遂潼投资发展有限公司，由遂宁遂星实业有限公司和潼南潼星实业有限公司组成。公司注册资本为 10 亿元，其中潼南工投集团出资 5 亿元，持股 50%，遂宁兴业集团出资 5 亿元，持股 50%，主要承担遂潼涪江创新产业园区的开发建设和运营管理工作。安居区宸安投资有限公司与遂宁兴业投资集团共同组建遂宁遂星实业有限公司，注册资本 5 亿元（认缴），首期实缴出资 5000 万元。

六、经验启示

自中央财经委员会第六次会议提出"推动成渝地区双城经济圈建设"以来，安居区提高政治站位，凝聚全区共识，始终坚持"一盘棋"思维，树牢一体化理念，与潼南区精诚协作、携手共进，找准利益契合点，聚焦重点领域、重点区域、重大平台、重大项目，积极推动遂潼川渝毗邻地区一体化发展引领区建设，取得了突出贡献，为其他地区一体化发展探索了安居路径，提供了有益借鉴。

（一）高位推动是保障

"双圈"建设是一项重大的政治任务，涉及面广、复杂程度高、实施难度大，川渝毗邻地区的一体化发展涉及跨省（市）合作，需要突破一系列的体制机制障碍，难度非同寻常，必须由地区最高领导亲自挂帅推动，加强顶层设计，画出科学合理的规划图，以政治之"势能"破解阻码发展之"藩篱",必要时,还应该借助上级党委、政府的力量。由于安潼之间政治地位的不对等,在合作共兴中遇到一些难以克服的体制机制障碍。在此情况下,遂宁市委、市政府与潼南区委、区政府成立了遂潼涪江创新产业园区临时党委、筹委会,重大事项、重大工作由遂宁市与潼南区对接,安居区领导干部作为党委会成员参与其中,发挥具体实施的作用。有了市委、市政府的更高层级的推动,原本梗阻在安潼之间的许多障碍迎刃而解,遂潼涪江创新产业园区建设进度也得到大大提升。资金不足是安居区遇到的另一重大难题,遂宁市与潼南区高位谋划,筹建了川渝遂潼投资发展集团,通过市场化运作方式较好地解决了遂潼涪江创新产业园区基础设施建设、推广运营、招商引资等方面的资金投入问题,安居区以注资方式搭上了遂潼合作的"顺路车"。

(二) 交通先行是基础

便捷顺畅的交通条件是地区一体化最重要的基础。安居区、潼南区以两地交通互联互通作为合作的基石。安居区积极落实《推动遂宁潼南一体化发展交通运输互联互通合作协议》,深度参与制定了《遂潼交通一体化行动计划(2021—2023 年)重点任务清单》。目前,两地合作推进的交通项目达到 15 个,投资金额超过 60 亿元。2020 年 4 月 23 日,西部地区首条跨省公交线路——遂潼跨省城际公交线正式开通。这条公交线全长 29 千米,共 35 个站点,加速了成渝地区交通一体化的步伐。截至2022 年 3 月,该条公交线路的载客量已经突破 20 万人次。继这条公交线路之后,遂潼两地又增开了省际客运车,进一步提升两地群众的交通便利程度,大大促进了两地人文交流、商务往来、要素流通。调研发现,自"双圈"战略实施以来,两地之间交往的频次大大增密了,潼南人、安居人之间的"重庆人""四川人"身份逐渐淡化了,大家都是"圈里人"的认同意识增强了。加强交通联通是推进毗邻地区一体化的"先手棋",是达成一体化、促进经济区与行政区适度分离、构建新发展格局的先决条件。

（三）产业合作是根本

两地天然气资源十分富集，区域内天然气探明储量超过 13000 亿立方米。安居区推动资源优势转化为发展优势，已实现天然气年产量稳定在100 亿立方米以上，为川渝两地天然气使用提供了有力支撑。《成渝地区双城经济圈建设规划纲要》明确，川渝地区统筹推进油气资源开发，建设国家天然气综合开发利用示范区、天然气千亿方产能基地，打造中国"气大庆"。2020 年 7 月 14 日，四川、重庆两地发展改革委、能源局在重庆正式签订《共同推进成渝地区双城经济圈能源一体化高质量发展合作协议》，这是川渝两地能源主管部门首次签订合作协议。"气大庆"战略的实施为安潼两地加强资源开发综合利用提供了绝佳的政策支持。在"双碳"目标的倒逼下，天然气作为国家支持规模开发利用的清洁能源，经济价值、社会价值大幅度提升，为两地深化产业合作创造了全新的战略机遇。目前，两地正在加快推进遂宁天然气化工园区落地。安潼两地产业合作的实践启示我们，实现一体化建设，产业合作应该成为基础性、根本性支撑。按照马克思主义经典理论，经济基础决定上层建筑。毗邻地区的一体化，应该在经济合作、产业共兴上做"大文章"，只有把产业做深做实，才能有效避免区域合作"浮于表面"。要敢于消除戒备心理，深入找寻两地经济形态的共同点，抱团发展、做大做强，形成规模集聚效应，发挥 1 + 1 > 2 的乘数效应，实现价值裂变，共荣共生。

（四）民生共享是目的

发展的最终目的是增进人民福祉。如果不能树牢以人民为中心的发展思想，发展观就要走偏。安潼两地地缘相近、人文相亲，在长期的自然交往中，商业互动、人文交流等频繁，人们之间的联系有不错的基础。在教育、医疗、社保等民生领域消除行政壁垒，就能进一步增加老百姓的获得感、幸福感。从长远来看，地区之间行政区划和经济功能最终会达成行政区与经济区的分离，实现生产要素的自由流通。早在 2020 年，潼南区民政局与遂宁市民政局就签订《关于推进遂潼民政事业一体化发展协议》，积极推动遂潼两地民政部门协作共建、务实合作，共同实现高质量发展，全力服务成渝地区双城经济圈建设。安潼两地在协同推进遂潼精准救助保障基本民生、协同推进遂潼养老服务开放共享、协同推进遂潼儿童福利保障水平提升、协同推进遂潼流浪乞讨救助联动、协同推进遂潼城乡社区治理创新发展、协同推进遂潼社会组织高质量发展、协同推进遂潼两地区划地名界线服务管理等方面做了大量工作，形成了示范引领效应。安潼的做法启示我们，毗邻地区的一体化应该坚持以人为本的发展思想，把发展的立足点和基点放在为人民服务、增进人民福祉上。

（五）生态共治是要求

涪江、琼江是长江上游重要的支流，对长江上游水系质量的保护事关落实好习近平总书记提出的"共抓大保护，不搞大开发"的重要要求，是安居、潼南两地的重大政治责任。前期，安居与潼南关于生态环境的保护治理经验已经在全省推广实施。《成渝地区双城经济圈生态环境保护规划》明确规定，突出双核引领，发挥重庆、成都协同带动作用，深化成渝地区生态环境保护重点领域和关键环节体制机制改革，推动成渝地区生态环境一体化保护。安居、潼南正在积极谋划建立更加紧密的合作机制，推进生态环境保护纵深发展。安居的经验启示我们，就毗邻地区而言，对于大江、大河、大气、生态走廊等的保护治理决不是仅凭一家之力所能完成的，必须要在区域中找准定位，推动毗邻地区协同发力。同时，在认识上要摒弃陈旧观念，对于生态保护不能算小账，而要算大账，更要算政治账，需要树牢一体化的理念，与周边地区一道，通过制度建设、机制协作、权益调配、利益补偿等方式实现生态环境的共治共保，扛起保护绿水青山的政治责任。

七、案例来源说明

本文中的案例来源于课题研究中的实地走访、座谈了解，安居区、潼南区提供的有关资料，以及主流媒体的公开报道等。

八、教学思考

1. 毗邻地区如何推进一体化发展？

2. 合作机制应该怎样建设？

3. 如何做到经济区与行政区适度分离？

4. 合作实体平台应该怎样共建共享？

参考文献

［1］习近平谈治国理政：第三卷［M］. 北京：外文出版社，2020.

［2］成渝地区双城经济圈建设规划纲要［M］. 人民出版社，2021.

［3］中国天然气发展报告：2019［M］. 石油工业出版社，2019.

课题指导：中共四川省委党校（四川行政学院） 薛蕾

编写单位：中共遂宁市委党校（遂宁行政学院）

研究团队：秦祎姗 彭雄 邹军 陈蔚立 陈高峰 李恒第

南充建成全省和成渝地区经济副中心的实践案例研究

摘要

　　副中心城市是区域发展的重要支撑点。南充市在贯彻落实成渝地区双城经济圈建设、四川省委"一干多支、五区协同"区域发展新格局以及省"十四五"规划中，准确定位，厘清自身禀赋条件，打造战略通道枢纽，构筑对外开放新高地，加快建设临江新区，坚持制造强市战略，秉持区域协同发展理念，奋力建成全省和成渝地区经济副中心。

关键词

　　经济副中心；增长引擎；开放发展；产业协同

一、导语

从世界经济发展的规律来看，中心城市和副中心城市已经成为国内外经济发展的重要空间载体。近年来，建设经济副中心成为各地解决区域发展不平衡问题和培育新的经济增长极的重要抓手。中共四川省委十一届三次全会提出构建"一干多支、五区协同"区域发展新格局，明确支持绵阳、德阳、乐山、宜宾、泸州、南充、达州7个城市为区域中心城市，并鼓励争创全省经济副中心；四川省"十四五"规划提出构建"一轴两翼三带"区域经济布局，南充作为推动北翼振兴发展的区域中心城市，将打造全国汽车汽配产业基地，建设成渝地区北部中心城市、重要交通枢纽节点、嘉陵江绿色生态经济带示范市。2021年10月20日，《成渝地区双城经济圈建设规划纲要》发布，将南充全部纳入双城经济圈，提出优化"双核一轴两翼"的双城经济圈空间格局，明确提出支持南充建设区域中心城市振兴北翼，推动渝东北川东北地区一体化发展。2021年10月27日，南充市第七次党代会明确实施"三大发展战略"，推进"八项重点工作"，提出"建成全省和成渝地区经济副中心、全面建设社会主义现代化南充"的奋斗目标。本文选择临江新区、南充物流园、吉利四川商用车有限公司、川东北金融中心四个典型案例，展示南充建设副中心时在打造经济支撑平台、物流节点、完善城市功能、发展产业等方面的实践，通过深入剖析案例在支撑经济副中心建设方面的具体作用，得出具有借鉴意义的经验与启示。

二、背景介绍

南充位于四川盆地东北部、嘉陵江中游，辖区面积1.25万平方千米，是四川省第二人口大市，川东北第一经济大市，是全省首批 3 个 Ⅱ 型大城市之一。南充发展基础坚实、条件良好，辐射带动力强，具备区域性经济中心的基础和条件，正加快建成全省和成渝地区经济副中心步伐，全力推进、率先突破。

（一）基础条件

1. 从历史维度看：南充拥有建设经济副中心的传承历史

一是历史积淀深厚。南充有 2200 多年的建城史，历为都、州、郡、府、道之治所，是朱德总司令、张澜副主席、罗瑞卿大将和"为人民服务的光辉典范"张思德同志的故乡。新中国成立初期，南充是省级行政机构川北行署驻地，管理 1 市 35 县，面积约 9 万平方千米，胡耀邦同志任行署首任主任。

二是大城地位突出。南充经历了由"川北首府""川东北区域中心城市""成渝城市群区域中心城市"再到"全省和成渝地区经济副中心"的能级跃升，始终是区域经济、商贸、金融和教科文卫中心。南充位于川东北"掌型"城市群的掌心位置，到区域其他城市距离之和最小，是川东北城市群的几何中心，容易形成集聚效应和辐射影响力。

三是国省定位明确。国省战略规划赋予了南充明确定位，2011 年国务院批复的《成渝经济区区域规划》，定位南充为成渝经济区北部中心城市。2016 年国务院批复的《成渝城市群发展规划》，将南充定位为七个区域中心城市之一；同年国务院批复的《川陕革命老区振兴发展规划》，也把南充定位为川东北区域中心城市。2021 年中共中央、国务院印发《成渝地区双城经济圈建设规划纲要》，支持南充建设川东北区域中心城市，带动双城经济圈北翼发展。同年，四川省印发《川东北经济区"十四五"振兴发展规划》，支持南充建设成渝地区北部中心城市、重要交通枢纽节点和嘉陵江绿色生态经济带示范市。

2. 从现实维度看：南充拥有建设经济副中心的坚实基础

一是经济总量大。南充是四川省第五经济总量大市，GDP、固定资产投资、工业增加值、一般公共预算收入、社会消费品零售总额均居川东北第一。"十三五"期间，累计完成固定资产投资突破1.5万亿元，连续4年获评全省投资和重点项目推进工作成绩突出单位；全市三次产业结构比由2015年的23.3∶42.1∶34.6优化为2020年的19.2∶37.9∶42.9，产业结构实现"二三一"向"三二一"的重大转变。2021年，南充实现地区生产总值2601.98亿元，户籍人口714.7万人，常住人口556.2万人，城镇化率51.2%，主城区建成区面积达到160平方千米、常住人口150万人。市政公用设施综合水平指标连续多年保持全省前三位，入选中国"十大舒适之城"。

二是基础条件好。南充"西通蜀都、东向鄂楚、北引三秦、南联重庆"，地处成都、重庆、西安"西三角经济圈"腹地中心，是西安-汉中-巴中-南充-重庆/成都经济带、成都-南充-达州-万州经济走廊中的重要节点，是全省规划建设的次级综合交通枢纽，已形成较为完备的水陆空立体交通网络。铁路通车里程335千米、居全省第五，达成铁路、兰渝铁路"十字交汇"，拥有成达万高铁、汉巴南铁路两条在建铁路；12条高速公路建成通车，通车里程和路网密度均居全省第二；南充港建设嘉陵江航道达到Ⅳ级通航标准；南充机场开通航线近20条、年旅客吞吐量突破100万人次；持续推进国省干线公路改造升级和农村公路建设，实现100%的乡镇通油路、100%的行政村通水泥路。拥有川东北互联网最大的出口带宽，建有区域最大的互联网数据中心，是全国首批信息消费试点城市，综合通信能力区域领先。

三是辐射带动力强。南充市场辐射周边3700多万人，社会消费品零售总额位居全省第三、川东北第一，入选首批国家文化和旅游消费试点城市。建成特色农业产业基地386万亩，省星级现代农业园区数量排全省第1位，粮食播种面积和生猪出栏量常年排全省第1位；金融机构数量和密集程度居全省第 3 位，金融资产规模居成渝城市群地级市第 1 位；南充普通高等学校、中等职业学校分别增至 11 所、31 所，各类专业技术人员和科研人员近 10 万人；医疗资源居全省第 2 位，三级甲等医院 6 家，公立医院综合改革获得国务院通报表彰。此外，南充还是川东北唯一同时拥有海关、商检、外管等进出口业务监管机构的城市，区域出口商品可直接在南充报关、封签。

3. 从未来维度看：南充拥有建设经济副中心城市的巨大潜力

一是经济发展势头良好。"十三五"南充 GDP 平均增速为 7.4%，高于全国、高于全省、高于区域，南充正从经济大市向经济强市转变。

二是产业支撑不断夯实。南充拥有国家现代农业示范区、国家农业科技园、中法农业科技园、国家级示范物流园区 4 个"国字号"园区和区域唯一的新能源汽车产业园。正加快培育汽车汽配、油气化工、食品饮料三大千亿产业集群，发展壮大高端装备制造、电子信息、生物医药三大百亿战略性新兴产业，改造提升丝纺服装等传统产业，打造全国汽车汽配产业基地、全省绿色化工基地、成渝地区食品饮料生产基地。二是城市规模快速扩张。加快推进Ⅰ型大城市建设，推动 6 个县城和重点镇特色发展，未来城区建成区面积将达到 200 平方千米、常住人口达到 200 万人，全市常住人口城镇化率达到 58.5%。

三是承载能力大幅提升。嘉陵江纵贯南充 300 千米，干流水质常年保持Ⅱ类标准，森林覆盖率比全国高近 20 个百分点。南充是中国优秀旅游城市、国家园林城市、全国清洁能源示范城市，环境承载力强。南充是国务院确定的资源成长型城市，拥有西南地区最大的天然盐矿，是西南地区石油天然气化工基地，水资源占全省 1/10，耕地资源占全省 8%。随着成南达万高铁和汉巴南快铁建设、阆中机场建成、成南高速扩容和阆仪营、南潼等高速建设，南充建设经济副中心的潜力将得到充分释放、基础将更加坚实。

（二）问题短板

1. 开放程度不高，开放经济滞后

城市的发展离不开开放，只有大开放才能迎来大发展，由于南充起步较晚，客观上造成开放程度低。开放型经济总体水平较低，外向型经济培育不足，2021 年，全市进出口总额 52.07 亿元、列全省第 8 位，同比增长 46.2%、列全省第 11 位；出口贸易收入 47.99 亿元，对拉动南充地方经济的贡献率不高；外贸依存度 2%，远远低于全省总体水平；2021 年引进国内省外资金 573.18 亿元，占全省 4.77%，实际利用外资金额 6.16 亿元，占全省比重不到 1%。

2. 产业集群规模小，产业链条短

主导产业集群规模仍然偏小，集聚效应还未形成。2016 年以来，南充提出打造千亿产业集群，先后提出重点培育汽车汽配、油气化工、丝纺服装、食品饮料等主导产业，但均未实现千亿目标，与建设全国汽车汽配产业基地的目标还存在差距。高端装备制造、电子信息、生物医药等战略性新兴产业处于发展初期，产业规模普遍偏小。主导产业没有形成上下游完整产业链，产业链条较短、产业关联度不高。

3. 市场主体发育不足，实力较弱

市场主体总量不断增长，发展水平不断提高，但相比南充人口总量，市场发育仍然不足。2021 年底，南充市场主体数量 33.5 万户，每万人户数仅 602 户，而全省每万人户数为 921 户，低于全省平均水平 319 户。从大企业大集团方面来看，数量较少，工业企业中年销售收入超 10 亿企业占比仅为 4%，四川省经信厅公布的 2021 年四川省 100 户大企业大集团名单中，南充没有企业入围，而绵阳市有 7 家企业上榜，宜宾市和德阳市均有 4 家。从中小企业方面来看，规模较省内其他先进市还有一定差距，截至 2021 年底，全省"专精特新"企业中南充仅 83 家（见图 1）。

（家）

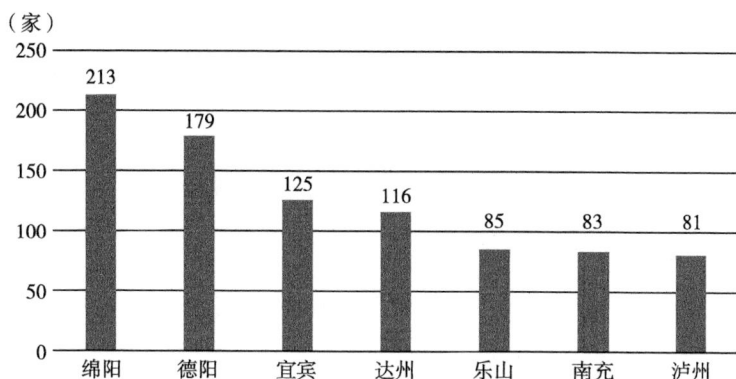

图1 2021年四川省区域中心城市规上工业"专精特新"企业数量

4. 科技创新转化不够，动能不强

南充虽拥有众多高校、科研院所、科技人才，但产学研用结合不够，对创新型人才吸引力不强，创新资源优势与产业发展需求对接不足，促进创新的体制机制有待完善。从创新动能看，2020年研发投入强度仅为0.85%，在四川省排第12位，明显低于全国、全省平均水平，也低于成渝地区大多数区域中心城市（见图2）。从企业层面来看，绝大多数企业研发投入强度不足1%，2020年规上工业企业这一指标仅为0.4%，企业创新主体地位有待发挥。

（%）

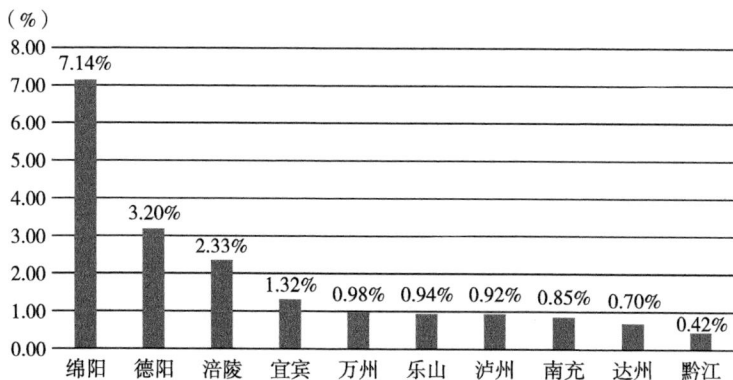

图2 2020年成渝地区区域中心城市研发投入强度

三、典型案例

（一）打造战略通道枢纽，构筑对外开放新高地

1. 快递业务量翻倍增长

选择对的方向，经过几番坚持，终将迎来繁华。在宽阔的厂房里，一件件包裹在传送带上快速又有序地前进，整个大厅内都是机器有规律运转的声音，弯弯曲曲的传送带连接一个又一个出口，发往全国各地的包裹在相应出口自动分流……这就是南充现代物流园内某快递公司的分拣中心，周边城市的快递包裹大部分都要经过这里再发出去。物流园的马路上，一辆辆满载货物的运输车辆来回穿梭。"几年以前快递处理量还不到现在的一半，经过这些年的发展，加上政府对物流园区的建设、对我们企业的支持，现在这一片的业务量起来了。"该公司工作人员说道，"公司每天的快递处理量从几万上升到十几万"。目前，南充现代物流园每天都有超过百万件快递被运输到国内的近百条班线。

2. 多家企业区域分拨中心落地

南充的地理位置以及便捷的交通使得多家大型快递企业在南充现代物流园设立分拨中心，并且该物流园是这些公司在川东北区域设立的唯一的货物枢纽集散地。某快递西南（南充）园区，是该企业在川东北布局的唯一智能科技园区、省内第二大枢纽转运中心。谈到为什么选择在南充建立转运中心时，该企业工作人员说："南充是川东北的经济中心，地理位置上，我们的货物到广安、巴中等地都很近，而且从陕西、重庆、贵州一线运输来看，南充是重要的中间节点城市。""就南充现代物流园来说，这里到南充东站、高坪机场和都京港都很方便，水陆空运输条件都能满足。"目前，该中心的业务范围覆盖四川、重庆、陕西几个省（市）。除了该企业，包括中国邮政川东北邮件集散中心在内的多家大型快递企业在南充现代物流园筹建（在建）川东北地区唯一的物流枢纽中

心，这些大型品牌快递物流区域分拨中心的入驻，已使南充成为川东北快递产业区域中心。

3. 通道建设助力扩大开放

2021 年 7 月 29 日，成渝北部多式联运国际港中欧班列（南充号）在南充东站始发运营，南充成为四川省第二个、川东北首个中欧班列始发城市。中欧班列是"一带一路"倡议的重要组成部分，也是"一带一路"的标志性项目，使得南充这个内陆城市能够更加直接地参与国际贸易。2021 年成功开行中欧班列（南充—捷克布拉格、南充—波兰马拉、南充—俄罗斯），全年共开行 6 列、300 个集装箱，累计出口集装箱货值达 1.47 亿元。另外，南充通过沪蓉高速、兰海高速、达成铁路、兰渝铁路等出省通道加强与周边省市联系。推进陆海新通道、中亚国际物流大通道、四川—中南半岛泛亚物流大通道等国际贸易物流大通道建设，实现物流集聚区与通道的无缝对接，促进南充从"川北重镇"向"成渝重镇"、"内陆腹地"向"开放前沿"转变和发展。

▼案例点评

南充现代物流园是国家级示范物流园区，是四川省重点打造的省内八大次区域物流中心之一，是南充发挥区域通道和物流节点作用的重要承载。南充在成渝地区双城经济圈建设和新一轮西部大开发的国家战略中，充分发挥通道枢纽作用，努力建设西三角地区（西安—成都—重庆）国际口岸物流中心。

（二）加快建设临江新区，培育高质量发展动力源

1. 创新引领高质量发展

嘉陵江上，百舸争流；川东北大地，钟灵毓秀。特批成立的省级南充临江新区，宛然一位明眸皓齿的少女，如何在这片 398 平方千米的土地上描绘着色，让她卓然而立，是南充市委、市政府和临江新区管委会

的头等大事。因为新区基础设施不完善、产业基础薄弱，为把临江新区建设成为南充经济发展的领头雁，让南充人民充满期盼，相关部门备感压力。

临江新区建设重在创新。南充高新区核心区域就在临江新区范围内，近年来，一直在为争创国家级高新区努力。2019年，四川省已经建成8家国家级高新区，其他市州也陆续提出创建国家级高新区，"比学赶超"形势逼人，让当时市委、市政府相关领导以及南充高新区备感压力。随即，南充成立了以市委、市政府主要领导为"双组长"的创建国家高新区工作领导小组，正式开展创建工作。2019年以来，市政府主要领导先后3次、市委市政府分管领导先后16次带领市科技局、顺庆区政府等相关单位主要负责人，到科技部、省科技厅衔接南充国家高新区创建工作。2019年7月，省政府向国务院报送了将南充高新区升级为国家高新区的请示，8月国务院将请示批转至科技部，科技部在9月份将南充高新区纳入国家高新区培育计划。"莫嫌天涯海角远，但肯摇鞭有到时。"科技部、省科技厅领导先后5次来南充高新区检查指导创建工作，对南充国家高新区创建思路和取得的成绩给予充分肯定。目前，对照创建国家高新区考核验收的5个一级指标、19个二级指标、57个三级指标自查，南充高新区绝大部分指标已达到国家高新区标准。

2. 产城融合开拓城市新格局

心似暖流，情乃桥梁，微笑像春风，政企一家人。"以前办事是我们围着政府转，现在是政府围着我们转，感觉完全不一样，主要是效率提高了，企业生产也提上去了。"临江新区某园区企业负责人说道，"现在我们企业有专门的政府工作人员对接，有什么问题都可以反映咨询"。临江新区要发展，必须要先发展产业，除了招引新的企业，还要做大存量企业，对落户企业做好服务工作，优化营商环境。临江新区顺庆片区管委会特别重视入驻企业的需求，除了召开专门会议集中讨论解决问题，还派专人对接企业，随时收集企业在园区生产中存在的问题和请求事项等，严格落实减税降费、电价补贴、房租补贴等方面的政策，实行"一企一策"，积极为工业企业复工复产排忧解难。临江新区西充片区管委会坚持树立与企业"一家人"的观念，建立领导干部包片、干部职工定点联系企业的工作制度，推行"最多跑一次"服务，优化审批流程，有效保障了企业在临江新区的稳定发展。

春风绽放花千树。如今的南充临江新区正在加快建设电子信息产业园、临江现代制造产业园、高铁商务区、南充大学城、节能环保产业园、文旅城等重大园区项目，基础设施建设与产业发展齐头并进，以产兴城、产城融合，临江新区的建设还将让西充、蓬安融入南充主城，进一步拓展城市北线发展空间，彻底重塑南充的城市格局。

3. 道路纵横完善新区交通网络

栽得梧桐树，引来凤凰栖。临江新区某企业负责人看到周围发展变化，不禁回想刚到这片区域考察时，高新大道才开始建设，一些生产材料和设备需要运送到更远的马路上，然后用小型车辆转运。"高新大道建设让我们物资运输便利了许多，如今，高新大道向北延伸，园区内的道路越来越多了，越来越多的企业也纷纷落地。"2021年，顺庆区坚持"交通为重，交通为先"的发展思路，全力推进临江大道、通江大道、顺兴大道及周边路网、高新大道及配套基础设施、顺蓬营一级公路顺庆段等交通路网建设，规划建设'六纵六横'主干道100千米，配套路网100千米，总投资160亿元。在以临江新区顺庆片区管委会为代表的政府部门努力下，整个临江新区基础设施建设有了长足的进步，道路建设工地车辆、工人进出络绎不绝，建设氛围热火朝天，大家都想着早点修好路，让企业、老百姓更好地在临江新区安家落户，同时畅通临江新区与蓬安、营山、西充等南充其他区域的联系，有效带动周边发展。

临江新区是南充实现跨越发展的重要经济增长引擎和支撑平台，同时，也是创新引领示范区和优质资源汇聚区。按照省委"三区一高地"的发展定位，临江新区建设是南充市第七次党代会"八项重点工作"之首，摒弃落后观念，坚持以创新引领高质量发展，坚持以产业新城带动城市新区，临江新区对南充建成起到了很好的引领支撑作用。

（三）重视差异化发展，推进区域产业协同

1. 战略重组，吉利商用车起步南充

东风南充汽车是一家拥有 60 多年历史的老国企，鼎盛时期，具备年产整车 3 万辆、发动机 2 万台的综合生产能力，载货汽车等产品畅销国内外。但是，由于传统商用车市场竞争日益加剧、企业本身装备陈旧、自主研发能力不强等原因，面临经营压力，如何激发企业内生动力和活力，如何保持南充汽车汽配产业继续向前发展，这些问题摆在了当时市委、市政府面前，最终决定采用转让股权、引入战略合作的方式让企业更好地发展。2016 年 2 月，浙江吉利全资子公司采用协议转让方式取得东风南充汽车全部股权，重组为吉利四川商用车，更为重要的是，吉利由此获得商用车生产"牌照"，在南充开启了商用车领域的第一步。

2. 行业领先，"南充造"亮相奥运赛场

发展不是一蹴而就，道路充满崎岖坎坷。吉利四川商用车相关负责人感慨道："曾经汽车生产线刚开始运行的时候，由于前期投资规模大，固定资产比例高，缺少流动资金，企业急需打开市场。曾经为了推广自己的新能源公交车，多次找到公交公司负责人，希望他们能引进新能源公交车。"经过多方努力，南充公交公司采购了一批新能源公交车，吉利新能源公交车在南充市区遍地开花，许多市民纷纷体验新能源公交车，并对新能源公交车安静、整洁的特点赞不绝口，吉利新能源公交车成为

城市当中一道亮丽的风景线。吉利四川商用车相关负责人兴奋地进一步介绍道："在北京冬奥会上，'南充造'氢燃料电池城市客车为道路坡度大、弯道多、高寒气候的张家口崇礼赛区提供交通运输服务，展现了南充汽车制造业的实力。"2017 年投产以来，吉利四川商用车累计生产销售新能源商用车近 3 万辆，"南充造"新能源产品已在上海、成都、西安、贵阳、杭州等 30 余个大中城市推广使用，具有较强竞争优势。

3. 龙头带动，产业链协作发展

目前，吉利商用车是在西部唯一、全国布局的六个生产基地之一，吉利四川商用车是全省唯一一家同时研发生产纯电动、增程式、甲醇、氢燃料等所有动力路线的商用车整车企业，还开发生产了物流车、环卫车、救护车等多款新能源产品，许多产品都进入《新能源汽车推广应用推荐车型目录》。百尺竿头，更进一步。吉利四川商用车不仅为南充汽车行业产值迅速提高带来强大动力，同时也为南充原有汽配行业带来先进的生产理念和管理方式。销路打开后，如何保障产品质量和数量，成为吉利四川商用车最关切的问题。为保障配件供应稳定，吉利四川商用车和南充本地汽配企业积极展开合作，总共有 55 家南充企业纳入其配件采购范围。吉利四川商用车相关负责人强调："我们对配件供应商不仅有质量和时效上的要求，同时也会主动参与供应商的生产管理活动，对供应商的工人、场地和管理等进行指导和帮助。"通过供应商管理、指导配套企业生产，既保证吉利四川商用车自身原件供应的稳定性，同时也帮助本地的汽配企业迅速发展，形成良性互动、共同发展的大好局面，南充汽车产业集群规模逐步显现。

案例点评

吉利汽车差异化布局，在南充发展多种新燃料为动力的新能源商用车，已形成良好发展态势，取得了可喜的成绩，2022 年一季度，吉利远程新能源商务车整体销量排名行业第一，其中新能源轻卡同比增长 215%，市场占有率达到 28.07%，有效带动了周边汽车汽配产业，实现了产业链协同协作，是产业支撑南充建成全省和成渝地区经济副中心的生动实践。

（四）坚持服务区域经济，提升金融中心辐射力

1. 高起点，多家机构签约入驻

沉舟侧畔嘉陵江，只要一抬头，就能看见一座银灰色的大楼，它高高地伫立在江州之中，宛如一条江的灯塔，也好似一个城市的心脏，吸引着人去探寻。川东北金融中心坐落于嘉陵江畔，经过 5 年左右时间的规划建设，已经成为南充市标志性建筑，是集金融服务、会议中心、商务办公、商业购物、休闲娱乐于一体的城市中央商务区，为南充市经济发展提供有力支撑。

当朝阳喷薄而出的那一刻，金融中心大楼熠熠生辉，成为这片土地的骄傲。2018 年 7 月 11 日，经过几个月的筹备，川东北金融中心招商推介大会暨集中签约仪式在天来大酒店会议厅举行。当天上午现场共签约 26 家，南充农商银行、邮储银行南充市分行等 14 家金融机构、类金融机构签订了入驻协议。据统计，川东北金融中心一期已聚集银行总部 1 家、市级分行 5 家、支行 10 家、保险机构 22 家，金融类金融机构 90 余家。市银保监分局入驻，人行"一库一中心"落地。2021 年区域存贷款余额 600 亿元，实现保费收入 29 亿元。

2. 干实事，银企协作助力发展

金融支持实体经济发展，就是要落实国、省、市重大发展战略，布局重点产业和重点企业，帮扶企业成长，助力地方经济发展。2022 年一季度，南充市相关部门协调多家银行为 796 家中小微企业发放贷款 16.61 亿元，新增授信 12.43 亿元。这些贷款解决了部分中小微企业的燃眉之急，缓解了民营企业资金链紧张的问题，有效地帮助南充市中小微企业渡过眼前的困难。

春风起，共潮生。高坪区金融局同志介绍说："金融中心的银行等围绕创新发展、绿色发展等战略，开展业务创新，支持绿色低碳企业、提高绿色技术，其中一个支行网点截至2022年一季度末，累计发放绿色信贷7亿元，充分展现南充绿色低碳发展潜力，同时也体现了金融业在支撑实体经济发展，推动产业结构转型方面的重要作用。"

3. 展未来，开放合作增强服务能力

更高、更强、更远……在这片蓝天下，像鹰一样盘旋和翱翔！川东北金融中心立足南充、辐射川东北，致力建设成为成渝西部金融中心的次级中心和后援中心；预计项目二期完成后，入驻金融机构和类金融机构总计将超过100家。

金融业是资本密集、技术密集的行业，金融机构的高效有序运转离不开人才的支撑，需要最及时的信息和最前沿的视野，开放交流是必然的选择。在川东北金融中心外面挂着一张牌子，上面写着"西南财经大学实训基地"。高坪区金融局同志介绍道："我们依托金融中心的多家金融机构，建设高校实习基地，为高校学子提供实践、锻炼的平台，同时也为本地金融机构的开放和交流打下良好的基础。川东北金融中心是西部金融中心的后援基地，合作交流是必不可少的。金融中心不仅是资金流动的中心，也应该成为开放的中心、信息交换中心，以金融中心为基础，联系各地企业、学校和政府机构，达成更为广泛的合作。"政府相关部门积极推进金融数字化转型，与西南财经大学金融学院等高等院校开展合作，建立实训基地，增强学校实践培养能力的同时为本地金融机构注入新鲜动力，为金融科技储备技术和人才，助力金融业态向科技化、绿色化和智能化发展。在谈到如何进一步扩大川东北金融中心影响力，真正提升区域辐射力时，高坪区金融局同志谈道："我们正准备举办成渝地区金融峰会，同时在办好峰会后争取将成渝地区金融峰会固定到南充举办，每两年举办一次。必将持续吸引各专家学者到南充讲授先进的金融理念和最新的业态进展，为南充金融业发展提供智力支撑。"

高水平建设川东北金融中心，坚持金融服务实体经济，坚持金融机构和金融功能"双集聚"，打造城市新地标，进一步完善城市功能，支持周边区域发展，提升带动辐射能力。川东北金融中心强化对外合作交流，金融和类金融机构纷纷入驻，做大了南充金融业规模，为服务区域经济和融入西部金融中心建设奠定了良好基础。

四、实施效果

（一）区域枢纽地位不断提升

南充抓住"一带一路"、长江经济带、成渝地区双城经济圈、西部陆海新通道建设重大发展机遇，常态化运营中欧班列（南充），依托南充保税物流中心（B型），充分发挥"平台＋通道"优势，面向全国打造集运拼箱中心和跨境电商集货中心，与青白江成都国际铁路港和重庆西部现代物流园实现协同化、联动化发展。坚持铁公空水一体化发展，建成成达万高铁、汉巴南铁路，力争开工建设南广城际铁路，推动成安高铁进入国省规划；建成成南高速扩容和南潼、阆营、南充过境高速公路，开工建设平仪高速公路，改造提升一批国道、省道、县乡道；完成高坪机场改扩建和阆中机场建设，实现国内主要城市航线全覆盖；推动嘉陵江全线复航，加强南充港与沿江其他港口港区协作发展，打造长江水运物流网络重要节点。开放通道四通八达，一港口、双机场、四铁路、十六高速的综合立体交通网全面构建，区域性综合交通枢纽全面建成。

（二）高能级平台初步形成

在全力推进省级临江新区建设过程中，省级聚集效应、承载效应、带动效应得到进一步释放，充分彰显了高能级平台推动南充经济发展的引擎作用。2021年，临江新区投资建设116个重点项目，投资额410亿元，全社会固定资产投资同比增长18.2%，较全市平均水平高出6.2个百分点；根据赛迪研究院发布的2021年全国城市新区"五新"潜力50强榜单，临江新区排全国城市新区第26位；南充高新区现已有规上工业企业88户，占全市规上工业企业总数的10.65%，其中高新技术企业26户、占比25.24%；研发投入强度达到4%，远远超过全市总体水平；实现工业增加值175亿元，占全市26.08%；综合实力在省级高新区中排名第2位，在全省开发区综合评价考核中获评"优秀"。临江新区已高水平举办"嘉英荟·南充双创大赛""中国创新挑战赛（南充）""嘉陵江高端人才论坛"等创新交流会议、赛事。强大的高能级平台支撑和引领南充高质量发展，为南充建成全省和成渝地区经济副中心提供了强劲动力。

（三）产业集聚效应充分释放

在龙头企业的带动下，产业链延链、补链、强链各环节快速推进，链上相关企业加速集聚，产业集群集聚发展的引爆作用充分显现。吉利四川商用车作为南充汽车汽配的龙头企业，吸引拉动了一批关联企业快速集聚发展，带动相关产业链进一步完善，使汽车汽配产业成为南充第一支柱产业。四川省"十四五"规划和2035年远景目标纲要明确将南充纳入"打造全国汽车汽配产业基地"，汽车汽配产业作为南充重点打造的千亿产业集群之一，是南充加快构建现代产业体系、推动高质量发展的支柱性产业。吉利四川商用车吸引带动天喜空调等上下游配套企业，做大了南充汽车汽配产业及相关产业规模。

（四）金融服务区域实体能力不断增强

川东北金融中心在健全银行、保险、基金、证券等金融业态的同时，大力发展绿色金融、普惠金融、科技金融，成为支撑大城崛起、支撑南充建成全省和成渝地区经济副中心的一个重要载体。截至2021年

12月末，南充市金融机构人民币存款余额4201.4亿元，比2020年增长6.4%，金融机构人民币贷款余额2951.5亿元，比2020年增长13.2%，全年保费总收入116.72亿元，比上年增长10.6%，总量指标均居川东北区域第一。金融资源集聚力量进一步加强，与成都、重庆及周边区域对接交互进一步增多，南充金融对周边地区的辐射力和服务能力不断提升。

五、特色亮点

（一）坚定发展战略目标，守正创新谋发展

区域中心城市建设不可能一蹴而就。南充始终坚持发展是第一要务，在不同历史时期提出了符合南充实际的战略目标，一届接着一届抓、一任接着一任干，从"川东北区域中心城市""成渝第二城""成渝次极核"到"全省和成渝地区经济副中心"，战略目标在守正创新中不断丰富完善。建成全省和成渝地区经济副中心，是一个应势而变、乘势而上的宏伟目标，是一个实事求是、务实进取的宏伟目标，体现了近期目标和远景目标相贯通，体现了稳中求进和跳起摸高相结合，体现了一张蓝图绘到底和与时俱进谱新篇相统一，是贯彻落实党中央推动成渝地区双城经济圈建设战略部署和省委"一干多支"发展战略的具体行动，是向着第二个百年奋斗目标勇毅前行的生动实践，是对全市干部群众大城崛起光荣梦想的主动回应。这一奋斗目标，短期是建成"经济副中心"；中期2023年即可跨越生产总值3000亿元门槛；长期是建设"现代化南充"，到2026年地方生产总值实现4600亿元，将为"现代化南充"奠定坚实的物质基础。围绕这一目标，大力实施"三大发展战略"，加快推进"八项重点工作"，从战略层面、战术层面、战法层面、战役层面进行了全面安排部署。

（二）坚持项目总抓手，牵住发展"牛鼻子"

一个地方的发展，关键靠项目，根本在项目。项目尤其是重大项目对于保持较大的投资强度、较高的经济增速、较强的发展后劲具有重大意义。南充坚持以大项目支撑大发展，鲜明大抓项目、抓大项目的工作导向，积极抢抓机遇谋项目、延链补链引项目、高质高效建项目、完善机制保项目，从 2019 年起连续 3 年实施"产业年、项目年、开放年"行动，围绕重大基础设施、重大产业、重大民生等领域，谋划实施一批基础性、支撑性、引领性的重大项目，先后制定出台《加快重点项目高质量推进 15 条措施》《重点项目管理办法》等政策措施，形成竣工投用一批、加快建设一批、新开工一批、论证储备一批的良好态势。2022 年一季度，全市 300 个市重点项目完成投资 336.9 亿元，33 个省重点项目完成投资 80.4 亿元，带动固定资产投资增长 12.9%。其中，吉利四川商用车有限公司二期工程已经投产，2022 年约产 1 万辆新能源客车；三环四厂区项目于 2021 年 9 月投产，年产约 2750 亿只片式多层陶瓷电容器（MLCC）和约 22 亿只光纤陶瓷插芯；川东北金融中心二期占地面积 95 万亩，计划投资 25 亿元，项目建成将主要布局银行、保险等金融机构，其中南充农商银行综合办公楼已于 2022 年 1 月动工。一大批重大项目的快签约、快落地、快建设、快竣工、快投产，为南充建设经济副中心形成了有力支撑。

（三）打造内陆开放新高地，注入发展新活力

着眼建设西部内陆开放新高地，南充统筹推进外向型平台建设和招商引资，着力打造"流量城市"，推动人流、资金流、信息流等加速汇聚。外向型平台建设方面，加快国省外贸转型升级基地建设，成功纳入中国（四川）自贸区首批协同改革先行区，创成保税物流中心（B 型）并封关运营，开行中欧班列暨陆海新通道南充专列，全域纳入跨境电商

综合试验区试点。招商引资方面，坚持以招商引资优存量、扩增量，密切跟踪三类500强企业、知名跨国公司、行业龙头企业和重大外向型经济企业，围绕汽车汽配、油气化工、电子信息等主导产业，开展全链条、全要素招商，大力引进一批科技含量高、产业带动强、具有引领性和方向性的大项目、好项目，构建形成纵向成链、横向成群、区域循环的现代产业体系。2017年以来，招商引资累计到位国内市外资金超过3000亿元，目前共招引世界500强企业27家、中国500强企业62家、央企28家、上市公司123家、入驻外资企业48家。特别是随着南充三环电子有限公司的发展壮大，南充围绕龙头企业强链、延链、补链，电子信息产业延链招商逐渐形成，南充溢辉电子科技有限公司属于三环的下游企业，和三环之间有着多年的战略合作关系。近几年，看到三环在高坪的持续布局后，溢辉电子也选择落户南充，三环电子原材料采购等生产成本得到大幅降低。2021年实现产值1.5亿元，四期自开工建设以来快速推进，全面建成后可实现年产值4亿元。以此为基础的临江新区电子信息产业园项目正是2022年川渝共建重大产业项目，通过开放招商，电子信息产业向千亿产业集群目标迈进。

六、经验启示

随着四川省"一干多支"发展战略的深入实施，随着成渝地区双城经济圈加快建设，南充在全力建成全省和成渝地区经济副中心的实践中进行了一系列探索和实践，形成了系列经验和启示。

（一）高能级平台是建成副中心的重大支撑

临江新区是集聚发展新力量、拓展发展新空间、增强发展新优势、取得发展新成效的重大机遇，承载着支撑南充建设经济副中心的重要使命。南充要继续坚持高起点规划、高标准建设、高质量发展、高水平治理，围绕"三区一高地"发展定位，在产业发展、产城融合、城市建设、开放合作、生态文明、体制机制等领域先行先试和率先突破，努力将临江新区建设成为成渝地区双城经济圈北翼现代产业发展集聚区、国家产城融合发展创新示范区、嘉陵江流域绿色发展引领区、四川东向北向开放合作新高地。

一是加快推动高端产业集聚。充分发挥省级新区政策优势，着力吸引优质产业资源、创新要素向新区转移，集聚发展高新技术产业和战略性新兴产业，加快发展电子信息、装备制造等先进制造业，大力发展智慧物流、金融等现代服务业，创新发展特色都市农业，积极谋划前沿产业、未来产业，着力提升产业自主创新能力和综合竞争力，建设以高端产业、高端技术、高端产品为引领的现代产业集聚区。

二是积极探索产城融合发展。坚持以产兴城、以城带产，按照产业先导、职住平衡、完善配套、塑造城市美学的原则，对产业用地、产业配套用地、居住用地、居住配套用地等进行统筹布局，围绕不同层次人群的多元化需求有针对性地完善生产、生活、生态等各项功能，同步配套医疗、教育、文体等公共服务，构建城市产业和城市品质互促融合新格局。

三是实现更加灵活高效管理。积极探索经济区与行政区适度分离管理模式，明晰新区与辖区原行政区、产业园区功能定位及职责划分，探索管理权、所有权分离的发展模式。构建全方位立体式的开放政策体系，加强融入成渝的制度创新，将新区打造成为联动成渝的重要窗口。

（二）产业发展是增强副中心实力的坚实基础

产业是区域经济发展的核心支撑，南充建成全省和成渝地区经济副中心，支撑在产业、关键在集群，必须坚持产业兴市、实体强市，以融入成渝地区双城经济圈产业发展体系为导向，大力培育优势产业。

一是加强成渝产业配套协作。成都、重庆已经形成一批大体量、高能级产业集群，有效带动了成渝地区工业、农业、服务业相关产业发展。在成都、重庆产业转移、产业链延长情况下，南充要挖掘成渝重点产业需求，发挥区位优势和资源优势，立足优势主导产业基础，积极承接成渝产业转移、参与两地产业分工，打造全省和成渝主导产业的配套基地、原料基地，以产业的高质量发展增加副中心的含金量。

二是推进现代产业集群发展。按照产业集群、企业集聚的思路，做大做强汽车汽配、油气化工、高端装备制造、现代农业以及新能源等产业，重点培育四川吉利商用车公司、南充三环电子公司、四川能投化学新材料公司3户"贡嘎培优"企业，通过龙头企业引领拉动"造链"、辐射配套企业"扩版"，借势"龙头"上下吸附，形成上下游齐全且具有强大竞争能力的产业集群，提升区域产业集中度。

（三）创新驱动是建成副中心的重要引擎

创新是引领发展的第一动力，是建设现代化经济体系的战略支撑。南充应把创新摆在现代化建设全局的核心位置，围绕建设国家创新驱动助力工程示范市、国家知识产权试点城市，深入推进创新驱动引领高质量发展，打造区域性科技创新高地。

一是依托成渝科创大走廊建设契机，积极承接双核的创新资源辐射。依托"成－遂－南－广－渝"科创走廊，加强南充临江新区与成都天府新区、重庆两江新区、绵阳科技城地区、宜宾三江新区的合作，推动成渝地区双城经济圈科技合作和交流，共同建设重点实验室、工程（技术）研究中心，推动建立创新创业联盟、高新区联盟、大学科技园联盟，争取创建西部科学城南充基地，提升区域整体创新实力。

二是加快科技创新与产业创新深度融合。着眼推动产业基础高级化、产业链现代化，围绕产业链部署创新链、围绕创新链布局产业链，着眼电子信息、新材料、高端装备制造、生物医药和节能环保等新兴产业，着力打造成渝电子信息产业重要配套区、区域通信信息枢纽中心、新材料生产研发基地、高端装备制造基地、生物医药产学研基地。着眼推动产业数字化、数字产业化，赋能传统产业转型升级，加快 5G 基站、新能源汽车充电桩、人工智能等领域新型基础设施建设，积极争创"5G＋工业互联网"融合应用先导区和数字农业应用推广基地。梳理分析南充产业链及补链、强链、延链项目库，明确各细分领域细分环节的关键技术、核心人才、前沿机构及知名企业，精准整合资源、补齐建强延长产业创新链。充分用好四川省委、省政府大力支持南充临江新区的政策，瞄准国际国内引领性新技术领域，抢先布局、联合攻关，实施可替代技术产品供应链补链行动计划，推动龙头企业及产业链上下游企业共同攻关，产生产业集聚效应，推动形成产业优势。

三是优化科技创新生态环境。深化科技体制机制改革，着力加大创新投入和人才培育力度，提高创新服务质量，营造优质良好的科技创新生态环境。加大科技创新的财政支持力度，着力提高 R&D 经费支出占 GDP 比重。完善政府引导、企业主导、多元投入的创新政策体系。积极发展科技金融，建立创新投入风险分担和补偿机制，鼓励和引导各类金融资本支持科技型企业开展技术创新。搭建好创新平台，以南充高新区为核心，整合优势资源、完善产业链条，大力发展高端装备制造、电子信息、新材料三大主导产业，全面创建国家级高新区。发挥南充农业基础优势，依托南充国家农业科技园区，积极创建国家农业高新技术产业示范区。加速技术转移和成果转化，促进产学研用协同创新，加强知识产权应用和保护，营造鼓励创新、宽容失败的良好氛围。

（四）提升城市能级是建成副中心的本质要求

南充应坚持以人为核心，注重内涵式、集约型、绿色化发展，加快推动新型城镇化建设，逐步完善城镇体系和空间布局，逐步建成以主城区为区域中心、县城和中心城镇共同发展的新型城镇体系，构筑"人城境业"高度和谐统一的现代化城市形态。

一是加快迈向Ⅰ型大城市进程。优化城市空间布局，坚持"以江为轴、北拓南延、跨江东进、拥江发展"；完善城市交通体系，加快建设城市快捷通道，规划建设轨道交通、智慧公交；增强城市承载能力，加快推进5G基站、大数据中心等新型基础设施建设，积极推动文化、教育、卫生等主城功能向外辐射，不断提升城市人口吸纳能力和公共服务水平，加快建设主城区建成区面积超300平方千米、常住人口超300万人的大城市。

二是突出城市特色，彰显城市个性。依托山水环绕、历史厚重、文化深厚的城市特色，突出公园城市特点、山水城市特质、历史文化名城特色，统筹谋划城市形态、城市业态、城市文态、城市生态，一方面围绕现代山水田园城市目标，充分利用山体、水系、道路、功能分隔带，大力建设绿色长廊和生态林地，加快形成城市绿地系统；另一方面深度发掘文化资源、培育文化品牌，加强2200多年历史和三国文化、春节文化等文化传承保护力度，把发展与保护有机结合起来，通过空间上的错位发展，使历史文化资源实现永续传承。

七、案例来源说明

本文中的案例来源于课题研究团队对临江新区管委会、临江新区顺庆片区管委会、高坪区金融局、南充市科技局、川东北金融中心、吉利四川商用车公司、南充现代物流园等的实地考察和访谈。

八、教学思考

1. 如何利用区位优势做好通道枢纽建设？

2. 在区域经济发展过程中，打造新经济增长极的必要性和可行性是什么？

3. 站在成渝地区双城经济圈建设的历史时刻，怎样准确认识自身定位，实现更大区域内的协同发展？

参考文献

［1］黄毅．南充的大城崛起梦［N］．经济参考报，2020－08－24.

［2］刘强．守正创新 奋勇争先 为建成全省和成渝地区经济副中心、全面建设社会主义现代化南充而努力奋斗：在中国共产党南充市第七次代表大会上的报告［N］．南充日报，2021－11－03.

［3］邱亚明，宋先钧．转变经济发展方式视角下的"两化"互动研究：基于南充市的调查与分析［J］．西部经济管理论坛，2013（2）.

［4］林凌，张斌．从战略"谋"到战术"动"南充临江新区蓄力起跑［N］．四川日报，2022－03－30.

课题指导： 中共四川省委党校（四川行政学院） 郭义盟

编写单位： 中共南充市委党校（南充行政学院）

研究团队： 邱亚明 张明伟 罗雯妤 陈刚 王琨能

川渝高竹新区建设区域合作样板典范的实践案例研究

摘要

川渝高竹新区是四川省和重庆市深入贯彻成渝地区双城经济圈建设战略部署而在广安—渝北跨省市毗邻地区打造的区域发展功能平台,是探索经济区与行政区适度分离改革的天然"试验田"。川渝高竹新区建设发展虽然面临着前所未有的发展机遇,但在具体实践推进过程中也面临着管理层级和管理权限不对等、人才和要素保障政策不统一、审批权限和支持政策不到位等现实挑战。川渝高竹新区成立后,始终牢记中央和两省市赋予自身的特殊使命,在既无现成经验可借鉴,又无固定模式可依赖的情况下,聚焦经济活动一体化和社会事务属地化主攻方向,边建设、边探索、边总结,经过一年多的努力,在运行管理、市场化经营、人才一体化、税费征管服务、要素保障等体制机制改革上取得显著突破,实现了多方面的经济和社会效益。

关键词

川渝高竹新区;区域合作;适度分离;统一大市场

一、导语

2020 年 1 月 3 日，习近平总书记在中央财经委员会第六次会议上作出"推动成渝地区双城经济圈建设"重大战略部署，为川渝两地发展擘画了美好蓝图、明确了方向指引、提供了根本遵循，深刻改变了川渝两地的战略位次、发展能级。同年 3 月 17 日，成渝地区双城经济圈建设重庆四川党政联席会议明确"以川渝毗邻地区一体化高质量发展为突破，探索经济区和行政区适度分离改革"。同年 4 月 15 日、7 月 10 日，重庆市委五届八次全会、四川省委十一届七次全会指出："支持广安市与渝北区共建高滩茨竹产城融合新区。"同年 7 月 28 日，重庆市人民政府与四川省人民政府联合印发《川渝毗邻地区合作共建区域发展功能平台推进方案》，明确支持广安、渝北共建高滩茨竹新区。同年 10 月，中央政治局审议通过的《成渝地区双城经济圈建设规划纲要》明确提出：推动建设广安 – 渝北等一批跨省市毗邻地区产业合作园区。同年 12 月 29 日，重庆市政府、四川省政府共同印发《关于同意设立川渝高竹新区的批复》，意味着川渝高竹新区正式设立，扬帆起航（见图 1）。

川渝高竹新区是成渝地区双城经济圈建设川渝毗邻地区合作共建区域发展十大功能平台中，唯一一个由跨省域的两区市分别划出部分行政区域、共同开展实体化建设的平台，是探索经济区与行政区适度分离改革的天然"试验田"，被赋予了改革创新的发展任务，在全国具有开创性、示范性意义。但是，川渝高竹新区作为跨省域新区，如何突破行政壁垒和地域障碍，做到经济区与行政区适度分离，从而实现各方共融共促共赢，是建设和发展过程中一直在探索解决的难题。同时，川渝高竹新区成立时间较晚，在全国各地经济合作区"多点开花"的现实背景下，如何集成自身优势谋求更大作为，也是当前面临的巨大压力。经过一年多的实践探索，川渝高竹新区牢牢抓住当前面临的前所未有的发展机遇，

图1　川渝高竹新区一角

(图片来源：川渝高竹新区)

通过比较研究深圳—汕尾区域发展特别合作区、长三角生态绿色一体化发展示范区、粤桂合作特别试验区等区域合作经验，结合川渝两地特色和优势，在搞清楚什么是经济区与行政区适度分离的过程中，聚焦经济活动一体化和社会事务属地化的分离方向，不断细化梳理建设过程中涉及的相关制度，如管理机制、人才机制、财税机制等，找准改革创新突破点，不断突破跨省域区域合作障碍，取得了一定的经济社会成效，积累了一定的探索经验。总结这种集成改革的先进经验和做法，可以为经济区与行政区适度分离改革研究提供新的研究素材和鲜活案例，同时也有利于进一步促进川渝高竹新区形成跨区域一体化高质量发展示范，推动成渝地区双城经济圈建设国家战略的高质量落实。

二、背景介绍

(一) 川渝高竹新区基本概况

川渝高竹新区地处四川东出门户、重庆北上要塞，紧邻重庆中心城区，距离两江新区 15 千米、距离江北国际机场 38 千米、距离重庆北站 55 千米，到果园港和寸滩港的距离也都在 60 千米左右，紧靠中国（重庆）自由贸易试验区、重庆保税港区、重庆临空经济示范区等国家级功能平台，属重庆"半小时通勤圈"，区位优势明显。目前规划范围包括四川省广安市邻水县高滩镇、坛同镇的部分行政区域和重庆市渝北区茨竹镇、大湾镇的部分行政区域，总面积 262 平方千米，其中广安市 138 平方千米，渝北区 124 平方千米，是 2020 年底川渝两省市首批启动建设的合作共建功能平台。川渝高竹新区已初步在规划区域内邻水县建成四川广安川渝合作高滩园区，面积 5.5 平方千米，是重庆两江新区配套产业园、重庆空港工业园区配套区和四川省新型工业化示范基地。2020 年四川广安川渝合作高滩园区已入驻企业 129 家，主要生产汽车零部件，其中 90% 为重庆配套，2020 年实现工业总产值 68 亿元、同比增长 27.6%，创利税为 1.1 亿元。

（二）川渝高竹新区建设发展面临的问题

川渝高竹新区建设发展面临着前所未有的发展机遇，同时在具体实践推进过程中面临着一些亟须解决的现实挑战，主要表现在如下三个方面。

一是管理层级和管理权限不对等。在川渝毗邻地区合作共建区域发展功能平台面临的首要难题就是两地分属不同的省级行政区域。川渝高竹新区包括四川省广安市邻水县高滩镇、坛同镇（正科级）的部分行政区域和重庆市渝北区茨竹镇、大湾镇（县处级）的部分行政区域，同时邻水县属于正县级级别，渝北区属于地厅级级别，两地行政单位均存在级差，造成行政层级和管理权限上的不对等，严重影响了川渝高竹新区整体一体化的有效开展。同时，由于双方所执行政策存在标准依据、执行流程、审批权限等存在诸多差异，两地干部分属不同地区组织部门管理，致使新区在政策制定的一致性和执行的协同性上面临难题。如一位即将到新区赴任的干部表示："到新区工作后，我们该属于哪一方管理，工作中到底该属于谁领导，工作该执行哪边的规定，想想这些都是要解决的问题啊！"

二是人才和要素保障政策不统一。川渝高竹新区处于开发建设起步阶段，工作量大、任务繁重，尚未建立完备的人才招引机制，尤其缺乏交通建设、生态环保、规划编制、财务会计、工程机械等领域专业技术人才，现有的人才匹配难以满足新区长远发展需求。广安市和渝北区各有一套人才引进支持政策，分别为"小平故里英才卡""临空英才服务卡"等优惠政策，总体看，双方在人才政策上更是有不同的侧重和方向，在川渝高竹新区如何实现两边政策统一，是考验新区能否制定灵活政策的关键之一。此外，由于区划不同，两边水、电、气等主要生产要素价格不一致。一位想到新区创业的业主表示："间隔一条河就造成水的价格高了，想搬过去，发现那边电的价格又高些了，如果两边能实现水、电、气价格的统一，那就好了！"

三是审批权限和支持政策不到位。能否实现政策支持是川渝高竹新区成功与否的关键。如国家重大项目库、投资项目在线审批监管平台均是按照行政区域划分，因此新区跨省项目实施需同时在渝北、广安、邻水等系统分头报送、分头审批，报送层级、部门、路径存在较大差异，且需几方均审批通过后才可实施，极大影响工作效率。如广安市、渝北区各自的税收征管平台无法共享，且无跨省管理权限，因而缺乏统一的税收征管支撑平台。此外，渝邻两地税费缴费标准、支出方式存在差异（见表1）。比如渝北、邻水两地的医保、社保在申报途径、缴纳基数、缴纳年限等方面均有不同，导致一些企业在缴纳社会保险时，选择两省市中的最低下限缴纳，无法同时保障企业和职工权益。

表1　渝邻两地税费政策部分标准差异比较①

税费种类	邻水县高滩镇、坛同镇	渝北区茨竹镇、大湾镇
耕地占用税	24 元/米²	35 元/米²
城镇土地使用税	3 元/米²	4 元/米²
城市维护建设税	5%	7%
大气污染税	每污染当量3.9 元	每污染当量3.5 元
水污染税	每污染当量2.8 元	每污染当量3 元
城镇医疗保险费（2020 年）	260 元/（人·年）	一档250 元/（人·年）［大学生 220 元/（人·年）］，二档 625 元/（人·年）［大学生550 元/（人·年）］

（三）川渝高竹新区建设发展的政策背景与地方落实部署

川渝高竹新区的建设，应川渝合作而生、应双城经济圈而兴。1993 年，广安建立地区以来，积极推进与重庆的合作发展，并积累了丰富的合作经验，取得了良好的发展成效。2008 年，重庆市明确表示同意将广安纳入"一小时经济圈"，与重庆市经济圈内的 23 个区县同等对待，广渝合作进一步深化。2011 年，国务院常务会议通过《成渝经济区区域规划》，广安被明确为川渝合作示范区，广渝合作由此进入前所未有的高速发展时期。2020 年，中央作出建设成渝地区双城经济圈的战略部署后，广安抢抓国家战略机遇主动出击，积极行动，提出要充分利用建设川渝合作示范城市先行先试成果，争创成渝地区双城经济圈建设示范城市。

随着成渝地区双城经济圈建设战略的提出，川渝高竹新区应时应势应运而生。川渝高竹新区的建设发展有利于推动落实成渝地区双城经济圈建设战略，拓展优化成渝中部地区发展空间，形成跨区域一体化高质

---

① 参见重庆市财政局、税务局和广安市财政局、税务局公布数据。

量发展典范，打造人与自然和谐共生绿色发展样板。同时，川渝高竹新区面向重庆主城都市区，可以有效承接重庆主城都市区功能疏解；背靠川东广安、南充、达州等地市，可以作为成渝中部重要发展支点，辐射带动四川东部和重庆北部区域连片发展。于是川渝各方积极行动起来，着眼促进川渝高竹新区的快速发展，干部队伍被动员起来，全力破解制约经济发展与经济一体化面临的系列难题。

三、典型案例

（一）"同心合力"打造运行管理新机制

为推动川渝高竹新区建设，广安市委市政府、渝北区委区政府认为，应首先成立由渝北、广安党委主要领导任"双组长"的开发建设领导小组、政府主要领导任"双指挥长"的开发建设指挥部，负责川渝高竹新区开发建设领导指挥工作，协调解决新区发展面临的大事要事。2020年12月10日，经渝北区委区政府、广安市委市政府同意，设立川渝高竹新区临时党委和筹备工作委员会。临时党委隶属于中共广安市委，临时党委由中共广安市委、中共重庆市渝北区委共同管理，广安市人民政府、重庆市渝北区人民政府共同组建筹备工作委员会。川渝高竹新区临时党委、筹备工作委员会负责组织领导、统筹协调开发建设管理全面工作。新区临时党委和筹备工作委员会由广安派1名副厅级领导担任书记、渝北派1名副厅级领导担任主任，下设综合事务中心、党群工作中心、自然资源与规划建设中心、财税金融中心、发展改革与政务服务中心、投资促进与经济运行中心6个职能机构和川渝高竹新区开发建设集团有限公司。

2020年10月，广安与渝北共同召开了川渝高竹新区开发建设领导小组第一次会议。按照领导小组第一次会议精神，渝北、广安双方随即各抽调15名工作人员到岗，人员到岗到位后，大家认真践行"一家亲、一盘棋、一体化"理念，不论级别、不分你我，以诚相待、团结协作，同住保障房、同吃工作餐、同说高竹话、同干高竹事，迅速投入到新区开发建设中来，真正从"一家亲"变成了"一家人"。大家坚持"起步就是冲刺，开局就是决战"，下定决心，坚定信心，扎根新区、奉献新区，跳过"磨合期"，直接进入"战斗期"，充分展现了"高竹人"的良好形象，锻造了一支"团结一心、素质过硬、能征善战、吃苦耐劳"的干部队伍。新区党群工作中心的一名工作人员是从渝北抽调的干部，来到新区工作以后，每周只有周末才能回家一次，平常所有的时间基本扎根新区专注工作，他说："因为川渝高竹新区是我们共同的事业。"

2020 年 12 月 21 日，川渝高竹新区开发建设集团有限公司成立。2021 年 12 月 27 日，经四川重庆两省市编办批复同意，新区党工委、管委会正式挂牌成立。中共川渝高竹新区工作委员会、川渝高竹新区管理委员会分别为中共重庆市渝北区委、中共广安市委和重庆市渝北区人民政府、广安市人民政府的派出机构。川渝高竹新区党工委、管委会实行合署办公、一套机构，规格为正处级，行政编制 50 名（由广安市、渝北区各安排 25 名，正处 6 名、副处 8 名、科级 36 名），事业编制 40 名。设党工委书记 1 名，党工委副书记、管委会主任各 1 名（分别由广安市、渝北区 1 名厅级领导兼任）；专职副书记 1 名（正处级）、常务副主任 1 名（正处级），副主任 4 名。科级领导职数 16 名。至此，新区创新建立起"领导小组 + 管委会 + 国有公司"的三级运行管理方案，领导指挥体制初步成型。2022 年 2 月，广安与渝北又共同召开了川渝高竹新区开发建设领导小组第三次会议。会上，两市区审议了《川渝高竹新区 2022 年工作要点》《川渝高竹新区重大项目清单》，研究了《贯彻落实〈支持川渝高竹新区改革创新发展的若干政策措施〉行动方案》，新区各项建设有序推进。川渝高竹新区始终坚持"一盘棋"谋划，"一体化"发展，同心合力办好合作的事情，合作机制不断完善，政策协同不断优化，重点项目不断发展，社会共识不断凝聚，各项工作按下"快进键"、跑出"加速度"。

立足打造高质量发展重要增长极的双城经济圈建设，为未来一段时期成渝地区发展提供了根本遵循和重要指引。中央有指向，地方有行动。川渝两家牢固树立一体化发展理念，锁定建立经济区与行政区适度分离的改革目标，大胆探索，精准谋划，共同派人，共破难题，贯彻了新发展理念，促进了新发展格局构建，必将进一步推动经济的高质量发展和区域壁垒的有效破除。

（二）"互利共赢"促进运营机制市场化

川渝高竹新区党政机构成立以后，如何有效推动各项建设和投资，提升城市治理水平是急需解决的关键问题。于是，2020 年 12 月，为进一步打破川渝常规合作模式，共同出资设立川渝高竹新区开发建设集团有限公司（以下简称"高竹开发公司"），确立了高竹开发公司作为城市投资建设执行者、城市经营治理驱动者、城市发展指导参与者的城市综合运营服务高定位。高竹开发公司从渝北区、广安市两地抽调部分区（市）属国企领导干部及管理人员组建班底，同时采取市场化招聘形式补充专业性人才。高竹开发公司内设党群工作部、综合部、监审法务部、资产财务部、规划发展部、建设管理部（总工办）、用地部、招商一部、招商二部 9 个部门，下设开发公司、投资公司、工程建设公司、实业公司等子企业。渝北区、广安市是两个不同的行政区，不同行政区域的发展基础、发展阶段、政府能力等存在差异，以及由此形成的发展政策也存在差距。共同组建高竹开发公司，如何分配公司的股权结构、投入、利益，如何引领新区企业注册、投资，如何加强对公司的监管，如何提高公司运作效率等问题成为公司发展面临的难题。为突破传统合作模式，新区在平台公司运作上进行了多方探索。

一是构建"对等股权"的股权架构。高竹开发公司注册资本金 10 亿元，渝北区、广安市各出资 50%，打破传统的"控股 + 参股"的股权架构，体现了权责对等、成本共摊、利益共享的合作原则。渝广两地以高竹开发公司为载体，以对等股权为纽带推动合作，新区内的所有投入，所有收益均归集到高竹开发公司进行核算。此举有利于打破"分地块算小账、分区域求平衡"的限制，以"长周期、大平衡"原则合力推动新区开发建设。

二是打破地域限制，注册彰显川渝特色的公司字号。高竹开发公司是全国首家以"川渝高竹新区"为字号的企业，且企业名称经国家市场监督管理总局审批、不带地域限定，体现两地不分彼此、深度融合的川渝"一家亲"理念。新区在成立初期企业注册登记区域不统一，虽已协调落户企业在地址标识登记以"川渝高竹新区"替代行政区名称，但由于新区还未获得正式行政区地位，企业在注册名称标识时仍需选择现有行政区，不利于新区对企业的统筹管理和企业自身发展。同时，受不同行政区不同政策的影响，企业在注册地的选择上更倾向于政策优势更强区域。如一家企业在全面了解渝广两地的政策之后，明晰渝北在政策优势上更胜于广安，果断将自己企业的注册地放在渝北，以便企业未来发展在渝北享受更多实惠。而这种现象不止这一家企业，新区企业注册地选择出现的"一边倒"现象非常明显。高竹开发公司的成立，其一体化的企业名称还有利于进一步推动川渝高竹新区注册登记改革，引导探索新区内企业落户在登记名称、注册地址等方面"去行政地域化"的改革创新举措。

三是突破出资限制，建立扁平高效的管理机制。为提高审批效率，渝北区与广安市政府共同委托新区管理机构对高竹开发公司进行监督管理、力求办事不出新区，并鼓励择优采用两边的管理政策，突破了传统企业"谁出资、谁监管"的限制，避免了"两边都管"的效率损失，打破了"标准不一"的运营困境。双方委派的干部接受新区的统一领导，决策从新区利益出发，对管理机构负责，更有利于统一思想、凝聚共识，从而实现"1+1＞2"的目的。

四是突破条块分割，赋能赋权实现责权对等。在资源赋能方面，川渝高竹新区以后的土地出让金地方留存、税收地方留存和特许经营权都将赋予高竹开发公司，以做大资产规模、提升盈利能力；在职责赋权方面，高竹开发公司作为新区开发的实施主体，将全面负责新区投融资、开发建设、招商引资等各项职能职责。这就突破了传统按区域"分块开发"或按职能"各司其职"的运营模式，全部资源、全部职能、全部义务都归集到一个主体，在权责利对等的引领下，集中资源、集合力量推动新区开发建设各项工作高效开展。

> **案例点评**
>
> 川渝高竹新区通过打破传统的股权架构组建高竹开发公司，形成"小管委会＋大公司"的市场经营模式，将川渝高竹新区范围内的全部资源、全域开发、全部收益归集到高竹开发公司，实现了开发建设"长周期、大平衡"的市场化运营目标，形成了互利共赢的市场化经营机制，提升了新区的投融资能力、基础设施建设能力和产业培育能力，持续推动川渝高竹新区发展步入"快车道"。

（三）"同城同价"实现生产要素一体化

经济建设、企业发展离不开各种资源要素的支持，没有了资源要素的支持，经济建设就成了无源之水、无本之木，没有优质资源的支持，企业发展也成为镜花水月、空中楼阁。川渝高竹新区要实现高质量一体化发展，必须要建立完善的要素支撑保障体系。然而作为全国唯一的跨省域共建新区，在跨区域要素保障、流动、价格等方面存在天然壁垒，如水、电、气资源难以满足新区大规模生产，两地政策标准不统一导致的水、电、气价格存在差异等，这些问题给新区的企业、周围的老百姓都带来了困扰（见表2）。

表2 邻水县和渝北区水、电、气价格改革前部分差异①

地区	自来水（元/吨）		天然气（元/米³）			电力（元/度）							
	居民	非居民	居民	商业	工业	居民（1千伏以内）		工商业					农业生产（1千伏以内）
						一户一表	合表用户	单一制，1千伏以内	单一制，1—10千伏	单一制，35—110千伏	两部制，1—10千伏	两部制，35—110千伏	
邻水县	2.8	3.2	2.15	3.45	2.274	0.5224（180度以内）	0.5464	0.6485	0.6363	0.6242	0.5774	0.5574	0.5601
渝北区	2.5	4.39（特种行业9.0）	2.15	3.45	2.374	0.52（2400度以内）	0.54	0.6578	0.6378	0.6178	0.6057	0.5807	0.568

① 数据来源：邻水县和渝北区发布的销售价格数据。

作为新区水源地的清水河水库，几乎靠雨季来补充水源，一遇到旱季或下雨少的季节，清水河水库就水量变少，水质变差。如此，在最热的季节，只能限时用水甚至停水，对生产和生活造成严重影响。其中，有两个群体最受影响：高滩镇地处高处的老百姓和新区内用水量较大的企业。某企业经理表示："由于限时用水，我们的生产受到了很大的影响，特别是订单量大、时间紧迫时，根本完成不了，还有企业员工在用水的问题上也是怨声载道。"为此，新区坚持基础设施一体化，推动新区全面融入重庆都市圈，统筹水利资源，茨竹镇卫星水库实现跨区域供水正式提上日程。2021 年 5 月 11 日，新区主任办公室会议通过川渝高竹新区 DN300 供水管道工程项目。同年 6 月 13 日，项目正式动工，川渝高竹新区筹委会和高竹开发公司负责项目的协调工作，重庆水务集团负责项目实施工作。经过 20 多天的昼夜施工，项目总长约 7.5 千米的供水管道主体安装工程已全部完成，6 月 28 日，供水管网通过加压测试成功，已具备通水条件，彻底解决新区企业和高滩镇 5000 余人的用水问题。

解决了急难愁盼的问题后，新区又着眼最大程度降低企业进入市场的生产要素成本，按照统一规划、统一服务、统一价格的"三统一"原则，整合川渝两地资源，联合成立市场化合资公司，推动新区水、电、气等生产要素"同城同价"，促进市场经济要素在新区内自由流动。

一是统一规划建设。分别建立区域一体的供排水系统、构建安全稳定电力保障体系、建设安全可靠的燃气供应系统。截至 2021 年底，川渝高竹新区已实现跨省域供水，满足了新区用水需求；已构建规划电源以重庆市 500 千伏思源变电站为主，水能、太阳能等清洁能源补充发电的绿水电力供应体系，满足了新区企业的用电需求；已规划以川气东送二线燃气管道为主要气源，重庆相 14 井、重庆兴隆输气站为辅助气源的供气系统，以实现多重气源保障。

二是统一管理服务。明确供区界限、明确职责权限，由川渝高竹新区水、电、气三大共建平台统一开展新区业务受理、用能咨询、新兴业务推广等工作，确保职责清晰、界限明确。在电力方面成立了国网四川省电力公司、国网重庆市电力公司川渝高竹新区供电服务领导小组，并共同设立了川渝高竹新区供电服务中心。国网广安供电公司总经理介绍到："川渝高竹新区供电服务中心占地约480平方米，主要以'低碳智慧、服务优质'为设计理念，借鉴雄安新区'碳厅'建设模式，分展示、营业、办公三个功能区。目前，广安与渝北两家电网企业借鉴川渝高竹新区管委会运作模式，共同派人参与机构日常运营，实现缴费、结算、业扩、报装等跨省办电业务全覆盖，进一步优化用电营商环境，真正实现'一窗办理、一站式办理、一体化服务'。供电服务中心成立以后，新区内的企业用电价格都是一样的，办理用电业务不用再广安、渝北两头跑，无论企业的注册地是广安还是重庆，都可以直接前往供电服务中心办理用电相关的一切业务，既省时又省力，真正服务了企业。"

三是统一政策标准。按照"政策最优、服务最好、成本最低、程序最简"原则，统一新区要素政策及服务流程。主要做法是根据川渝两地要素政策差异，系统梳理保障政策、安装流程、收费标准等差异内容，统一服务标准，确保新区群众和市场主体享受更多实惠，然后在川渝高竹新区水、电、气三大平台集中受理相应业务办理，实现新区范围内要素保障业务"跨省通办"。据高竹新区相关部门统计，2021年，川渝高竹新区用电3500万度、用水38万吨、用气300万立方米，而2022年一季度就用电1500万度、用水16万吨、用气110万立方米。可以说，要素保障的"同城同价"极大调动了新区企业生产积极性，真正实现了改革让利企业的目的。

案例点评　　川渝高竹新区作为跨省域合作示范新区，在实现更高质量、更高效率、更可持续的发展与建设过程中，将生产要素流动相关需求放在政策制定和制度创新的重要位置，最大限度降低企业进入市场的生产要素成本，按照统一规划、统一服务、统一价格的

"三统一"原则，推动新区水、电、气等生产要素"同城同价"，促进了要素配置高效公平和要素市场的一体化，打破了行政壁垒对要素流动的不合理限制，推进了高标准市场体系的建设。

（四）"互通互认"推动人才政策一体化

发展是第一要务，人才是第一资源。能否吸引高素质人才到川渝高竹新区创业发展，是考验这个川渝毗邻地区能否实现长远发展的关键因素。川渝高竹新区地处川渝两省市交界，规划区域距离邻水县城 45 千米，距离重庆江北机场 38 千米，距离重庆北站 55 千米。同时，由于川渝高竹新区通往邻水、重庆狭窄而崎岖的道路状况，加上教育、医疗、商业等配套设施的严重缺乏，不少来此的创业者、就业者心存一丝伤感。川渝高竹新区虽然在"园区"时代也引进一批重庆主城区产业转移的企业，但是企业刚入驻时用工往往还是从附近农民当中招聘。当地农民在家门口就可以实现就业，不用常年在外奔波，这既降低了企业用工成本，也相对实现工人队伍的稳定，企业也更有利于融入当地。但是，随着企业的向前发展，对创新型和高技术人才的需求越发明显，仅靠附近招聘的民工难以满足企业长远发展需求。受人才虹吸效应的影响，高端人才在工作地点选择上，更倾向于广安市或者渝北区，而非川渝交界的地处偏远、交通不畅、配套落后的川渝高竹新区。就连当地毕业的博士研究生也想着能"飞出山窝"，到经济水平较好的成都市或者重庆市，或是到广安市主城区，根本没有想过回到这里参与建设。即便是受组织派遣，到这里参与建设的机关工作人员，也是忍受着与家人分离乃至奔波的苦恼，靠一腔热血坚持工作。虽然备受川渝两地瞩目的川渝高竹新区横空出世，让许多创业者嗅到了新区发展的机遇，但是也有不少人担心川渝两地人才政策不同，在新区创业可能会处处受限，还不如在城区稳当一些更好。如果按照行政区划享受人才政策，多数高端人才一是更愿意选择主城区或者核心区，二是广安和渝北相比，肯定更愿意选择渝北。探索经济区与行政区适度分离机制，最大限度消除行政区不同给经济一体化带来的行政壁垒，必须打造有吸引力的人才洼地，建立起一体化的人才集聚制度，整合两地人才政策，实现人才互认，否则就难以实现人才这一要素在这一区域有效流入流动。因此，川渝高竹新区如何解决好引人和留人问题，是摆在渝北和广安相关人才部门面前的一道棘手难题。

政策叠加，政策共享，政策整合……为让川渝高竹新区引进更多的优秀人才，两地相关领导和部门广泛调研、听取意见、充分论证、集思广益、整合政策，努力探求新区人才发展之道。相关智库专家认为，川渝高竹新区要想引进到高素质优秀人才，必须打破人才按行政区享受政策的限制和壁垒，出台人才一体化的改革措施，不断创新人才发现、引进、使用、评价、激励等机制。经过相关部门的共同努力，2021年6月8日，首届川渝高竹新区党建论坛在广安举行，会上发布了《渝北广安人才一体化发展先行区政策互认暂行办法》。该办法规定，两地将按照"就高不就低、不重复享受同类政策"的原则，集成川渝两地人才政策，实现人才利好政策叠加，不断支持人才在区域内自由流动。也就是说，凡川渝高竹新区新引进培育的优秀人才（团队），不仅可择优享受广安市、渝北区相关人才优惠政策，还可共享两地人才公寓、子女入学、配偶就业等配套服务。可以说，这种政策叠加的举措，最大限度上打消了高端人才对行政区域选择的偏好，不再让高端人才纠结于比较四川和重庆哪个地方政策更具有吸引力。

最终，博士研究生看到这些政策后，果断选择回到川渝高竹新区工作。按照规定，博士研究生可以根据广安市人才政策享受15万元的安家补助，工作期间还可领取每月1000元的岗位津贴；申领了两地的英才卡后，本人及配偶、子女户口可选择在广安市落户，也可选择在重庆市渝北区落户；在川渝高竹新区购买家庭首套住房，签订有效购房合同并取得产权登记证明后，可以拿到最高50万元购房补贴。对新建的省级重点实验室、产业研究院、工程技术研究中心等科研平台，可按照广安市的人才政策给予最高200万元综合资助，对于关键性核心技术攻关项目，经评审立项，符合条件的，还可按照渝北人才政策给予项目投入实际资金的50%、最高200万元的项目资金支持。可以说，两地在人才政策上真正拿出真金白银，吸引人才参与川渝高竹新区建设，引导他们在新区扎根发展。这些人才到来后，在新区的建设过程中发挥了明显作用，逐渐成为推动新区不断发展的主力军和中坚力量。

案例点评　川渝高竹新区作为推动成渝地区双城经济圈建设的功能平台之一，为全面贯彻落实成渝地区双城经济圈人才协同发展战略协议，按照"从优不重复"原则，联合出台《渝北广安人才一体化发展先行区政策互认暂行办法》，统一谋划、一体部署、相互协作，面向国内外集聚人才资源，不断创新人才发现、引进、使用、评价、激励等机制，建立健全了人才流动服务体系，促进了两地人才政策对接协同，为人才自由流动提供了保障，显著提升了区域人才政策的竞争力和吸引力。

（五）"跨省税改"实现税费征管一体化

税收作为国家财政收入、地方经济发展的主要来源和调节经济的重要杠杆，是川渝高竹新区发展成效的关键体现。新区成立后，由于两地在税费征收比例、征管流程等方面存在许多差异，导致现有的以及即将引进的企业可能就会出现：同样在川渝高竹新区内，但企业A缴纳的税费比例比企业B高；同样是未按规定时间缴纳税费，但企业A受到的行政处罚比企业B轻。为此，川渝高竹新区遵照顶层设计，发挥基层首创，深化区域合作，改革税费征管，率先建立全国首个跨省税费征管服务平台，打通跨省办税缴费"最后一公里"，主要体现为"四个一"。

一是一个中心。新区积极探索，创新打破"行政边界、层级界限、空间分割"，实现人员同管、业务同办、征管同步、服务同质、信息同享，做到了一个中心统征管。这个中心就是按照"一个机构、一块牌子、一个大厅、一套班子"的原则，联合成立的川渝高竹新区税费管理服务中心，并于2021年10月25日正式运行。中心成立后，为企业税费服务带来了新的活力。税费管理服务中心领导介绍："川渝高竹新区税费管理服务中心设置了咨询导税区、智能办税体验区、自助办税服务区、网上办税区、办税服务区、12366热线电话咨询区六大区域，还配置了自助办税、发票申领、发票代开、智能填表、一体办税、模拟办税体验等智能办税终端，所有终端均实现单台设备同时服务川渝两地纳税人。在此基础上，服务中心还配置了人工窗口，由渝北区、广安市按1∶1比例派驻业务骨干联合办公，以人工窗口兜底，确保川渝两地纳税人、缴费人享受到更优质、高效、便捷的服务。"新区某企业的财务人员表示："作为一名财务工作者，在新区刚成立的时候，我还是比较担忧跨省域后，我们以后缴税纳税该怎么办？该到哪边去？相关的资料又多又比较烦琐，心里真的是充满了困惑，但自从税费管理服务中心成立后，真的是解决了我们企业财务工作中遇到的很多困难，真心感受到新区在为企业服务方面作了很大的努力。"

二是一本目录。在两地政策标准不统一方面，又该如何破题呢？新区按照"政策从优、程序从简、税负从轻"原则，统一两地税费政策及服务流程，做到了一本目录明口径，这本目录就是《川渝高竹新区税费差异政策执行规范》。两地财税部门和新区工作人员系统梳理税费政策、征管流程、纳服标准、法制事项等差异内容，共梳理出川渝两地税费政策差异101项，征管资料、征管流程差异事项135项，纳税服务差异事项629项。然后按照政策制定权限，针对梳理出的税费政策差异，逐级上报予以明确统一。同时，还全面统一803项征管资料、征管流程、纳税服务差异事项，不断优化服务流程及标准，有效提升新区纳税人办税体验。

新区管委会财税管理者表示:"这本目录来之不易呀,我们的工作人员真的是广安、渝北到处跑,费了很大的心血。有了这本目录后,我们的工作就明朗了,也有方向了,并且为企业争取了很多好的政策,还是很值得。"

三是一支队伍。新区坚持以人民为中心的发展思想,推进区域间税务执法标准统一,解决职责重叠、多头执法问题,实现执法信息、执法结果互通互认,更好地保护和激发市场主体的动力活力,做到了一支队伍管执法。这支队伍受两省市税务局联合委托新区税费管理服务中心统一开展税费征管执法工作,确保职责清晰、界限明确。同时,新区在税收政策、执法口径、业务事实认定、重大交易事项、重要涉税信息沟通等事项加强与两省市税务局协调交流,最后形成《川渝地区税务行政处罚裁量权实施办法(川渝高竹新区内测版)》并试点推行,统一了两地执法标准以及行政处罚裁量标准。"这个实施办法在制定的时候,针对相同的事项,我们都是按照两地最低的标准来进行处罚,充分保障企业的权益。同时,有了这个实施办法之后,新区对企业税收的管理就有依据了,也更规范了。"新区管委会财税管理者介绍道。

四是一套系统。新区依托大数据、云存储、移动互联网等现代信息技术,加快建设新区办税大厅和电子税务局,纳税人涉税事项办理实现"无缝""无感"衔接,做到了一套系统优服务。在全国税务征管系统金税三期基础上,新区创新研发了川渝高竹新区电子税务局,在全国首次实现跨省(市)级税务数据的共联共享,新区范围内的纳税人登录一个平台即可办理川渝两地所有税费业务。新区某企业是在邻水县注册的企业,在渝北区承建工程,按照一年 12 个月的工程周期算,他们办理报验登记、预缴申报等业务要来回跑 10 来次。"现在,我们只需要登录四川省电子税务局,点击川渝通办业务板块,选择办理跨区域涉税事项综合办理套餐,就可以直接跳转到重庆电子税务局网站,进行预缴申报。过去来回至少要四五个小时才能办完的事,现在 5 分钟就可以办完。"财务负责人说。

川渝高竹新区着眼破解川渝两地税费政策、征管资料、征管流程和纳税服务差异，建立全国首个跨省税费征管服务中心，探索出"一个中心统征管，一本目录明口径，一支队伍管执法，一套系统优服务"的税费征管新模式，打通了跨省域办税服务的"最后一公里"，大大提升了税费治理效能，营商环境也得到不断优化，税收服务成渝地区双城经济圈建设取得初步成效。

四、实施效果

自启动新区建设工作以来，川渝高竹新区始终聚焦经济区与行政区适度分离的改革目标，在既无现成经验可借鉴，又无固定可依赖的情况下，按照"经济活动一体化、社会事务属地化"的发展思路和"政策就高不就低、成本就低不就高"的优惠条件，在中央和两省市的大力支持与关心下，逐步探索出了"536"改革成果，即经济活动5个一体化、社会事务3个属地化、6大跨省域共建机制[①]，取得了令人瞩目的重大改革成效和示范发展预期。

（一）多措并举实现了两地三方"亲密合作"

面对两地行政职级差异、管理权限不对等等问题，川渝高竹新区积极探索，创新搭建了统一的管理架构——川渝高竹新区党工委、管委会和合作开发公司川渝高竹新区开发建设集团有限公司，党工委、管委会

---

① 经济活动5个一体化即"发展规划、开发建设、基础设施、公共服务、运行管理"实现一体化；社会事务3个属地化即村镇管理、基层治理和社会保障这3项事务，交由原行政辖区属地管理；6大跨省域共建机制即"协同高效的运行管理机制，互利共赢的市场化经营机制，互通互认的人才一体化发展机制，跨省域集成的税费征管服务机制，同城同价的要素保障机制，跨省协同的法务联动机制"等创新机制。

和开发公司的所有干部职工，都来自广安和渝北，由跨省域两地共同出人、出钱、出地组成，明确职能职责。同时，每个机构里既有广安的干部也有渝北的干部，凡是涉及两省市部门的相关工作，分别交由所在地干部进行对接、沟通，大家以诚相待、团结协作、心心相印，同吃一锅饭、同举一面旗，充分发挥双方干部的各自优势，共同着力解决新区发展面临的突出矛盾和体制问题。在利益面前，两地三方坚持"成本共摊、利益共享"，创造性提出"存量由原行政辖区各自分享、增量收益五五分成"的分配原则，成功构建起一套行之有效的区际合作和利益共享新机制，增强了各方在区域合作中的获得感，有效避免陷入"台上握手，台下踢脚"的合作怪圈，逐步淡化了"行政区经济"意识。这些措施既增强了区域合作的凝聚力，又改善了攻坚克难的工作效率，真正实现了两地三方"亲密合作"的行动预期和不分彼此"一家亲""一盘棋"的价值追求。

（二）减政让利实现了营商环境"公平透明"

川渝高竹新区横跨川渝，受行政区划影响，两地财税标准、行政审批流程、企业支持政策等均有较大差异。于是，川渝高竹新区按照"政策从优、程序从简、税负从轻"原则，通过政府职能转变和共建统一的市场规则，全力优化支持干事创业的营商环境，搭建了全国首个跨省（市）税务数据共联共享平台——川渝高竹新区税费管理服务中心，不仅按照最低标准优惠企业税收，减轻企业负担，坚持一个裁量标准，组建联合执法队伍，还在企业服务方面，突出省时、省力、省事、省心，既增强了企业的归属感，也改善了企业办事"两头跑"的困境，真正践行了合作区域内同一事项无差别受理、同标准办理的"一体化"发展理念，提高了政策的统一性、规则的一致性、执行的协同性，促进了政府职能转变和服务型政府建设，用政府的减权让利换来了市场活力和社会创造力的有效释放，不断激发市场主体来此创新创业的活力。截至2021年底，川渝高竹新区累计入驻企业 167 户，投产 66 户，规上企业 38 户，实现工业产值 98 亿元、同比增长 51.5%；已签约招商引资项目 33 个、协议投资 310 亿元。

（三） 集成改革实现了资源要素"自由流动"

川渝高竹新区坚持经济活动与行政区划适度分离原则，着力在区域内实现政策统一和规则一致，合"多"为"一"，不断破除阻碍要素自由流动的体制机制障碍。可以说，同区不同价、同区不同片是关系入驻企业生产、生活的大事。川渝高竹新区积极作为，按照"政策就高不就低，成本就低不就高"的原则，统一服务标准，确保新区创业者和市场主体享受更多实惠，实现了新区范围内要素保障的"跨省通办"和人才资源的跨地区"顺畅流动"，实现四川、重庆两地改革举措和支持政策异地同享，打造了统一的资源和要素市场，破除了地方保护和区域壁垒，形成不同区域间、行业间等无人为障碍的有效市场，促进了全国统一大市场的有效建设，并积累了宝贵的改革经验。

五、特色亮点

（一） 坚持"经济活动一体化"与"社会事务属地化"的主攻方向

探索经济区与行政区适度分离，是习近平总书记赋予成渝地区双城经济圈建设的一项重大改革任务，对破除行政区划制约、加快建设全国统一大市场、促进区域经济一体化高质量发展具有重大突破和牵引作用。可以说，川渝高竹新区就是这种探索经济区与行政区适度分离的产物。那么如何做到经济区与行政区适度分离、怎么分离、对哪些内容进行分离、"分"的程度如何等，均是探索经济区与行政区适度分离改革不得不考量的现实难题。经过一年多的艰苦探索，川渝高竹新区坚持把"经济活动一体化、社会事务属地化"作为经济区与行政区适度分离改革的核心要义，并科学编制经济区与行政区适度分离改革实施方案，梳理形成两区分离改革内容体系，从发展规划、基础设施、运营管理等方面大力推动毗邻地区一体化发展，打通区域经济循环的关键堵点，成功找到一条经济区与行政区适度分离的有效路径，有效克服了行政壁垒对区域发展的负面影响。经济活动一体化即在运行管理、发展规划、基础设施、开发建设和公共服务等 5 个方面实现一体化，按照"不破行政隶属、打破行政壁垒"的原则，坚持社会事务属地化，即对新区规划范围内的村镇管理（征地拆迁、场镇管理）、民生保障（优抚安置、帮扶救济）、基层治理（信访维稳、乡风民俗）交由原行政辖区负责，进一步明确新区管理服务职责边界，最大限度减少新区开发建设和管理机构的社会事务和社会负担的掣肘，全力保障新区专注经济发展，更好发挥政府作用。因此，正是通过坚持"经济活动一体化"与"社会事务属地化"方向，新区最大限度降低了企业进入市场的生产要素成本，促进了各生产要素在区域内的自由流动，由点到面、由易到难逐步打破跨省域人财物流通壁垒，促进了区域经济的自由化和高质量发展。

（二）坚持"政策就高不就低"与"成本就低不就高"的整合原则

区域经济一体化最关键的是实现政策标准的一致性。由于行政区划分割和广安渝北两地经济发展的不平衡，两地在税费标准、征管政策、税收分成、生产要素价格、人才支持政策、土地保护政策等方面均有较大差异。如果要实现资源和要素在区域内的自由流动，必须最大限度降低企业因跨区域流动而增加的生产成本和税费负担。同时，政府通过职能转变，不断让利减税，积极协助企业引才留人，多种方式减轻企业负担，提高企业生产和投入的积极性。如在人才一体化方面，渝北广安两地采取了"政策就高不就低"做法，相关部门多措并举，积极促进川渝高竹新区引进培育优秀人才。引进人才可同时申领"小平故里英才卡""临空英才服务卡",既可以享受广安市提供的政务服务、金融服务、旅游服务等7类28项服务,也可以享受渝北区提供的项目申报、职称评定、落户办理、子女入学、医疗保障、蔬菜配送、机场要客服务等23项专属服务。两地还建立联动培育机制,围绕装备制造、商贸流通、乡村振兴等重点领域,开展培训需求调研、培训项目策划,联合举办高层次人才、企业经营管理人才等培训班,共同组织人才讲座、人才论坛等活动,增强区域人才影响力。再如税费标准方面,川渝高竹新区采取了"政策从优、程序从简、税负从轻"原则,统一两地税费政策及服务流程,梳理差异事项,按照政策从优原则,统一规范差异事项。再如生产要素方面,坚持了"成本就低不就高"原则,按照规划建设、服务、政策"三统一标准"推进"水电气"供给侧改革,保电供气、"终端控价",广安、渝北国网共同成立"供电服务中心",广安爱众、重庆新辉、凯源北新、高竹开发公司四家公司合作经营新区燃气,实现水、电、气要素同城同价。

(三)坚持"存量收益归各自"与"增量收益五五分"的分享机制

互利共赢的利益分享机制成熟完善与否直接关系到新区的长远发展。一方面,新区基于"共同投入、成本共担"原则,建立了互利共赢的利益分享机制;另一方面,邻水县前期为打造高滩园区进行了较大投入,在利益分享中必须考虑邻水县这一前期付出。如2015年1月,×公司在邻水县高滩园区成立,主要生产汽车、摩托车的零部件。2020年6月,×公司产销两旺。而彼时,川渝高竹新区还没有成立。如果把×公司的收益,直接划归广安、渝北联合建设的川渝高竹新区,显然对邻水县而言是不公平的。在高滩、坛同、茨竹、大湾4个镇中,邻水高滩镇的历史投入和招引的企业相对最多。早在2012年,邻水县依托高滩镇毗邻渝北区的优势设立了高滩园区。截至 2020 年 5 月，高滩园区已建成面积约 5.5 平方千米，建成道路 13.2 千米；累计完成投资约 157 亿元，签约项目 105 个，实现招商引资协议资金约 224 亿元，建成投产企业 43 户。可以说，高滩园区一度成为邻水高质量发展新引擎。

针对如何处置以前的历史投入和存量收益，双方积极探索企业注册登记、项目审批、税费征管、统计核算等经济活动跨省域一体化运行方式，努力构建新区共投共建共享的利益分享机制。目前，按照双方约定的存量锁定原则，共同协商形成存量锁定及过渡期运行管理方案，全面落实《川渝高竹新区总体方案》中"存量收益由原行政辖区各自分享，增量收益五五分成"要求。这样既考虑到新的合作形式和双方投入状况，也兼顾了双方合作之前的收益状况，取得了令各方都比较满意的实效。

六、经验启示

（一）旗帜鲜明讲政治是谋好事、干成事的根本

推动成渝地区双城经济圈建设，是以习近平同志为核心的党中央基于区域经济发展和经济布局作出的重大决策，是川渝两省市包括广安市和渝北区都必须肩负的战略使命。党中央作出推动成渝地区双城经济圈建设的重大决策部署之后，广安市和渝北区深入贯彻落实习近平总书记相关重要指示要求，坚持把推动成渝地区双城经济圈建设作为拥护"两个确立"、践行"两个维护"的具体行动和务实举措，不断提高政治判断力、政治领悟力、政治执行力，充分发挥两地紧邻的优势和前期发展积淀的深厚优势，努力唱好"双城记"、共建经济圈，努力打造经济区与行政区适度分离的四川典范。2021 年 10 月 28 日，四川省委主要领导同志到川渝高竹新区调研时指出要在省级权限范围内给予广安市和新区全力帮助，并积极向上争取政策支持，切实推动解决川渝高竹新区发展面临的系列问题。正是基于这个重大政治任务，四川重庆两省市于 2021 年 12

月30日正式印发《关于支持川渝高竹新区改革创新发展的若干政策措施》，政策含金量高、支持力度大。广安市第六次党代会更是把"同城融圈"战略明确为广安社会主义现代化建设的新路径之一，明确提出从体制机制上打破行政区划壁垒，是成渝地区双城经济圈建设必须交出的时代答卷，强调要争取两省市出台更多支持川渝高竹新区发展政策，使其在政策差异中找到优势，吸引更多企业项目落地。正是各级党委、政府积极贯彻习近平总书记关于双城经济圈建设的重要战略，始终坚持经济区与行政区适度分离的改革方向，赋予新区更大发展自主权和更优惠政策，才保证了新区发展的成效和重大改革的突破。接下来，川渝高竹新区应当紧紧围绕中央探索适度分离改革的战略和自身发展定位，进一步整合省市重大利好政策，进一步扩大招商引资力度，进一步打通交通瓶颈，进一步实现产城景融合发展，不断实现新区制定的人口规模、经济总量、产业规模、空间利用等目标，以发展成效检验改革成效，以改革成效促进发展成效。

（二）开放合作求共赢是外聚势、内聚力的关键

四川省广安市和重庆市渝北区作为新区建设主体，在新区批准设立以来，始终坚持合作共赢理念，始终高举改革开放旗帜，始终聚焦破除行政藩篱的既定目标，在全国乃至全球没有可复制成熟固定模式的情况下，立足自身面临实际难题，就经济区与行政区如何分离、生产要素和创新要素如何实现自由流动等进行大胆探索和创新，形成了经济活动一体化和社会事务属地化的分离目标，也得到了国家发展改革委、四川和重庆两省市、渝北区、广安市和邻水县等各方的支持和认可。

成本如何分担、收益如何共享是跨区域合作不得不正视的两大关键所在。利益分配不均衡、成本分摊不合理必然无法调动合作相关方的积极性和参与热情。在探索过程中，川渝高竹新区始终秉持"一家亲"意识，树牢"一盘棋"思维，贯彻"一体化"理念，积极寻求合作共赢的

发展之道，细化分配方案，积极出台要素资源保障、人才一体化、税费征管、平台公司组建、收益共享等方面互惠政策，求取各方利益最大公约数，不断取得政策叠加效应。

长期以来，中国城市与城市之间存在明显的行政壁垒与职责边界，并相互割裂，严重影响市场资源的合理流动。因此，破除地方保护和区域壁垒是跨区域开展真诚合作的核心动力。在区域合作中，只有各方坚持思路开放、政策开放和机制开放，努力消除不公平政策和歧视性政策，促进市场监管公平统一，才能打破市场边界限制，促进高效规范、公平竞争、充分开放的统一大市场建设。正是基于这一破立并举的改革思路，川渝高竹新区围绕运行管理、投资开发、人才互认、税费征管、要素保障等内容着力构建一体化体制机制，打通了制约新区内整体经济循环的关键堵点，进而为探索支撑全国统一大市场建设的市场制度规则积累了宝贵经验。

（三）放权赋能谋改革是破难题、拓新局的保障

中央财经委员会第六次会议指出，推进体制机制创新是成渝地区双城经济圈建设的重点任务。《成渝地区双城经济圈建设规划纲要》更是明确提出要"探索招商引资、项目审批、市场监管等经济管理权限与行政区范围适度分离"。为减少行政审批的众多烦琐环节，按照"能放尽放"原则，截至2021年底，广安市首批授权或者委托新区行使地级市经济管理事项134项，邻水县也已经梳理下放事权159项，并争取重庆市和四川省人大常委会授予新区相应的经济管理权限。在国资监管方面，管理机构依据渝北、广安两地政府共同授权，对国有平台开发公司履行监督管理职责，并对川渝高竹开发公司的重大事项、重点项目进行决策和监管，赋予公司生产经营权利，在授权范围内由公司自主决策、自担风险，也保证了企业积极性发挥。因此，探索经济区与行政区适度分离改革任务，必须坚持以经济区建设确定发展任务，以行政区划确定责任主体，整合

各方力量、争取放权赋能，努力破除行政壁垒对区域经济发展的制约，促进新区群众和各市场主体享有更多同城化、一体化待遇，减少群众和企业在项目行政审批、税费办理、税费标准统一、重要生产要素价格等方面面临的困惑和难题，是川渝高竹新区吸引高端企业和高端人才到此创业，经济区、行政区适度分离取得成效的关键所在。

在推进经济区与行政区适度分离改革中，虽然政府在推进两区改革过程中扮演着引导角色，但是核心却是为了使市场在资源配置中起决定性作用，不断减少行政区划和行政体制对经济发展和资源有效配置造成的"壁垒"，有效避免以邻为壑、过度竞争、互相限制造成的资源浪费、自我封闭的负面现象，推动区域价值链、供应链更加完善合理，共同聚集培育战略性新兴产业，打造区域发展新的增长极。在打造有效市场过程中，应充分发挥市场主体在新区建设、产业升级、人才引进、项目投资等方面的积极性，政府应避免越位错位，努力让企业走在前列。在打造有为政府方面，两地不同级别政府应履行政策支持属地责任，在为企业简政放权、让利减税、降低成本方面有更多积极作为，促进市场基础制度规则、市场监管、要素资源市场等方面实现统一，积极深化"放管服"和"最多跑一次"改革，加快服务型政府建设，这样成渝地区才能在全国统一大市场建设方面取得优异成绩。

七、案例来源说明

本案例根据川渝高竹新区近年来探索经济区与行政区适度分离探索实践编撰而成。相关信息和数据来源于现场调研以及川渝高竹新区相关部门提供的信息和数据。

八、教学思考

1. 川渝高竹新区探索经济区与行政区适度分离的核心要义有哪些？

2. 川渝高竹新区相关实践对全国统一大市场建设有哪些积极作用？

3. 从川渝高竹新区实践来看应如何处理好有效市场和有为政府之间的关系？

参考文献

［1］唐文金. 成渝地区双城经济圈建设研究［M］. 成都：四川大学出版社，2020.

［2］唐川. 以建设川渝高竹新区为抓手，强化改革创新，积极探索经济区与行政区适度分离［J］. 重庆行政，2021（2）.

［3］张彤. 干在实处 走在前列 把川渝高竹新区建设成高质量发展前沿［J］. 调查与决策，2022（1）.

［4］邵雅利. 地方政府跨区域合作的获得感提升机制研究：基于马克思交往思想视阈［J］. 广西社会科学，2018（11）.

［5］中国共产党广安市第六次代表大会关于中国共产党广安市第五届委员会报告的决议［N］. 广安日报，2021－11－19.

［6］成渝地区双城经济圈建设规划纲要［N］. 新华社，2021－10－20.

［7］重庆市发展和改革委员会、四川省发展和改革委员会：川渝高竹新区总体方案［EB/OL］.［2021－01－13］. http：//fgw. sc. gov. cn/sfgw/fgyw/2021/1/13/dfb51ca9dd9344f2bc2ab0a81958c466. shtml.

课题指导： 中共四川省委党校（四川行政学院）　薛蕾

编写单位： 中共广安市委党校（广安行政学院）

研究团队： 赵泽波　李晓刚　汪玲　邓璨　杨锐　胡俊

践行"两山论"，推进万达开川渝统筹生态文明协同发展示范区建设的实践案例研究

摘要

习近平生态文明思想是我国新时代生态文明建设的重要指导思想，"绿水青山就是金山银山"理念是其核心组成部分。推进万达开川渝统筹生态文明协同发展示范区建设，是践行"两山论"推进绿色生态高质量发展的时代要求。万达开区域位于川、渝、鄂、陕四省（市）结合部，是长江上游、三峡库区的重要生态屏障，更是成都、重庆、西安、武汉四大城市群水源涵养地重要区、极重要区的重要组成部分。推进万达开川渝统筹生态文明协同发展示范区建设，将对形成区域合力推进长江上游、三峡库区生态屏障和四大城市群水源涵养地保护发挥重要作用，为成渝地区双城经济圈和长江经济带高质量发展提供重要的生态安全格局。

关键词

"两山论"；生态文明；协同发展；共建共享

一、导语

（一）"两山论"是新时代中国特色社会主义总体布局中生态文明建设的重要内容

我国正处于大力推进生态文明建设的新时期。"绿水青山就是金山银山"（简称"两山论"）是习近平生态文明思想核心组成部分。以丰富和发展绿水青山就是金山银山这一科学理论，为我国生态保护和高质量发展提供科技支撑。"两山论"是在深刻认识中国现代化进程中日趋严峻的生态环境问题时提出来的，是在面对中国现代化建设难以避免的经济发展与生态环境保护的冲突时提出的解决方案和中国智慧，是新时代中国特色社会主义"五位一体"总体布局中的生态文明建设的重要内容和重大举措。

（二）推进万达开川渝统筹生态文明协同发展示范区建设，是践行"两山论"的时代要求

习近平总书记在党的十九大报告中提出"加快生态文明体制改革，建设美丽中国"的总要求，强调"既要创造更多物质财富和精神财富以满足人民日益增长的美好生活需要，也要提供更多优质生态产品以满足人民日益增长的优美生态环境需要"。建设"万达开川渝统筹发展示范区"是习近平总书记在 2020 年 1 月 3 日主持召开的中央财经委第六次会议上作出的重大战略安排，是党中央赋予四川、重庆两地探索省际交界地区高质量发展的重大使命。推进万达开川渝统筹生态文明协同发展示范区建设，是践行"两山论"绿色生态高质量发展的时代要求。万达开区域地域相连，命运与共，生态环境相互依存度较高，是长江上游、三峡库区的重要生态屏障。近年来，万达开区域以习近平生态文明思想为指导，以全面打响大气、水、土壤污染防治"三大战役"为突破口，大

力实施山水林田湖草生态修复工程。万达开区域贯彻落实中央部署要求,要以习近平生态文明思想为指导,坚持"绿水青山就是金山银山""生态优先、绿色发展"理念,以建设万达开川渝统筹生态文明协同发展示范区作为打造美丽中国示范区的先手棋和突破口。把生态文明协同发展放在首位谋划,作为推动高质量发展的基础工程、民生工程和福祉工程来推进,进而探索走出一条跨省际行政区域生态文明共建共享、生态保护与经济社会发展有机统一的新路径。

(三)万达开区域的生态地位和生态功能定位

从地理空间上来看,万达开区域包括达州市2区4县1市和重庆市万州区、开州区,从发展目标来看是辐射带动川东北、渝东北地区一体化发展的泛地区概念,包括川东北达州、南充、巴中、广安、广元等5个市和渝东北万州、开州、梁平、城口、垫江、丰都、忠县、云阳、奉节、巫山、巫溪等11个区(县),面积9.79万平方千米,人口2900余万人。从全国生态功能区分布来看,万达开区域位于川、渝、鄂、陕四省(市)结合部,不仅是长江上游、三峡库区的重要生态屏障,更是成都、重庆、西安、武汉四大城市群水源涵养地重要区、极重要区的重要组成部分;从经济社会发展来看,万达开区域属革命老区、秦巴山区、贫困地区和三峡库区,是欠发达地区,远离成都、重庆中心城市,受"双核"辐射和吸附总体不强。建设万达开川渝统筹发展示范区,有利于区域形成合力推进长江上游、三峡库区生态屏障和四大城市群水源涵养地保护;有利于彰显践行新发展理念,将生态优势转化为经济社会发展优势,有力推动万达开区域经济后发赶超、绿色发展,为成渝地区双城经济圈、长江经济带高质量发展提供重要生态安全保障。

2020的1月,中央财经委第六次会议决定推动成渝地区双城经济圈建设,明确提出要发挥比较优势,推进成渝地区统筹发展,促进产业、人口及各类生产要素合理流动和高效集聚,在西部形成高质量发展的重要增长极，强调成渝地区双城经济圈建设是一项系统工程，要加强顶层设计和统筹协调，突出中心城市带动作用，强化要素市场化配置，牢固树立一体化发展理念，做到统一谋划、一体部署、相互协作、共同实施，唱好"双城记"。2020 年 7 月，四川省委十一届七次全会明确提出"协同加快万达开川渝统筹发展示范区建设，加强规划引领、政策支持、项目布局，加快通道建设，发展枢纽经济，深化资源开发，促进川东北和渝东北一体化发展，打造省际交界区域高质量发展引领区"。

（四）万达开川渝统筹生态文明建设示范区的发展目标

到 2025 年，万达开区域跨界协同生态环境保护体系将基本建立，区域内一批共建共享的生态环境治理工程、保护工程、基础设施、公共服务等重大项目将建成运行，跨界河道、城市边界污染综合治理初有成效，空气质量完成上级规定的考核任务，水环境质量稳定达标，土壤环境质量稳中向好。万达开区域达州市 2 区 4 县 1 市和重庆市万州区、开州区、梁平区、垫江县、城口县将创建生态文明示范市（区、县），其中创建国家级生态文明示范县（区、市）达 50% 以上，创建"绿水青山就是金山银山"实践创新基地 3 个，将初步建成"万达开川渝统筹生态文明示范区"。到 2030 年，万达开区域生态文明建设体系和生态环境协同治理体系将全面建立，万达开区域将整体创建国家级生态文明示范区，全面建成"万达开川渝统筹生态文明示范区"。到 2035 年，将建成全国省际交界地区生态环境质量样板区，完成"美丽中国示范区"的建设任务。

二、背景介绍

2019 年，川渝交界的达州市、万州区、开州区空气质量优良天数率分别为 96.7%、91.2%、96.2%，空气质量总体改善，区域内流域水质总体保持Ⅲ类水质、汉江、长江干流水质总体为优、长江支流嘉陵江、渠江水质总体良好,区域内城乡集中式饮用水水源地达标率93.7%以上,达到国家考核目标要求,基本实现天蓝地绿水清的生态环境成效。

(一)良好的生态环境资源禀赋优势

1. 山脉相通、水系相依的生态环境

万达开区域川渝两地主要接壤部分为万源市与城口县,宣汉县与开州区、城口县,开江县与开州区、梁平区,大竹县与梁平区、垫江区,区域地跨四川盆地中部的盆中方山丘陵、川东平行岭谷和四川盆地北部边缘的大巴山、大娄山、武陵山等盆周山区三大地貌单元,南北走向呈"川"字形的明月山、铜锣山、华蓥山一直从达州延伸到重庆主城区附近,任河、中河、前河、南河、新盛河、铜钵河、东河、黄滩河和渠江等9条重要跨界河流相互影响,其中渝入川断面8个,川入渝断面7个,形成了山脉相通、水系相依、生境相似的安危与共生态环境命运共同体,大气、水、土壤环境关联度高,与相融的经济社会共同构成完整的"生态-经济-社会"复合系统,相互联系、相互影响、相互制约。

2. 维系生物多样性的天然绿色屏障

万达开区域内植被覆盖率高、物种丰富,生态系统结构和功能较为完善,是一道天然的绿色屏障。区域处于秦巴生物多样性生态功能区核心地带,是以嘉陵江、渠江、长江为主体的城市群生态廊道的重要组成部分。区域内拥有国家级自然保护区(风景名胜区)3个、省(市)级自然保护区(风景名胜区)8个,国家森林公园6个、省(市)级森林公园7个,国家湿地公园1个、省(市)级湿地公园2个,丰富的森林、湿地等多元自然生态系统对维系生物多样性、防止水土流失、调控洪水等发挥着不可替代的生态作用。

3. 长江上游的水土保持生态功能区

万达开区域流域面积31979平方千米,处于长江上中游过渡地带、三峡库区腹地,流域面积超过100平方千米的河流有220条,分属渠江水

系、汉江水系和长江上游干流北岸盆地区小河系，占长江上游流域面积的3.2%，占三峡库区流域面积40.5%，是三峡库区水土保持生态功能区、南水北调丹江口水库的重要水源地和四大城市群水源涵养地，关乎长江中下游3亿多人饮水和南水北调中线沿线20多座大中城市供水安全。保护好万达开区域水生态环境，对维持和改善三峡库区、丹江口水库和长江流域水环境质量乃至全国水生态环境安全具有重大战略意义。

4. 三峡库区的"绿色长城"

绿色发展是实现高质量发展的必由之路。万达开区域是衔接"一带一路"和长江经济带的重要节点，是长江中上游交界处、三峡库区的"绿色长城"，要坚持生态优先、绿色发展，破除壁垒、强化统筹，打造生态价值转化区、乡村振兴发展区、城市功能聚集区，通过"三区"发展实现生产生活生态融合，人、城、产、境融合和城乡区域协调融合，形成生态文明示范，建成全国省际交界地区高质量发展引领区，带动川东北、渝东北地区一体化发展。

（二）生态文明协同发展面临的制约

总体来说，万达开区域是革命老区、秦巴山区集中连片特困地区、三峡库区叠加区，在统筹推进生态文明建设方面，尚存在瓶颈，有些甚至严重地影响着统筹生态文明协同发展建设的进程。

1. 环境污染多源化，污染隐患较多

万达开区域具有"大山大江大库区"的生态特征，主要水系为渠江、汉江、长江上游干流三大流域，从15个重要监测断面看，水质IV类、V类断面主要集中在渠江支流平滩河、袁驿河、石桥河、铜钵河和明月江，三峡库区部分支流有富营养化现象，污染源主要为生活污水和农村面源污染。

达州市因城市建筑密集和机动车辆急剧增加，煤炭、钢铁、建材等传统资源型工业和天然气等重化工业占比较大，并受地形地貌、大气环流等影响,每年 11 月至次年 2 月静稳天气较多,不利于空气自然流动,重污染天气仍未完全消除。万达开区域内无综合性固废处置项目,现有危险废物处置能力不足,处置类别不全,综合利用率低,存在环境风险隐患。

万达开区域因地质结构和农业开发影响,水土流失现象较为严重,是国家级水土流失重点治理区,万州区、开州区是三峡库区水土流失最为严重地区之一,同时不合理的水电、工矿、旅游资源开发等造成部分生态环境退化,保护与开发矛盾突出。另外,万达开区域是国家商品粮生产基地和农业综合开发重点区,农耕面积占比高,也存在农业科技推广运用不足,同时污染呈现多源性、复合型特征,农业面源污染隐患较多。

2. 地方财力薄弱,制约环境治理投资

近年来,随着生态环境污染防治的深入推进和城乡生活污水处理设施的建设,万达开区域城乡生态环境得到有效改善,但因该区域整体经济发展滞后,地方公共财政收入来源有限,大量依靠转移支付,薄弱的财力制约了环境治理投资,造成投入的绝对额比重偏低问题。达州市 307 个乡(镇)建成污水设施 107 座、在建的 95 座,覆盖率 70.3%,建成投运的因运营成本高等正常运行的不足 77.5%。

同时,受山区、丘陵等地形影响,相比城镇,农村居民居住分散,生活污水管网铺设成本高,财政难以支撑。乡(镇)一级专职从事生态环境工作的人员相对较少,部分地方未建立"网格化"环境监管员队伍;交界河流建有国控、省控、市控水质自动监测站 15 个,建立空气自动监测站、监测微站 13 个,土壤质量监测点位 268 个,与成都、德阳、眉山、资阳等区域相比点位少,监测能力尚不能满足现实需求。

3. 产业发展基础薄弱、结构性矛盾突出

产业发展基础薄弱、结构性矛盾突出,能级不高;市场主体数量不多、活力不强,新兴产业较为滞后,发展质量不高,虽拥有丰富的旅游资源，天然气、富钾卤水、铁等储量丰富，但因缺乏区域整体统筹规划和跨省际产业合作平台、利益分享机制不完善，产业生产要素跨区域双向流动性不活跃，产业联动、上下游对接不深入，尚未形成产业链集聚区集群发展。

2019 年万达开区域经济总量 11388.27 亿元，其中，川东北 5 市为 7310.26 亿元、渝东北 11 个区（县）为 4078.01 亿元，分别为四川省的 15.69%、重庆市的 17.28%。核心区达州市占区域总量的 17.93%、四川省的 4.38%，万州区占区域总量的 8.1%、重庆市的 3.9%，开州区占区域总量的 4.44%、重庆市的 2.14%，从达州市、万州区、开州区分别占所属省（市）比重看，万达开区域经济发展不平衡。

4. 共建共保共治机制不完善

万达开区域达州市、万州区、开州区、梁平区、垫江县、城口县在协同推进生态文明建设方面进行了积极探索，目前已建立了区域联席会、跨界流域联防联治等机制，但尚未建立跨省际区域性生态文明协同发展组织领导机构，未健全形成生态共建、流域治理、大气污染防治的统一部署协作和资源共享机制；缺乏相邻国土空间规划、流域生态廊道建设规划、跨界水体生态保护规划和跨区域大气污染防治规划；生态环境联防联控机制不健全，跨界水体协同管理机制、生态补偿机制以及应对区域性环境突发事件应急协调联动机制等亟待建立。川东北、渝东北高含硫气体天然气开发硫化氢气体泄露环境应急处置联合应对存在"真空"；区域内生态环境标准、生态环境行政执法规范等存在差异，不能实现区域"一把尺子"管理，在一定程度上制约了生态环境共建共保共治。

（三）统筹协同发展的规划措施

1. 加强组织领导

建立"万达开川渝统筹生态文明示范区"建设领导小组，共同努力争取将"万达开川渝统筹生态文明示范区"建设纳入国家战略，由国家层面编制规划。构建领导小组统筹协调、领导小组办公室具体组织、省（市）生态环境厅指导、万达开梁城垫六区（市、县）人民政府主体负责的工作推进机制，领导小组办公室设立在达州市生态环境局，按年度以"清单制＋责任制"项目化方式组织各方抓好规划各项任务措施的推进实施。

2. 建立统一体系

进一步完善万达开区域生态环境共建共保共治基础，协同推进生态环境规划一体化，严格执行长江经济带负面清单制度，协调实施"三线一单"，统一实施环境准入政策，探索建立统一的环保执法标准化建设规范，共同提升环境执法能力水平。

3. 加强规划衔接

加强与万达开川渝统筹发展示范区国土空间规划、产业发展规划和省（市）"十四五"生态环境保护规划等规划衔接，协同设计共同争取万达开区域大气污染综合整治及重污染天气联防联控管理、设立国务院派出机构大巴山国家公园管理局、出台达川区大竹县梁平区铜钵河流域生态补偿办法、建立达渝排污权交易制度畅通机制、完善固体废物和危险废物跨省转移审批和重点建设项目主要污染物总量指标审核、使用与管理等。共同包装一批具有全国示范性、跨流域、跨区域的环境治理重大项目进入国、省"十四五"规划"盘子"，提高项目的"含金量"和实施效果。

4. 支持壮大环境污染市场治理主体

支持壮大环境污染治理市场主体，支持市场主体通过政府和社会资本合作、第三方治理等多种模式参与污染防治。加大公共财政投入支持，统筹整合环境污染防治、生态保护资金及专项投入，推进重点区域（流域）、重点行业（领域）和重点项目实施。通过建立国家天然气、三峡库区发电生态补偿机制和生态价值转化机制及发行生态环保彩票、债券等方式，设立区域统筹发展生态环保基金，专款专用于区域生态保护、生态修复、污染治理、环保基础设施建设和运行等。

定期公布区域生态环境质量状况和工作进展情况，充分发挥新闻媒体的舆论引导和监督作用，积极营造全社会共同关心、支持、参与和监督生态环境保护工作的良好氛围。

三、典型案例

（一）修复矿山生态，筑牢绿色屏障——全力推进绿色发展实践

"矿山开采许可证在哪里？""你们的植被修复工作怎么开展？"2021年11月，由达川区自然资源局组成的专项工作组分别前往达川区各乡镇和企业对环境保护、复林情况"深挖细查"。为解决矿山生态修复历史欠账多、现实矛盾多、投入不足等突出问题，近年来，达川区自然资源局坚持"谁破坏、谁治理""谁修复、谁受益"原则，积极推行严格化监管、科学化治理、市场化运作的模式，加快修复矿山生态，努力建设美丽达川，全力推进绿色发展。

1. 紧扣目标任务，一张蓝图绘到底

站在达川区罐子镇的一山坡上，郁郁葱葱、山水相依的美景尽收眼底。

谁能想到，如今满目绿色的美景，曾是满目疮痍。20世纪80年代，为发展地方经济，加之地方上当时缺乏生态环境保护意识，对于环境资源如何开发利用、绿色生态高质量发展的认识不足，达川区一度开始大力开矿，导致山体破坏、植被损毁、河水污染、水土流失严重。

宁可不要金山银山，也要绿水青山。因为相对于良好的生态环境和人民健康发展来说，绿水青山就是金山银山！为了营造最普惠的民生福祉，提升群众满意度、乡村亮丽度、城市文明度，修复矿山生态成为一项刻不容缓的政治任务和民生工程。近年来，按照"生态优先、绿色发展"的底线思维和"绿水青山就是金山银山"的发展理念，达川区启动

了矿山生态修复工程。

"我们先后开展了露天矿山污染整治系列活动,举全系统之力打赢矿山生态修复问题整改歼灭战,切实扛起部门职责,有效改善矿山生态环境。"达川区自然资源局相关负责人介绍道,达川区把矿山综合治理作为加强生态文明建设的重要组成部分,作为打赢蓝天保卫战、推进生态文明建设的重要抓手,全力推进矿山综合治理工作,同时结合"4·22"世界地球日、"6·25"全国土地日、"12·4"国家宪法日等主题宣传活动,深入乡镇和企业发放宣传资料,开展专题宣讲。

达川区严格落实主体责任,完成了15处废弃地块生态修复方案编制,督促区内39家合法非煤矿矿山企业和2家合法煤矿企业完成了《矿山地质环境保护与土地复垦方案》编制,实现了达川区矿山地质环境保证金缴存余额2431.30万元,坚持把"美丽达川"这张蓝图绘到底,不折不扣落实绿色矿山建设任务。

2. 狠抓攻坚行动,一把尺子量到底

矿山生态修复,说起来容易,做起来难。矿山治理难题怎样破?在这方面,达川区进行了一系列的探索和实践。

一是因地制宜,探索综合治理模式。达川区按照"抓重点、分类别、分步骤"的原则,扎实开展非煤矿山领域生态环境保护攻坚行动,成立了非煤矿山领域生态环境保护攻坚行动领导小组,印发了《达川区非煤矿山领域生态环境保护攻坚行动问题整改》《达川区非煤矿山领域生态环境保护攻坚行动问题整改责任清单》等文件。按照"清单制+责任制+销号制"要求,对31家非煤矿山企业、77家石材加工厂、16家砖厂开展全面排查及相关整治。

二是加强联动协同。21个乡镇(街道)和7个相关部门相互配合支持,按照"一矿(厂)一专班、一矿(厂)一策"原则,督促企业制定并完善整改方案,做到资金、责任、时限、措施、预案五落实,并跟踪督促11个非煤矿山企业、9个石材加工企业、7个砖厂的环境共性问题及时整改到位。

三是坚持"思想不松、力度不减、标准不降"。采取"四不两直"方式，督导中央和省环保督察"回头看""回头查"，确保早发现、早制止、早整改。采取"零容忍"态度，集中挂牌督办一批重大隐患、严重违法违规行为，落实行政处罚、责令停产、关闭取缔等强有力措施及"黑名单"制度。坚持把"合法规范"这把尺子量到底，从严从实加强矿山生态环境保护。

3. 聚焦关键环节，一种成效抓到底

增绿于山，还绿于民，刻不容缓。达川区聚焦矿山生态修复这一关键环节，不断加大资金投入。2019 年以来，达川区 14 家煤矿发现生态环境问题隐患 54 处，均已完成治理，累计总投入修复资金 3611 万元。

一是着力整治关闭矿山。对重点整治的亭子镇于家坝非煤矿山企业，前期已聘请专业单位编制了修复方案，达川区政府安排修复资金 133.11 万元，修复面积 175 亩。由亭子镇政府履行复绿工作，已完成 70% 的工作量。

二是积极开展生态修复。达川区需要生态修复的非煤矿山企业 12 家、面积 375 亩。目前已投入资金 520 万元，完成生态修复 180 亩；剩余 195 亩，计划投入资金 600 余万元，预计今年底之前完成生态修复。

案例点评

"绿水青山就是金山银山"。早发现、早制止、早整改。采取"零容忍"态度，坚持"思想不松、力度不减、标准不降"，采取"四不两直"方式，督导中央和省环保督察"回头看""回头查"，是监管和整治环境的有力、有效和亮点措施。

2021 年 4 月，中共中央办公厅、国务院办公厅印发《关于建立健全生态产品价值实现机制的意见》，要求建立生态产品价值实现机制，特别强调构建绿水青山转化为金山银山的政策制度体系。达川区政府开展的聚焦矿山生态修复、重塑绿水青山行动，正是对《关于建立健全生态产

品价值实现机制的意见》中要求"建立生态产品价值实现机制"的推进实施,也是以实际行动在诠释"两山论"和践行"两山论"。废弃矿山重披绿装,美丽乡村生机勃发。如今的达川,一幅幅产业兴旺、文明淳朴、自然生态、和谐有序的锦绣画卷正徐徐展开。

(二)百日攻坚治污染,生态优先促发展——两岸协同共建共治共享的实践

在深入践行习近平总书记"两山论"的进程中,2020年4月23日,川渝地区关于统筹共建明月山绿色发展示范带党政联席会议第一次会议在梁平百里竹海月亮山会场召开。梁平、垫江、大竹、达川、开江、邻水等川渝毗邻区县共同签署了《共建明月山绿色发展示范带合作协议》。

1. 达州市开江县文化镇与重庆市梁平区新盛镇:"百日攻坚",治理污染

2020年4月,明月山绿色发展示范带正式开始建设,川渝毗邻区县施行生态环境共建共保。到2020年末,文化河所在的明月江流域内,川渝双方共新建了19个场镇、27个集中居民污水处理厂(站),共同治理明月江流域水污染。文化河水奔流而下,在梁平区新盛镇汇入明月江,当地也称新盛河。2020年8月,新盛镇启动新盛河水污染治理"百日攻坚"行动,对镇域范围内的污染源进行了摸排。也是在这一个月,新盛镇开始修建全新的污水管网和雨水管网。

为治理好新盛河,新盛镇共新建污水管网约15000米,雨水管网约1113米,同时新安装污水处理一体化设备4座,使得新盛镇总体污水处理能力由以往的500米³/天提升到现在的1500米³/天。在生态环保理念尚未深入人心的过去,文化河的水质一度为Ⅴ类,治理后文化河水质已稳定在Ⅲ类。

2020年10月,重庆市梁平区、四川省达州市达川区、开江县共同签订了《"开梁达"边界乡镇跨区域党建共建协议书》,围绕"组织联建、

产业联动、生态联保、人才联育、治安联防、文化联谊"开展六联活动，对明月江上下游治理作联动约定。

此外，梁平区与开江县两地检察机关就跨区域保护明月江协作机制召开联席会议，签订了《关于建立明月江上游生态环境保护跨区域检察协作工作机制的意见》，从凝聚思想共识、确立工作目标、建立协作机制、开展专项行动等方面进行了充分交流，共筑明月江上游生态环境司法保护屏障。

随着明月江联防联治工作逐步推进，明月江流域水环境治理成效凸显，水质明显改善，由曾经的Ⅴ类水质达到Ⅲ类，蓝天、碧水、青山相映成趣。

2. 重庆市梁平区：探索生态价值实现，推进跨界流域综合治理

在发展壮大绿色制造业，构建现代产业体系方面，梁平区坚持推进生态产业化、产业生态化，着力发展绿色产业、循环经济，加快构建绿色产业体系。坚持农业农村优先发展，着力用大数据等为农业赋能，提升农业产业化绿色化品牌化。做优做强"粮猪菜"保供产业、提质增效"柚竹渔"特色产业，建成川东北、渝东北地区重要的粮食、蔬菜等主要农产品生产基地。截至2020年底，全区农业总产值已达93.9亿元，建成高标准农田60万亩，水稻产量突破7亿斤。培育农业产业化市级以上龙头企业25家，打造绿色食品、有机农产品和农产品地理标志87个。建成智慧农业园区重庆数谷农场，创成国家农村产业融合发展示范园。推动农业"接二连三"，发展农副产品精深加工和旅游商品加工，绿色食品加工业规上产值达55亿元。

梁平区还突出全域旅游创建，推动农文旅融合发展。着力打好"三峡牌""人文牌"，依托明月山示范带丰富的绿色生态资源、自然人文资源，推进明月山旅游一体化发展，做响"东有莫干山、西有明月山"度假区品牌。提质升级百里竹海、双桂田园、万石耕春、梁平柚海等农旅融合项目，联合川东北、渝东北毗邻区县举办长江三峡（梁平）晒秋节、国际柚博会、明月山民宿消费季等系列主题节会活动,共建巴蜀非遗文化产业园和文化旅游走廊。

此外,梁平区还将生态优势转变成发展优势。积极探索生态产品价值实现,联动长寿、垫江建设龙溪河流域生态经济走廊。与三峡集团协同实施龙溪河流域水环境综合治理与可持续发展 PPP 项目。联动开江、大竹等县实施跨界流域综合治理,境内 6 条主要河流出境水质稳定达标,龙溪河被评为"长江经济带美丽河流"。实施国家战略储备林基地建设,森林覆盖率提高到 46.8%。城区空气质量优良天数稳定在 342 天以上。

> **案例点评**
>
> 梁平区突出发展城郊经济、假日经济,服务重庆主城都市区、四川各大城市人群,旅游人均消费突破千元,旅游综合收入年均增长 50% 以上。其区域内竹山镇依托百里竹海和明月湖等生态资源打造"五湖四海"景区,完善景区旅游配套设施,并鼓励村民盘活现有闲置农房,打造精品民宿群。川渝东北毗邻区县共同发展以民俗休闲养生、康体养生等业态为主的明月山精品民宿群、生态康养区,共同打造"东有莫干山、西有明月山"休闲度假旅游品牌,共同打造明月山森林康养示范带,推进着明月山正在从川渝两地人民交流互通的阻隔,变为川渝人民携手共进和发展的纽带。

(三)践行"两山论",优化乡村产业——稻田经济绿色革命实践

达州市地处大巴山脉、长江上游,是我国西部生态安全的屏障区,也是深入践行习近平生态文明思想的创新地,稻田经济绿色革命就是达州探索打开绿水青山和金山银山转化通道的典范。

1. 坚持区域协同发展,着力绿色产业培育

开江县作为传统的农业县域,坚持科学发展、绿色发展,始终坚持

优势产业不动摇，以农业产业优势助力乡村治理和农业现代化，突出"区域协同发展"主导，贯穿"特色产业培育"主线，激发内生发展动能，全面纵深推进改革，形成了全域抓改革、改革管全域的良好改革模式。

2020 年，开江县委、县政府积极对接国家战略，坚持以招商引资为抓手，以提升政务服务为保障，充分利用集成改革政策红利，将原有的 3.5 万亩农业供给侧结构性改革试验示范区升级，高位统筹全面推进小康建设（见图1）。

图1　开江县稻渔现代农业园区场景

（图片来源：课题组）

开江县科学编制了乡村振兴示范区建设和争创乡村振兴先进县实施方案，着力建成乡村振兴示范区核心面积两万亩，辐射带动 3 万亩，14 个乡镇污水处理厂及配套管网建设基本完工。长江经济带生态环境问题整改深入推进，河湖水污染治理成效明显，全县大气环境质量达标率 95%，城乡集中式饮用水水源地水质达标率100%。秉持"绿水青山就是金山银山"理念，开江通过发展生态农业，不仅大大提高了人民群众的收入,而且改善了人居和投资硬环境,带动了乡村旅游产业发展,提升了基层治理能力。

据开江县三泰农业发展有限公司副总经理申小玲介绍,冬季趁着农闲进行高标准农田建设,主要是为了改善农田灌溉及耕作条件,达到集中连片、设施完善、水利配套、生态良好、抗灾能力强的目的,也是为发展"稻田+产业"打好基础。申小玲所说的"稻田+"产业模式,正是开江县积极推动稻田经济绿色革命,抢抓农业供给侧结构性改革契机,成功探索出的"稻田+"立体种养、生态有机循环发展模式。该模式按照"以种定养、以养定种、有机循环"原则,通过种养结合、生态循环、轮作倒茬、间作套种等方式,建立起"稻鱼""稻虾""稻鳝""稻鸭""鱼蚌""稻蛙"六大产业模式。开江县也通过发展绿色稻田经济,有力促进了产业增值、农业增效、农民增收,实现了绿色发展的华丽蝶变(见图2)。

图2　开江民生渔业公司黄瓜店基地17号塘(养殖面积26.3亩)

(图片来源:课题组)

　　课题组从开江县稻渔现代农业园区管委会处获悉，开江稻渔现代农业园区积极践行"两山论"，突出种养循环，创新绿色发展，强化生态环境保护，依托特定农业资源，发展绿色有机农业，不断提高稻渔园区农产品产量质量，实现区域内生态与经济的共赢发展。

2. 依托优质企业，打造绿色生态田园

　　建设高标准农田，对保障粮食安全、提高耕地综合生产能力、发展现代农业具有积极意义。开江县探索以农带工、以农促旅的开江模式，充分利用招商引资项目，依托先进优质企业，打造出了一片绿色生态的田园景象。

　　"稻田＋"提供了农业文化创意的主题，开江县借此打造出了"稻田＋"乡村嘉年华、"二十四节气""田园迪士尼""天下第一锄""天下第一担"等"稻田＋"景观，配套建设创客空间、体验餐厅、生态培训中心和民宿大院、民俗客栈，以此为基础举办了多届抓鱼钓虾节、大闸蟹小龙虾啤酒美食节，使得"稻田＋"品牌进一步扩大到万达开区域，文农旅融合得到极大丰富发展，第三产业收入逐年提升，形成了产业发展的比较优势。

案例点评

　　稻田经济绿色革命，只是达州市践行"绿水青山就是金山银山"理念的一个典型而生动的缩影。近年来，达州市积极贯彻落实新发展理念，协同推进经济高质量发展与生态环境高水平保护，以"绿水青山就是金山银山"理念引领"调结构、转方式"，坚定走生态优先、绿色低碳发展之路。加速培育新兴产业，深入推进节能减排，积极发展循环经济，走出了一条集约高效、循环有机、生态惠民、自然和谐的发展之路。

　　达州市持续擦亮良好生态环境这个经济社会高质量发展的鲜明底色，推动产业转型升级发展，加快构建绿色低碳生产生活方式，持续加强生态文明建设，提升发展"含绿量"、经济"含金量",为市民创造更加优美舒适的生态环境,为全市经济绿色革命持续注入动力,让达州生态底色更美、绿色颜值更高、绿色经济更蓬勃。

(四)生态优势转化为经济优势——用好生态产业牌,盘活一方山水

嘉陵江、汉江分水岭,是国家生态主体功能区和限制性开发区,生态保护红线区域面积达 1058.49 平方千米,占达州市红线区域面积的78.3%。如何利用禀赋的生态资源,打好绿色发展牌,推动经济高质量发展,万源市做出了自己的成绩。

1. 大山深处闻鸡鸣

2021 年 12 月 24 日上午,旧院镇高峰冠村山顶上,百里坡旧院黑鸡养殖专业合作社的刘某熟练地唤着鸡群,随着他手中的苞谷落地,成群结队的黑鸡聚成了一片。另一边,几名工人正提着篮子,在山上四处搜寻"青壳蛋",下午就要运往山下,通过快递发往全国各地。在旧院镇高峰冠村和石塘镇贺家湾村相连的大山上,偌大的一片山头都属于刘某创办的生态放养基地范围。

2006 年,刘某看中家乡的独特地理优势,开始养殖 3000 多只旧院黑鸡,发展至今,已建成 12000 亩养殖基地,生态放养旧院黑鸡 6 万余只、黑猪 300 余头、中蜂 400 群,成立的"百里坡"自主品牌估值 1.3 亿元。在刘某的带动下,高峰冠村和贺家湾村的 183 户村民、786 人通过养殖鸡苗、土地流转、参与务工、入股分红实现收益。在万源市,像这样借助地理优势,发展旧院黑鸡养殖获益的人还有很多。

目前,万源市已建成规模化旧院黑鸡产业发展乡镇 30 余个,成立 68个旧院黑鸡养殖专业合作社,培育达州市级以上标准化旧院黑鸡示范场12 个,旧院黑鸡年出栏量达 600 余万只,综合年产值达 4 亿元以上,为

上万名农民增收开辟了一条新的致富渠道。

2. 靠山吃山更爱山

平均海拔1400米的蜂桶乡，是典型的高寒山乡，冷冻期长，昼夜温差大，即便是在炎炎夏日，最高温度也仅有26摄氏度。然而独特的地理环境，造就了丰富多样的自然资源。以前，交通不便、地理位置偏僻是限制蜂桶乡发展的主要因素。随着2015年蜂桶山省级自然保护区获批，过去一直依靠自然资源供给的现象正在逐渐淡化，在乡党委、乡政府的引导下，村民渐渐将眼光转向了发展与保护并存。

被群峰环绕的润雨中药有限公司中药材基地，清一色的大棚一字排开，棚内已有少许嫩芽从土里探出头来。工作人员小心翼翼掏出一颗龙眼大小的植物，向来参观的人群展示："这一颗人工驯化的莘贝原源种，市场价值50~100元。""这里良好的生态环境和气候条件，非常适合莘贝育种。"据中药材基地常务副总经理介绍，依托天然地理优势，目前公司在蜂桶乡自然保护区非核心地带，建成自动化育苗大棚1.3万平方米、育种基地100余亩，采取"公司＋基地＋农户"模式，辐射带动周边150余户村民实现稳定增收。

"现在搞了中药材基地，我们在家门口就能务工，自己还种点中药材，收入比以前多多了。"在村民看来，过去是"靠山只吃山"，现在才晓得"绿水青山就是金山银山"。

据蜂桶乡党委书记介绍，全乡已发展药用木瓜6万株，"蜂桶中蜂"1000余群。同时，还在规划打造集休闲、观光、避暑、康养于一体的旅游度假目的地。

3. 一片叶子带富一方百姓

万源市固军镇三清庙茶叶基地，一望无际的茶山令人心旷神怡。在当地党委、政府的支持下，2011年，固军镇村民胡某经过多方考察决定返乡创业。经过10年的打拼，他创立的蜀韵生态农业开发有限公司已发展富硒茶叶6000余亩，直接带动全乡7000余人就业，2019年实现茶业综合产值 1.5 亿元,胡某也被评为"全国十佳农民"。

万源市通过打造茶文化研学基地,修建集茶文化展示、宣传科普等为一体的茶史馆等,吸引游客,推动茶旅融合,实现茶产业多元发展。近年来,万源市抢抓发展机遇,借助浙川东西部扶贫协作和省级现代农业园区建设,通过不断加强茶叶品牌建设、市场拓展及茶叶种植主体和加工产能培养,推进茶旅融合,开设茶旅融合环线等举措,围绕小茶叶做活大产业。截至 2021 年底,万源市茶园总面积已达到 24.7 万亩、干茶产量 6590 吨,综合产值实现 15.97 亿元,探索出了"一片叶子带富一方百姓"的"万源模式"。

4. 文旅带活穷山沟

顺着三清庙茶叶基地一路向北,很快就能抵达龙潭河景区。凭借山水如画、竹柳成荫的美丽风景和"两扇门""阴阳泉""冷热河"以及惊险刺激的漂流,龙潭河景区已成为游览万源旅游观光带的必选打卡地。

龙潭河景区的"出圈",将这个十峰八潭、山路十八弯的落后山村带活了。"以前这里山高路远,老百姓穷得那叫一个叮当响,这几年的变化真的是太吓人了,过去我们做梦都不敢想。"过去蜂拥外出打工的龙潭河村村民如今大多都回到了家乡,家家户户都在经营客栈、饭店和农家乐,尤其是到了暑假旺季,客房天天爆满,一房难求。

目前,龙潭河景区内安置房、商业中心、多功能停车场、演艺中心、龙潭广场等配套设施设备已基本建成,政府为当地村民免费风貌打造或拆迁补偿的商业门市全部投入使用,辐射带动周边近 4800 余人实现就业、增收。

案例点评 近年来,万源市党委、市政府带领群众,坚持生态优先,下了不少功夫。通过做亮"生态经济强县、生态文化大县、生态宜居名县"三张名片,坚定"生态立市""生态兴产"战略,走"绿色发展"之路,以生态养殖、生态种植、特色农业、文旅产业等为主,着力构建绿色生态产业体系,将生态优势转化为经济优势。

万源市突出环境优势，打好中草药种植、土特产品牌培育、野生蜂蜜养殖、休闲康养这几张生态产业牌。用生态产业牌，来盘活一方山水之经济，万源市积累了成功的经验。养黑鸡，尝甜头。只有在这片硒含量丰富的土地，才能养出世界稀有、中国独有、万源特有的旧院黑鸡。万源市将旧院黑鸡养殖作为现代农业的主导产业抓手，不断加大财政帮扶和支持力度。

万源市通过不断完善基础设施和公共服务设施、丰富旅游业态、延伸文旅产业链，成功创建八台山景区、红军公园景区、龙潭河国家 AAA 级旅游景区、八台山省级生态旅游示范区、黑宝山省级森林公园等国家级、省级资源品牌 8 个。2020 年，全市共接待游客 623 万人次，实现综合收入 58.49 亿元。

（五）协同推进交通旅游绿色发展——畅通乡村振兴示范带建设

明月山绿色发展示范带是川渝毗邻地区区域合作功能平台中，唯一呈带状分布、以绿色发展为主题的功能平台。位于示范带中部核心区位的垫江，提出实施明月山乡村振兴示范带建设工程，并启动百里彩林花谷、耕读文化体验园、东印茶山生态旅游区等 14 个项目的前期工作，开工 G243 复线与内槽旅游公路互联互通、沿线牡丹芍药全产业链试点、温泉康养度假区拆迁等 10 个项目，建设完工明月山内槽旅游公路、乡村振兴示范片等 7 个项目。

1. 铺平内槽旅游健康道路建设

明月山内槽旅游健康道路是成渝地区双城经济圈川渝共同推动建设的重大项目，是明月山风景名胜区旅游大环线重要组成部分，也是共建明月山绿色发展示范带的先导示范工程。

东印场部至垫邻路口公路改造工程是"十三五"交通规划中重要的

明月山内槽旅游公路,也是川渝地区重大旅游交通项目。该道路不仅贯穿澄溪华夏牡丹园、太平恺之峰旅游区、沙坪东印茶山等多个旅游景点,还可以大大缩短四川大竹、邻水至垫江的各个旅游景点的距离。作为串联川渝边际重要交通要道,建成投用后,从四川大竹、邻水至垫江仅需要 30 分钟时间,对于加快明月山整体生态修复和旅游提档升级,助推区域民宿、森林康养、乡村旅游等产业快速发展意义不言而喻。

2020 年上半年伊始,在东印场部至垫邻路口公路改造工程(明月山内槽旅游健康道路)施工建设现场,工人们忙碌的身影伴随着大型器械运作的隆隆声响,勾勒出一幅热火朝天的繁忙景象。东印场部至垫邻路口公路改造工程(明月山内槽旅游健康道路)位于垫江县明月山风景名胜区内槽,起点在沙坪镇东印场部,终点接澄溪镇上山道路福生大道,路线长 54 千米。该项目总投资 92300 万元,其中建安投资 41338 万元,公路等级为三级公路,设计速度 30 千米/小时,为双向二车道。其主要工程量包括路基土石方 277 万立方米、防护及排水约 29 立方米、路面 34 万平方米;涵洞 176 道、大桥 1 座。此外,该道路涉及桂溪、桂阳、澄溪、太平、新民、沙坪 6 个乡镇(街道),是打通川渝边际、串联多个旅游景点的重要交通要道。

2. 探索推行休闲康养游全票通

近年来正在探索推行的"明月山绿色发展示范带"休闲康养游全票通,将实现开江莲花世界、梁平百里竹海、达川银杏谷、大竹五峰山、垫江牡丹园、邻水天意谷、长寿湖等主要景点"一票通"。共建一体化公共服务体系,现有 97 项"川渝通办"事项全部实现线下"异地可办"、线上"一网通办"。实现门诊卡、公积金、公交卡、职称技能证书互认,医疗业务直接结算。打造教育一体化、医疗卫生一体化、养老一体化、公共交通一体化、应急救援一体化、文体旅活动一体化等公共服务水平一体化。

明月山内槽旅游健康道路项目建成后，将进一步完善垫江县交通网络体系，加深垫江与明月山毗邻区县经济、文化、旅游的交流频度和密度，助推川东北、渝东北区域协调发展、旅游产业发展和城乡要素双向流动，为共建明月山绿色发展示范带、推动融入成渝地区双城经济圈建设提供更加有力的要素保障和交通支撑。

四、实施效果

（一）从"有界"到"无界"格局加速形成

自 2020 年 1 月中央财经委第六次会议召开以来，达州市坚持把深入贯彻习近平总书记重要讲话精神和党中央、国务院重大决策部署作为主线贯穿始终、统揽全局，认真落实省委、省政府部署和川渝两省市党政联席会议要求，聚焦打造成渝地区双城经济圈（简称"双城圈"）北翼振兴核心引擎，高位推进万达开川渝统筹发展示范区（简称"示范区"）创建，围绕基础设施、现代产业、生态环保、改革协同、开放合作、公共服务等重点领域持续发力，推动万达开三地从"有界"到"无界"格局加速形成、由"近邻"向"队友"角色加速转变，开启了区域协调发展、高质量发展全新格局。近两年来，谋划并实施"四重"任务清单80项，其中与万州、开州及毗邻地区合作共建35项，纳入川渝两省市首批重大项目推进事项7项。

（二）各项协议明确，任务有序推进

2021 年 3 月 24 日，开江与梁平签订《梁平开江一体化发展合作协议》；2021 年 4 月 23 日，川渝第一个两地多区县党政联席会议——梁平、垫江、邻水、达川、大竹、开江六区县共建明月山绿色发展示范带党政联席会议在梁平召开，签订《共建明月山绿色发展示范带合作协议》；

2021 年 10 月 21 日，共建明月山绿色发展示范带党政联席会议第二次会议在开江召开，审核通过并印发了《共建明月山绿色发展示范带工作机制》。自 2021 年以来，三地毗邻区县相继在多个领域签署协议并达成开展共建合作。开江人社局与明月山六区县人社部门签订《共商共建共享推动人社事业协同发展合作协议》、开江交运局与梁平交运局签订《合作交通基础设施互联互通意向性协议书》、开江河长办公室与梁平河长办公室签订《新盛河（任市河）管理保护联防联控协议书》、开江公安局与梁平公安局签订《服务成渝地区双城经济圈建设警务合作机制》、开江应急管理局与梁平应急管理局签订《跨区域应急救援合作协议书》、开江纪委监委与梁平纪委监委签订《纪检监察工作战略合作协议》、开江县任市镇与梁平区新盛镇、梁平区文化镇，达川区万家镇、达川区大树镇签订《"开梁达"边界乡镇跨区域党建共建协议书》）。目前，各项协议明确的任务正在有序推进。

（三）跨流域水污染协同治理得到加强

2021 年以来，万达开区域联合召开重庆毗邻地区水污染防治工作会议 6 次，印发《铜钵河流域水生态环境保护川渝联防联治方案》和《达州市东柳河铜钵河流域枯水期水质管控方案》。通过加快污水管网建设、提升污水处理厂处理能力、加快水质提升项目建设、强化日常管控等措施，铜钵河流域水污染问题得到有效治理，跨界断面牛角滩水质已由 2021 年上半年劣 V 类提升并稳定在 III 类，达到水质考核标准。通川区巴河流域、达川区明月江流域、开江县宝石桥水库、州河流域宣汉段、渠江流域三汇段综合治理及生态修复协同推进。

（四）生态环保跨界联合执法深度合作

万达开区域共同签订了《万达开生态环境保护综合行政执法联动协议》，围绕生态环境跨界纠纷联合调查、信息互通、联合执法等 6 个方面开展深度合作，大力实施"互联网＋统一指挥＋综合执法"非现场监管执法模式，已安装 153 家重点企业污染源监控点位 653 个，完成水泥、火电、造纸 3 大行业试点企业现场数据接入。与重庆毗邻区县合作，已对大竹、开江、宣汉、万源 4 个跨省流域断面开展联合排查调查。

五、特色亮点

（一）协同推进生态文明建设

1. 共建生态屏障

联合开展秦岭—大巴山生物多样性生态功能区、三峡库区水土保持生态功能区、武陵山区生物多样性及水土保持生态功能区的生态保护红线评估和优化，共同推动重点生态功能区生态屏障建设，提升生物多样性保护和水源涵养功能。以增绿扩量、森林提质、生态修复为重点，坚持山水林田湖草系统治理，加强花萼山、八台山、铁山等自然保护区、地质公园、森林公园建设，加快功能区保护修复工作。

2. 联建绿色廊道

统筹交界生态保护与建设，巩固天然林保护、退耕还林等成果，开展国土绿化行动，高标准规划建设以方斗山、七曜山、铁峰山、雪宝山、华蓥山、铜锣山、雷音铺、明月山、南山等山体构成的山区生态廊道。以长江、小江、浦里河、铜钵河、明月江、渠江、州河、澎溪河、南河、东河、任河等水系为支撑，加强河系沿岸和三峡库区回水区范围内造林工作，对沿线城镇村庄绿化美化，科学配植竹化草，构成两岸青山、四季花漾的水域生态廊道。积极争取三峡集团参与长江经济带生态环保项目，共建三峡库区水源涵养与水土保持生态功能区。探索在辖区水系支流建设生态调节坝，增强三峡水库调节能力。

3. 共同开展"美丽系列"创建

充分发挥生态文明建设示范市（区、县）和"绿水青山就是金山银山"实践创新基地的平台载体和典型引领作用，对标《国家生态文明建设示范市县建设指标》《国家生态文明建设示范市县管理规程》,推动万达开区域的县、市、区以及整体创建国家级生态文明示范建设。按《"绿水青山就是金山银山"实践创新基地建设管理规程(试行)》,推动具有较好基础的乡(镇)、村、小流域,创新探索"两山论"转化的制度实践和行动实践,力争成为全国推广的典型经验模式。

(二)协同推进环境污染治理

1. 加强大气污染共治

在源头抑制污染方面,联合制定区域大气污染物排放总量控制要求,制定工业源挥发性有机物(VOC$_s$)控制措施,对区域内水泥、火电、钢铁、冶金、化工、建材(陶瓷)等重点行业进行全面摸排,按照"入园管理、集中治污"的原则,因地制宜的制订计划和工作方案,组织有条件的企业实施搬迁和技改;重点清理整治万达开交界区域的"散乱污"企业,实现"散乱污"企业动态清零;严控新建火电、钢铁、水泥、焦化、冶炼等重污染项目。建设万达开区域秸秆综合利用项目,引进秸秆综合利用企业,实施收、储、运、用一体化建设,实现秸秆综合利用。建设万达开区域大气综合调控决策支撑平台,逐年动态更新大气污染源排放清单。强化卫星遥感、无人机、5G、大数据等科技手段运用,加快建设城市站、区域站、路边站、园区站,对现有省控站点的老旧设备进行更新升级,交界区域的达州市、开州区、万州区、梁平区等建设超级站,构建天地一体化监测网络。建立大气污染联合会商预报机制,依托达州市建立万达开区域环境空气质量预警预报中心,构建空气质量潜势预报体系及业务化能力。万达开区域是典型的静风区域,通过科学规划城市通风廊道,改善风环境。抢抓新基建机遇,布局充电桩,大力倡导绿色出行方式。

2. 狠抓重要流域环境联动治理

对共界河流全流域统一规划、共同管护、信息共享,开展流域水量、水质同步监测，通报共享监测数据，共推河流管理保护一体化。协同制定跨界流域污染整治方案，上游负责深化治理，确保出境达标，下游强化保护，确保河流水质稳定达标。以渠江、中河、前河、南河、新盛河、铜钵河、东河、浦里河、澎溪河、黄滩河、任河等流域治理为载体，共同向上争取水环境质量改善项目支持，扎实推进区域城镇污水处理能力提升。建立污染防治结对帮扶机制，对川渝各县（市、区）梳理农村生活污水治理能力情况，建立帮扶需求清单，统筹主城区资金充裕、污水处理技术先进等经济发达地区对万达开欠发达地区结对按需帮扶，推进区域农村生活污水治理。

3. 推进固废危废污染联防联治

推进固体废物和危险废物协同处置，完善危险废物产生申报、安全储存、转移处置的一体化标准和管理制度，建立万达开固体废物和危险废物跨省处置快速审批通道，构建区域固体废物和危险废物收集运输处理体系。统一固废危废防治标准，建立联防联治机制，提高无害化处置和综合利用水平。统筹规划建设固体废物资源回收基地和危险废物资源处置中心，探索建立跨区域固废危废处置补偿机制。建设大巴山工业一般固体废物综合利用项目，治理万源市、城口县工业固体废物，建设大巴山废旧汽车回收中心项目，发展循环经济和建设资源节约型、环境友好型社会。强化土壤污染系统治理，推行农村化肥农药增效、畜禽粪污资源化利用等，实施污染地块土壤修复工作。

4. 联合开展生态退化区建设与修复

积极推进区域内盆周山区、三峡库区、川东红层丘陵区崩塌、滑坡、泥石流等地质灾害综合防治，加强三峡库区、武陵山区以及平行岭谷等消落带、岩溶地区石漠化综合整治。加强水土流失重点治理区建设与修复，分区分类推进渠江、长江干流、三峡库区等水土流失重点治理区治理，联合推进水土流失综合治理示范区建设。加强矿区生态修复，联合严控矿山开采环境准入，对大巴山、华蓥山等地区的煤矿损毁土地及开州等区县露天采石场进行植被恢复和复垦。

（三）协同构建绿色产业体系

1. 共同推动工业循环化发展

坚持生态环境保护优先，严格禁止不符合功能定位的开发活动，加快化工、建材等传统产业升级改造，持续淘汰落后产能。共同打造万达开川渝合作园区（飞地园区），围绕天然气、锂钾等优势资源，联合打造产业链供应链，建设国家天然气综合开发利用示范区、全国锂钾综合开发示范园区、中国纤谷、秦巴智谷。加快推进万州经济技术开发区、达州高新技术产业园区国家循环化改造示范试点建设，着力培育资源生产率、废物循环利用率和污染物减排水平高的循环型企业。

2. 携手推进绿色乡村经济

充分发挥万达开山地农业优势，共同打造专业化生产、规模化经营、精深化加工、网络化营销、一体化配送的现代农业产业链条。共同推进特色水果、养殖、中药材、茶叶集群发展，争创国家现代农业产业园，合力建成国家粮油、生猪、有机食品等战略保障基地以及中国西部国家绿色生态富硒农产品综合示范园。统筹城乡发展和空间布局，进一步提升城镇和乡村宜居水平，建成全国乡村振兴发展示范区，共同打造省际交界地区乡村振兴新标杆。

3. 践行"两山论"，转化新方式

深挖万达开区域巴山、蜀水、红色等文化内涵，协同推进文化旅游项目开发利用、保护传承，在线路策划、市场推广等方面开展深度对接，探索万达开区域生态资源和地域文化资源的多元融合发展路径。依托区域丰富的巴文化遗址、红色革命纪念地、佛教文化，联动推出巴文化、红色文化、宗教民俗等主题旅游线路。结合区域内大巴山等峡谷资源、三峡水库等水系资源，联合推出高峡平湖主题游。联合组建区域文化旅游推广联盟，做强世界大河歌会、巴山夜雨·水墨达州、三峡水上运动

等特色文旅品牌。万达开毗邻 7 区县建立了党政联席会议、分管副区县长协调会议、联合办公室、专项办公室四级工作体系，在市场监管、商务、人力资源和社会保障、司法、环保、农业等多个行业领域深入对接，建立明月山绿色发展示范带重大项目库，先期谋划一批基础设施、产业发展、环境保护等领域重大项目。

六、经验启示

要深入学习贯彻习近平生态文明思想，认真做好中央生态环境保护督察整改工作的部署要求，做好整改监督和追责问责工作。要依规依纪依法集中力量办理移交的问题线索。要加强日常监督，把生态环境保护监督作为重中之重，常抓不懈，坚决防止问题反弹。

（一）要强化党政主导、整体联动，推动国家战略落地生根

要牢牢抓住万达开川渝统筹发展示范区建设国家战略的历史机遇，立足生态环境保护现实和高质量发展需求，不断深化区域生态环境建设协作，为奋力打造万达开川渝统筹生态文明协同发展示范区提供保障。

一是要进一步加强组织领导。成立由市委、市政府主要领导任双组长的达州市推动"双城圈"建设暨创建"示范区"领导小组，下设办公室和 12 个专项工作组，办公室主任和专项工作组组长分别由分管市领导兼任，负责重大国家战略、省委省政府决策部署、川渝两省市党政联席会议和市领导小组议定事项、重点任务的推进实施。组建万达开联合办公室，主任由三地党委、政府分管领导轮值兼任。同时，设立市万达开统筹发展研究院，核定事业编制 12 个，归市发展改革委直接管理。

二是要进一步健全工作机制构建。共同建立万达开党政联席会议、分管领导协调会议、"联合办公室（与市领导小组办公室合署办公）＋专项工作组"运作机制，坚持三地半年轮值制度，已召开万达开党政联席

会议 3 次、分管领导协调会议 5 次。共同出台干部互派管理办法,实行干部互派挂职,已互派挂职干部 7 人。联合设立和运行万达开微信公众号,共同设计万达开 LOGO,对外宣传展示万达开鲜明形象。建立市领导挂包重点任务制度,实行推进情况月通报,强化工作调度和分析研判。建立目标绩效考核制度,将"示范区"创建工作纳入市委、市政府年度综合目标绩效考核内容,加大考核权重,推动工作落地落实。

三是要进一步谋划部署推动。结合达州区位优势、资源优势、战略优势,市委第五次党代会提出打造成渝地区双城经济圈北翼振兴战略支点的发展目标,找准发展定位,明确工作路径。会同三地共同编制完成《万达开川渝统筹发展示范区建设方案(送审稿)》,已经川渝两省市政府审议通过,待上报国家层面批复。与毗邻地区共同编制《明月山绿色发展示范带总体方案》已获川渝两省市发展改革委批复;《城宣万革命老区振兴发展示范区总体方案》已经川渝两省市双城办审核同意,联合下达万达开 2021 年度重点任务 43 项,其中涉及三地合作共建事项 17 项,均按进度推进落实。

(二)要创新机制,统筹协作,推进协同建设

一是要打破行政"壁垒",加强协作共商,着力长远。强化区域生态环境整体性设计,积极对接国家对万达开川渝统筹发展示范区的相关部署要求,共同争取将万达开区域生态环境建设项目、政策、改革举措等事项纳入国家"十四五"生态环境保护规划,推动万达开川渝统筹生态文明协同发展示范区从国家战略布局谋划。

二是要凝聚力量,后发赶超。树牢生态环境保护"一盘棋"意识,统筹区域各部门、各层级、各领域、各行业力量,坚持统一规划、统一布局、统一实施,合力推动区域山水林田湖草系统治理,筑牢长江上游、三峡库区重要生态屏障。

三是要创新机制,联防联控。探索省际跨界协同生态保护新体制、

新机制、新模式、新政策，聚焦污染防治攻坚战重点难点，制定一体化的区域性地方标准，推动一张清单管整体区域，建立生态环境共建共享新格局。

（三）要将生态环境保护现实和高质量发展需求有机结合

在推进万达开川渝统筹生态文明协同发展示范区建设进程中，始终坚持以习近平新时代中国特色社会主义思想为指导，全面贯彻落实习近平生态文明思想，以把万达开区域建设成美丽中国示范区为目标，深入践行"绿水青山就是金山银山"和"生态优先、绿色发展"理念，努力推动"万达开川渝统筹生态文明示范区"山水秀美、宜业宜居、绿色发展，走出一条省际跨界生态文明建设的新路径。

要坚持生态优先，绿色发展。坚持"绿水青山就是金山银山"理念，把生态环境修复和保护放在首要位置，厚植绿色生态优势，优化区域产业布局、协同发展智慧循环型产业，推广绿色生产生活方式，推动万达开川渝统筹发展示范区走绿色发展、可持续发展的高质量发展路径。

（四）要强化规划引领，用主动作为促进职责履行

坚持把推动成渝地区双城经济圈建设、创建万达开川渝统筹发展示范区作为重要政治任务，积极作为，坚持从全局谋划一域、以一域服务全局，全力推动与毗邻区县协同发展。

坚持以"生态红线、质量基线、容量上限"为核心，加快建设区域一体化土地市场，推进交通基础设施、现代产业发展、生态环境保护等方面合作，一体化编制基础设施、产业发展和公共服务等专项规划，协同推进川渝毗邻地区融合协调发展。在《共建明月山绿色发展示范带合作协议》《共建明月山绿色发展示范带工作机制》等基础上，积极推进在毗邻区县乡镇、部门、行业、商会等跨区域交流合作，共同研究重大部

署、重大事项,推进重大项目、解决重大问题,明确重点任务和责任分工。草拟了《共建明月山绿色发展示范带开江县 2021 年重点工作清单》,初步形成涵盖通道建设、生态屏障建设、绿色旅游文化走廊打造、民俗文化节庆活动等方面的 16 个重点事项,广泛开展项目名称、建设内容及规模意见征集工作。完善重点事项按季推进调度机制,按照各地各部门工作职责建立责任清单、明确责任单位及责任人,细化任务、倒排工期、压茬推进,对未开工和进度滞后项目逐项梳理原因、列出清单、靠前服务,推动项目如期开工、加快建设。

七、案例来源说明

本课题研究中的实践案例主要来源,一是根据研究团队赴开江县、明月山片区、达州市万源市、花萼山以及重庆市梁平区现场的实地调研与现场访谈所获取的资料整理,二是从《达州日报》微信公众号、"垫江发布"微信公众号、"四川学习"平台微信公众号上获取相关信息整理所得,并撰写成文。

八、教学思考

1. 党的领导在推进万达开区域统筹生态文明协同发展中,是如何发挥作用的?

2. "两山论"在万达开区域统筹生态文明协同发展中是如何得到践行的?

3. 在本案例中,推进万达开川渝统筹生态文明协同发展示范区建设的动力都有哪些?

4. 在万达开川渝统筹生态文明协同发展示范区建设进程中,如何推进绿色低碳优势产业更进一步地发展?

参考文献

［1］习近平谈治国理政：第三卷［M］.北京：外文出版社，2020.

［2］习近平.发挥改革在构建新发展格局中关键作用［N］.人民日报（海外版），2021－02－20.

［3］开江县推动县域集成改革落地落实［N］.达州日报，2020－10－15.

［4］李鑫丹.集成改革生根发芽，开江县域焕发新机［EB/OL］.（2020－11－23）.http：//www.kjwww.cn/jrkj/2020/1123/25937.html.

［5］贺享雍.全国优秀共产党员、"七一勋章"获得者周永开花萼山纪实［EB/OL］.［2021－09－06］.http：//www.cflac.org.cn/xw/bwyc/2021 09/t20210906_ 558952.html.

课题指导：中共四川省委党校（四川行政学院）　王凯

编写单位：中共达州市委党校（达州行政学院）

研究团队：薛宗保　丁德光　陈怀松　刘正全　蒲小勇　朱海艳

资阳建设生态宜居临空新城的探索与实践案例研究

摘要

资阳临空经济区地处成渝相向发展主轴线，多重国省重大战略交汇叠加于此，是成都都市圈重要组成部分、成资同城化核心区、资阳建设"成渝门户枢纽、临空新兴城市"的主阵地。四年多来，围绕高标准、高质量建设生态宜居临空新城，资阳坚持"规划引领、基础先行、产城融合、城乡一体"发展思路，在规划体系、项目建设、产业发展等方面实现了良好开局，现代化生态宜居临空新城建设步伐加快。

关键词

高位规划；"四轮驱动"；成都东部枢纽门户；临空型公园城市

一、导语

资阳作为川渝通衢、双城门户，西迎成都、东接重庆，是全省唯一同时直线连接成都、重庆"双核"的城市。党中央部署加快构建以国内大循环为主体、国内国际双循环相互促进的新发展格局，制定实施"一带一路"建设、长江经济带发展、新时代西部大开发、西部陆海新通道建设等一系列重大战略，尤其是成渝地区双城经济圈建设上升为国家战略，省委实施"一干多支、五区协同"战略部署，加快推进成德眉资同城化发展，一大批重大政策、重大平台、重大项目、重大改革的有序推进，为资阳标注面向未来的新起点，给资阳带来长期性战略红利和制度性政策红利，深刻改变资阳区域能级和发展格局，将资阳带入"黄金发展期"。资阳市坚持以习近平新时代中国特色社会主义思想为指导，深入贯彻落实党中央、省委决策部署，深入践行新发展理念和高质量发展要求，抢抓成渝地区双城经济圈建设机遇，牢牢把握成资同城化战略支撑，正加快将临空新城建设成为资阳高质量发展的重要增长极和新兴动力源、成资同城化发展的重要支撑和融入成渝地区双城经济圈建设的示范区。

追溯资阳建设临空新城的探索实践，从零开始、白纸作画的临空新城建设并非易事，资阳面临着临空经济区原有经济基础薄弱、产业招引与周边市存在同质性竞争、城市建设任务繁杂艰巨等多方面挑战。为切实给现代化临空新城建设破好题、开好局，资阳市坚持问题导向、运用系统思维，紧紧扭住成资同城化战略支撑，借势借力全面融入成渝地区双城经济圈建设。经过四年多的艰苦奋斗和探索，资阳临空经济区在规划体系、项目建设、产业发展等方面实现了良好开局。主要体现在四个方面：一是借势借力成资同城化平台，促进"一区两片"协调发展，加快融入"双圈"建设，构建科学的规划体系，引领临空新城加速发展；二是坚持公园城市建设标准，始终走生态优先绿色发展之路，加快构建生态发展体系，推动临空新城走可持续发展之路；三是积极融入成渝轨道交通体系，努力建设成渝主轴枢纽城市，加快形成内联外畅、贯通成渝、连接全国、畅达全球的空铁公综合交通枢纽，构建"成资半小时、渝资1小时通勤圈"，随着发达交通骨架基本成型，资阳的区位优势日益凸显；四是坚持以项目促发展，推动产业有序导入、落到实处，着力打造临空产业高地。

目前，随着资阳临空经济区产业孵化中心、成资大道、天府国际艺术城美术学院校区等一批重大项目的快速推进，资阳临空新城的建设步伐加快。在这场争创国家级临空经济示范区的时代大考中，资阳积极抢抓天府国际机场通航机遇，加快筑城兴产聚人、努力推动与成都临空片区同步发展，奋力谱写追赶跨越新篇章。

二、背景介绍

（一）资阳建设临空新城的基础情况

"成渝门户枢纽、临空新兴城市"是四川省委赋予资阳的总体定位，资阳临空经济区距天府国际机场 12 千米，是资阳建设"临空新兴城市"的主阵地。2016 年 11 月，省政府印发《成都天府国际机场临空经济区规划纲要》，明确指出天府国际机场临空经济区由成都、资阳两个片区组成，其中资阳临空经济区面积 99 平方千米。2017 年 5 月，省编委批复正式成立资阳市临空经济区。2017 年 9 月，中共资阳市临空经济区工作委员会和资阳市临空经济区管理委员会正式挂牌。2017 年 11 月，资阳市委、市政府明确临空经济区参照行使县级党委、政府职能。2019 年 12 月，资阳市临空经济区正式托管雁江区雁江镇、临江镇，面积达 138 平方千米。2020 年 12 月，资阳市临空经济区正式托管雁江区祥符镇天鹅山村、排桶村，至此，资阳临空经济区包括天府国际机场临空经济区资阳片区、资阳临空经济区托管区和统一规划建设区，面积达 154 平方千米，总人口 10.3 万人，主要布局临空高端制造、临空综合服务、都市农业 3

个产业功能区。发展定位为"一核三区"：成都都市圈高质量发展新兴极核，成资同城化先行区、临空经济集聚区、公园城市示范区。

（二）资阳建设临空新城面临的挑战

当今世界正面临百年未有之大变局，国际环境和国内条件深刻复杂变化。国际方面，全球贸易增速显著放缓，单边主义和保护主义势力抬头，世界经济下行风险增大。后疫情时代，全球产业链和供应链本土化倾向明显，将导致产业转移速度放缓和对外直接投资大幅下降，增加了资阳临空经济区承接中高端产业的难度。从国内和资阳自身基本情况来看，资阳建设临空新城也存在几方面突出挑战。

一是白纸作画城市建设任务艰巨。资阳临空经济区原有基础设施较为薄弱，城市配套不完善，要实现建设现代化国际化国家级临空经济示范区目标，需快速形成基础设施项目、公共服务项目、产业项目竞相落地、竞相建设的良好局面，不仅建设任务繁重，组织协调难度大，而且面临项目、资金、土地、人才等因素制约，如此种种，在开发建设初期将不可避免会面临许多方面的问题和压力。

二是产业招引存在区域同质竞争。天府国际机场临空经济区成都片区和双流航空港经济区的建设，都以航空、临空型产业发展为重点，招引产业类型与资阳临空经济区相似。周边凯州新城、简州新城、淮州新城、眉山东部新城等产业发展定位，也与资阳临空经济区规划的产业方向相近，各区域之间同质化竞争不可避免。资阳如何从区域同质竞争中突围、顺利落实产业布局和项目招引，考验着资阳人的勇气和智慧。

三是原有经济基础薄弱质量不优。资阳临空经济区在起步初期面临着经济基础薄弱，经济发展质量和效益不高的现实问题，要素集聚度不高、辐射力不大、竞争力不强。

2020年，资阳临空经济区GDP总量只有22.04亿元，仅占全市的2.7%；增长速度为2.4%，比全市低1.6个百分点。三大产业结构比为

17.5：51.9：30.6，经济结构不优，新兴产业培育不足，企业市场竞争力不强，与发展要求差距很大。从资阳临空经济区的经济基础和发展阶段来看，实现临空新城经济社会的跨越发展存在较大压力。

（三）资阳建设临空新城迎来多方机遇

1. 多重国省战略部署叠加交汇

2021年10月，中共中央、国务院印发了《成渝地区双城经济圈建设规划纲要》，进一步明确了打造带动全国高质量发展的重要增长极和新的动力源的重要使命，必将在川渝地区构建新的经济地理版图，形成双核驱动、双圈联动、全域共兴的协同发展新格局。资阳临空经济区地处成渝相向发展的主轴线，是成渝主轴联动的核心节点和开放高地之一，规划纲要明确"促进成都空港新城与资阳临空经济区协同发展，打造成资临空经济产业带"，随着国家战略的不断深化，新的竞争优势和发展优势愈加明显。此外，近年来四川省委、省政府大力实施"一干多支"发展战略，把成德眉资同城化发展作为融入成渝地区双城经济圈建设的战略支撑和"先手棋"，以"三区三带"建设为抓手，谋划启动一批重大项目，成都平原经济区将构建成为更加紧密的利益共同体。资阳临空经济区是成资同城化的核心区、资阳链接成都都市圈的关键枢纽，省委明确提出"推进成资临空经济产业协作带""以'一区两片'模式共建天府国际空港航空经济试验区"。2021年11月，四川省政府印发《成都都市圈发展规划》，提出以成都市为中心，与联系紧密的德阳市、眉山市、资阳市共同组成一个现代化都市圈，推动建设便捷高效的交通通勤圈，构建协同共兴的产业生态圈，形成便利共享的优质生活圈，扩大开放合作的国际朋友圈。资阳临空经济区在共享成都的发展环境、发展政策、发展资源、发展平台上必将近水楼台先得月。

2. 成都建设东部新区利好资阳

在"东进"战略指引下，成都不断优化城市空间结构、重塑产业经济，推动城乡形态从"两山夹一城"向"一山连两翼"转变，积极推进成都东部新区及协同区建设，打造成都城市新中心和成渝相向发展的新兴极核。资阳临空经济区是成都东部新区协同发展区，随着天府国际机场建成投用和成都东部新区的建设以及开放口岸、开放平台等的建立，必将带动资阳临空经济区融入以空港为核心的全方位开放发展新格局，迎来大开放、大发展的新时期。资阳将通过联动成都东部新区，强化战略对接、政策衔接，进一步共享成都东进势能，推动构建"交通互联、经济共生、产业协同、服务共享"的多元化发展格局，全面融入主干极核共建成都都市圈。

3. 资阳上下全力支持新城建设

资阳临空经济区成立以来，白纸作画、从零开始，做了大量做铺垫、打基础、增后劲、利长远的工作，推动临空新城建设实现了奠基性高位开局。四年多来，资阳市委、市政府始终把临空经济区作为资阳未来发展的最大动力引擎，将建设资阳临空产业新城作为全市集中精力抓好的大事，全力支持资阳临空经济区高质量发展，为临空经济区建设营造了良好条件。2021年召开的资阳市第五次党代会进一步明确，今后五年，资阳全市上下将坚定贯彻成渝地区双城经济圈建设"首位战略"，奋力推动临空经济区高质量高速度发展，紧紧抓住用好成资同城化发展机遇，科学合理谋划空间布局，高效推进重点项目建设，积极打造资阳高质量发展的重要动力源和增长极，资阳临空新城建设步伐在一个个重大项目的强力推动下不断加快。

三、典型案例

（一）借势成资同城化，加快融入"双圈"建设

资阳市按照建设成渝门户枢纽、临空新兴城市部署，深刻把握成渝地区双城经济圈建设重大机遇，全面融入现代化成都都市圈建设，坚持

天府国际机场临空经济区"一区两片"同城化发展，深化完善合作交流和协同机制，推动发展规划"同构"、城市建设"同融"、优势产业"同链"、科技教育"同兴"、基础设施"同建"、生态环境"同治"、公共服务"同享"，构建高效协作、优势互补、联动互促的发展格局，努力用好用足成资同城化发展机遇，加快融入"双圈"助力临空新城建设。

1. "对标成都、比肩成都"编制规划

2017 年 5 月，资阳市临空经济区启动规划编制工作，由中国城市规划设计院、波士顿咨询公司等一流专业机构编制各项规划，总体目标是国家级临空经济示范区，发展定位为内陆开放重要战略支点、临空经济创新发展高地、怡然蜀乡宜居产业新城。总规、控规及各项专项规划编制单位与成都片区"同机构"，主要规划指标与成都片区"同标准"。坚持"先定山水、再定城"规划理念、"产城融合、城乡一体"规划原则，编制完成了城市总体规划、控制性详细规划以及交通、燃气、电力、排水等专项规划，形成"城市总体规划＋控制性详细规划、城市设计＋14 项专项规划"的"1＋2＋14"规划体系，初步形成理念先进、定位准确、功能互补、统一衔接的规划体系，规划体系逐步健全。在地方发展五年规划方面，资阳市高度重视临空经济区"十四五"规划编制，成立以党工委、管委会主要负责同志为组长的领导小组，组建工作专班，结合临空经济区建设发展阶段性特征，扎实开展了"临空经济区推动经济高质量发展的思考""临空经济区'十四五'城镇体系建设研究"等 23 个课题研究，为"十四五"规划编制夯实基础。同时，资阳市坚持"开门编规划"，充分对接衔接上位规划、成都东部新区规划、天府国际机场临空经济区总体规划和相关专项规划，听取来自各个层次各个方面的意见建议；邀请四川省社会科学院参与规划编制，借智借力分析研究临空经济区发展优势、发展重点和发展方向，科学编制指导"十四五"期间发展的行动纲领。

2. 积极推动成资发展平台共建共享

积极推动成资发展平台共建共享是资阳市建设临空新城过程中的重要举措，为此，资阳一直在寻找机会。2021年，资阳市临空经济区与成都空港新城签订了《共建成资同城化发展核心区合作协议》，会同成都东部新区编制形成《成资临空经济产业带建设方案（2021—2025年）》，以成都天府国际机场通航为契机，推动"一区两片"共创国家级临空经济示范区，协同编制成都（天府）临空经济示范区总体方案。积极对接成都东部新区、空港新城，推动《成资临空经济产业带建设方案（2021—2025年）》相关任务落地落实，与成都市协同发展跨境电商、人工智能、供应链管理、金融保险等高端经济产业和现代服务业，建设楼宇型经济集聚区和区域性金融、科技、商务、孵化中心。同时，争取尽快编制完成成都（天府）临空经济示范区总体方案，报省政府审批，加快创建省级临空经济示范区。2022年底条件具备后，资阳将启动国家级临空经济示范区创建工作，进一步提升资阳在区域经济格局中的分量。

3. 促成一批重大合作项目高效推进

围绕推进服务大通道建设，资阳市临空经济区积极配合推动区域内包括成自高铁和成资大道在内的高铁、轨道交通、高快速路等交通基础设施项目建设，尽早实现多通道互联互通。目前，成资大道A段改建段已经实现与天府国际机场同步通车，临空大道北段实现直连成资渝高速，轨道交通资阳线加快建设，成自高铁、成达万高铁加快推进。而且资阳市积极推动与简阳交界地带融合发展，仁里（柳铺）农旅融合示范项目也即将竣工。其中，作为成资同城化标志性项目之一的成资大道，是资阳临空经济区拉框架、打基础的重点工程，也是建设成渝门户枢纽、临空新兴城市，深度融入成都，全面服务产业导入的关键项目。道路总长约57千米，设计时速为80千米。全线通车后，将贯穿天府国际机场空港核心区，实现成资两地及成都天府国际空港新城、资阳临空产业新城无缝对接。其中资阳段全长约25.5千米，双向八车道，全程无红绿灯，总投资约 97 亿元。如今，从资阳临空经济区驱车 10 分钟左右便可到达天府国际机场，大幅增加了资阳的区位优势，也极大地方便了资阳人民日常出行。

> 坚持成资同城化战略支撑、全面融入成渝地区双城经济圈建设，大力推进基础设施同网、公共服务资源共享、政务事务通办、开放门户共建，促进成都都市圈、重庆都市圈互动融合发展，有利于提升资阳在区域经济发展格局中的分量，是资阳高质量推进生态宜居临空新城建设的重要抓手。

（二）坚持公园城市标准，走生态绿色发展之路

资阳临空经济区属于典型的丘陵地形，有丰富的山地资源、自然森林资源、水体资源和土地资源，区域范围内无工业污染，沱江和九曲河穿流而过，自然生态环境得天独厚。在规划编制中，资阳市坚持"先定山水、再定城"规划理念，先确定 99 平方千米中的山水田园林范围，再因地制宜确定 35 平方千米的城市布局，蓝绿空间占比 71%。在建设过程中，坚持生态优先、绿色发展，充分依托良好生态本底，利用山水林湖丘地势，妥善保留和科学利用原生山体水系，塑造蓝绿交织、清新明亮、山水城共融、多组团集约发展的公园城市布局。在紧锣密鼓的项目推进过程中，资阳市始终将生态环境保护放在突出位置，生态环境质量持续提升。

1. "一城一区一带"城市空间布局引领生态发展

城市发展空间布局是城市发展的"本底"。科学的城市空间布局需要综合考虑城市战略定位、空间格局和资源禀赋等因素，推动战略性、治理型空间政策转变，以空间布局引领城市发展潮流。资阳对标先进理念，按照资阳建设成渝门户枢纽、临空新兴城市部署，紧扣"一核三区"发

展定位：成都都市圈高质量发展新兴极核，成资同城化先行区、临空经济集聚区、公园城市示范区。在城市空间布局上，资阳市临空经济区坚持生态优先、绿色发展，统筹生产、生活、生态三大空间，按照生态敏感度的分级划定对重要的生态资源进行严格保护，推进山体、水系、植被等修复工作，着力做好格局完善、地形修补、植被恢复、生境重现等工作，布局疏密有度、山水城共融的城市空间，构建蓝绿交织、和谐自然的城市格局，形成"一城一区一带"城乡空间和公园城市的生态基础。"一城"：临空产业新城。主要位于资阳中心城区西侧和北侧，包括雁溪湖组团、三草湾组团、高铁新城组团和清泉组团，聚集临空先进制造、高端商务办公、教育科研、主题乐园、特色商贸服务等功能，形成职住平衡的绿色生态宜业宜居的临空新城区。"一区"：中部生态涵养区。主要位于临空经济区中部现状山体连绵区，山体较高，植被丰富，以生态保育为主，以山地田园综合体为主要开发形式，形成临空区外围链接东部和西部各功能版块之间具有休闲功能的生态涵养区。"一带"：沿沱江发展带。主要位于临空经济区东部沱江平坝地带，以绿色产业经济引领为发展原则，依托现有的平坝和村庄，植入文化艺术、医疗康养、绿色休闲等功能，形成镶嵌于生态基地中具有龙头企业引领的沿沱江发展带。随着资阳临空新城建设步伐加快，道路基础设施、市政设施、产业载体、公共服务、环境配套等项目加快推进。临空产业新城 PPP 项目有序进行，雁溪湖核心区 20 平方千米道路框架基本形成，雁溪湖综合服务组团起步区优先建设发展，产业孵化中心基本建成，雁溪湖水利和景观工程、川师大附属临空 K12 公立学校加快推进，酒店、人才公寓、邻里中心、标准厂房、社区开发等配套项目已开始全面建设，科学的城市空间布局引领资阳临空新城建设高效良性进行。

2. 市政基础设施建设彰显绿色发展取向

在构建城市供排水体系、加强能源基础设施建设、科学利用地下空间等市政基础设施建设方面，资阳市临空经济区始终把握绿色、生态、可持续主线，努力夯实打造怡然蜀乡、宜居新城的市政基础。

作为资阳临空经济区起步区项目，老鹰水库集水区水环境整治工作扎实开展，保障水库水源地安全。2022 年，老鹰自来水厂、九曲河污水处理厂正式建成投用（见图 1）。

图 1 精细化管控让九曲河水质改善跑出加速度

（图片来源：资阳市生态环境局）

科学利用地下空间方面，资阳以"集约高效、公共优先、统筹协调、适度超前、政府引导"为原则开发利用城市地下空间，促进地下空间与城市整体同步发展。结合城市生产和生活需要，规划建设地下仓库、综合商业、综合管廊等；结合办公设施、民用建筑规划建设防空地下室等；结合城市交通需求规划建设地下停车场、地下通道等。在成资大道、雁溪路及纵四路实施中同步建设综合管廊，形成"两横一纵"的综合管廊系统布局，确保城市给水、电力、雨水、通信、污水等管线通道同步建成。

3. 推动构建政企民共治的环境保护体系

在成渝地区双城经济圈战略深入实施、成德眉资同城化发展全面推进、成都东部新区建设进程加快、省市支持临空经济区建设发展力度空前等多重机遇叠加之下，资阳临空新城建设步伐明显加快，面临的生态环境挑战也不容小觑。如何把新发展理念贯穿发展全过程和各领域，切实转变发展方式，实现更高质量、更有效率、更加公平、更可持续、更为安全的发展，考验着城市治理者的智慧。

资阳努力推动形成政府、企业、公众共治的生态环境保护体系。2021年，资阳市出台《资阳市大气污染防治条例》等5部法规规章，并在全省率先制定"市级党政领导干部环境保护职责"等制度机制，形成市县乡村四级环保责任体系。资阳市妥善做好污水处理设施运维管理，强力治理农村污水，严格落实老鹰水库饮用水水源地保护工作，老鹰水库水质不断提高，水环境持续改善；全面落实秸秆禁烧，强化建筑工地、砂石作业、面源污染管理，散乱污企业、建筑工地扬尘得到有效管控，大气环境质量稳步提升；积极推进农作物安全用药，有效提高粪肥利用率，土壤污染防治工作有序推进；坚持严格执法，加大教育和处罚力度，以铁腕手段督促企业落实各项环保措施。实施生态环境项目，积极争取项目资金支持，加快补齐生态环境基础设施短板。持续抓好宣传教育，鼓励公众参与生态环境保护。

一系列扎实举措下，资阳市全域顺利通过第二轮中央生态环境督察，全市生态环境类投诉问题办结时限从7天减少至3天，成为全省唯一无加"＊"信访件的市；全市生态环境质量持续改善，2021年全市空气质量在全国168个重点城市排名第22，全省15个重点城市排名第3，其中9月、10月空气质量位列全国第3，为历史最佳排名。在资阳市委、市政府统一部署下，各方奋力推动临空新城建设高质量进行。

案例点评

资阳在临空新城建设过程中坚持高质量发展导向，把新发展理念贯穿发展全过程和各领域，切实转变发展方式，在规划设计、城市建设、管理运营、产业导入等方面全面体现高质量发展要求，推动质量变革、效率变革、动力变革，实现更高质量、更有效率、更加公平、更可持续、更为安全的发展。

（三）加快建设成都东部枢纽，强化大通道优势

作为东出成都"第一站"、联动成渝"双门户"，资阳市坚持"外建大通道、内建大网络、共建大枢纽"，加快建立与成都、重庆及周边其他城市、天府国际机场之间的高效便捷综合交通网络，完善以轨道交通及高快速公路为骨干的对外运输网，大力提升枢纽门户功能，加快形成全面融入成渝、畅通全国、通达全球的成都东部枢纽门户，资阳临空新城的大通道优势也将随着时间推移越来越显现。

1. 全面融入成渝综合交通网络

一是融入成渝轨道交通体系。资阳市积极推进高速铁路、城际铁路、市域（郊）铁路建设，推进各轨道交通的功能、枢纽、站城和运管全方位融合，构建体系完善、功能协调、便捷高效的轨道交通体系。加快轨道交通资阳线建设，围绕轨道临空经济区站和车辆段形成综合换乘枢纽，推动青草湾站、纵四路站规划建设。加快成自高铁和成南达万高铁建设，争取成都外环铁路开工建设，推动成渝客专、成自高铁等公交化运营，推动成渝铁路扩能改造、雅眉资遂铁路研究工作。

二是构建城际高快速公路网络。资阳市加快打造成渝相向发展的快速通道，构建"3 高速 4 快速"区域性高快速公路网络，全面融入成渝交通体系，形成"10 分钟到天府国际机场、40 分钟到成都主城区、90 分钟到重庆"的快速通道。推进成渝高速扩能改造；完成成资渝高速临空大道（纵二路）出入口、成资渝高速墨池大道出入口以及相应的连接线建设；推进资阳临空经济区成渝高速资溪大道（纵三路）出入口建设。加快成资大道、成资临空大道、成渝高速与成宜高速联络线、成都东西城市轴线东延线资简段等快速路建设，全面融入成德眉资同城交通网络。同时依托高速路、快速路，谋划公路货运基地、物流基地建设，形成陆、铁、空货运体系。

2. 构建城市内部便捷交通网络

资阳市加快建设形成"六横六纵"的临空新城内部骨架路网。推动资洲大道（三贤路）、横五路、雁溪路（湖滨路）、资溪大道（纵三路）、科创大道（纵四路）、墨池大道（建设西路北延线）、建设东路北延线等主干路建设，形成各功能组团大通道。加快推进清泉路（永临路）、红碑路、双槐路等次干路建设，形成在组团间便捷顺畅的交通条件，道路网络作用逐渐显现。结合用地开发，有序推进雁鸣路、雁翔路、新堰路、斗笠沟路等地块间的支路建设，有效承担地块出入和组团内交通集散功能。

3. 合理布局综合交通枢纽开发

资阳市依托成自高铁、成南达万高铁、成都城际外环线在资阳西"三线共站"建设资阳西站综合交通枢纽，加快推进临空高铁新城站前TOD开发，站城一体设置汽车客运站、公交枢纽站、停车场等设施，提升临空经济区重要的对外交通枢纽组织和旅游集散服务能力。以轨道交通资阳线站点为核心，推进轨道交通资阳线TOD综合开发，规划建设异地候机楼、公交枢纽站、停车场，快速集散天府国际机场方向和资阳城区各功能组团客流。结合资阳临空经济区产业和物流园区落地布局，在三草湾组团、清泉组团建设货运流通中心，集散货运和服务城市物流配送。结合城市主干道、轨道交通站点、居住小区、商业区等加快公交首末站、道路公交站点、出租车停靠点、充电桩等建设，形成连接临空经济区、城北、城中、沱东片区一体化的城市客运交通系统。

案例点评　资阳依托成都天府国际机场，以轨道交通为重点、高速公路和快速通道为骨干，加快构建"8高11轨16块"的立体综合交通网络，推动多式联运发展，形成空铁公一体、多线连成渝、市域大畅通的立体综合交通格局，全面融入成渝综合交通网络，努力创建全省"交通强国"示范市。

（四）坚持多元化项目驱动，打造临空产业高地

建设现代化临空新城标准高、要求高、任务重，对于经济基础相对薄弱的资阳市而言更是一个不小的挑战。资阳市上下齐心、抓住问题"牛鼻子"，坚持多元化项目驱动打造临空产业高地，形成了"四轮驱动"重大项目建设良好态势。同时坚持产城融合发展，推动产业有序导入和集聚成链发展，构建产业生态圈，形成现代化、高端化、特色化产业体系。还根据实际情况重点培育、强力推进了一批重大特色项目，伴随着部分重大项目的陆续建成投用，资阳临空新城的城市能级进一步提升。

1. "四轮驱动"全面铺开临空新城建设

临空新城建设是资阳市的百年大计、发展大业，是一项长期复杂的系统工程，无论是基础设施建设、产业发展还是功能公益配套等都需要庞大的资金支持。但受市、县（区）两级财力所限，政府的财力难以满足有效需求，建设发展存在着巨大的资金缺口，成为制约其建设发展的影响因素。同时，城镇综合开发不同于单体建设项目，往往具有开发建设面积广、投资强度大、合作期限长、合作内容多样化、标的项目种类多、开发进度受制于规划审批、开发效果难以简单度量等特点。2018 年 7月，临空经济区正式启动建设，临空产业新城、临空高铁新城、成都美术学院、雁溪湖综合服务组团 6200 亩起步区是构建临空经济区城市框架的重大项目，资阳市多方深入调研，依据项目的规模、资金缺口、建设方式等特点，最终决定针对不同项目，制定与之精准匹配的融资模式，以不同的答题思路解决了"钱从哪里来"的问题，四大项目全面铺开，形成了"四轮驱动"建设新城的良好态势（见图 2）。

携手中信建设，采取"PPP 模式"合作建设总投资 490.6 亿元的临空产业新城 PPP 项目。实施"PPP 模式"可以大幅缓解政府财政压力，提高项目建设及运营效率，同时越来越多的国有企业、大型民营企业及

图2 已建成投用的资阳临空经济区产业孵化中心

（图片来源：资阳市委宣传部）

产业投资基金等将参与到城镇综合开发建设中，天府国际机场资阳临空经济区产业新城PPP项目是目前省内投资额最大的城镇综合开发类项目。目前，总投资110亿元的6个首期项目陆续竣工投用，产业孵化中心、成资大道新建段建成投用，雁溪湖核心区20平方千米城市框架基本形成；总投资151亿元的27个二期项目加快推进，临空大道北段与成资渝高速临空西站同步投用，雁溪湖、强戒所迁建、娇子大道西延线A段等项目全面推进；总投资172亿元的35个三期项目前期工作有序推进。携手中国铁建昆仑投资集团，采用"投资人＋EPC＋片区综合开发"模式合作建设总投资110亿元的临空高铁新城项目。已完成项目公司组建，成立项目推进专班，目前新城南路启动建设，站前广场、公交枢纽站等首批项目前期工作加快开展。携手四川发展集团，采用"投资人＋EPC"模式合作建设总投资39亿元的成都美术学院。项目于2021年11月8日正式开工建设，2022年7月完成竣工验收。以港投集团为主体，打造雁溪湖综合服务组团6200亩起步区，将其作为临空经济区展示形象、聚集人气的重要窗口优先建设发展。川师大附属临空K12公立学校（幼儿园、小学）建成招生，空港临湖国际社区开盘，五星级酒店、人才公寓、邻里中心、标准厂房等配套项目全面加快建设，资阳临空新城建设日新月异。

2. 坚持产城融合发展推动产业有序导入

在部署临空新城建设过程中，资阳市坚持产城融合发展，精准推动产业导入。科学谋划产业布局。围绕《成都天府国际机场临空经济区规划纲要》明确的产业发展方向，聘请波士顿公司编制产业规划，明确大健康、大智造、都市消费和都市农业"3＋1"主导产业和"2＋7"细分产业体系。聘请戴德梁行编制产业园区规划，布局建设智能智造产业功能区、雁溪湖高端商务区、国际空港现代农业体验区三大产业功能区。建立产业导入政策体系。研究出台招商引资产业清单、项目准入管理办法、优惠政策，明确产业导入方向、严格项目准入条件、明确产业支持政策。创新政企联合招商机制。把产业导入作为与中信建设合作的重要内容，整合政府和企业资源力量，大力开展招商引资，签约高端智能制造、新材料、农旅融合等项目 13 个、总投资 276.4 亿元。在一系列精细化、规范化的举措下，一批项目陆续签约落地，临空产业实现有序导入，为高质量建设临空经济新城打下了坚实基础。

3. 项目攻坚精准突破靶向发力重点培育

资阳市围绕临空制造、临空综合服务两大组团和"3＋1"主导产业，着力推进临空智能智造产业功能区、雁溪湖高端商务区、国际空港现代农业体验区三大产业功能区建设，推动产业集聚成链发展，构建产业生态圈，形成现代化、高端化、特色化产业体系。在产业空间布局不断优化的基础上，资阳市一方面加快布局临空制造业，一方面优先发展临空综合服务业，加快培育都市消费、健康服务、教育培训、现代物流、总部经济、商务服务、金融业七大临空服务业，建设雁溪湖总部经济区、都市消费区、科教文创园、高铁商务区等特色园区，全力打造国家级临空综合服务基地、区域性消费中心。预计到2025年，临空综合服务产业将实现产值100亿元。

天府国际艺术城项目便是资阳市重点培育、强力推进的临空综合服务业项目之一。按照黄强省长"建设国内一流、国际有影响力的美术学院"

办学指示，资阳市以筹建成都美术学院为契机，在临空经济区规划建设以艺术为核心内容的教产城融合发展示范区，打造高品质艺术学区、商区、住区、景区，建设具有国际影响力的天府国际艺术城。携手四川发展集团，采用"投资人＋EPC"模式合作建设天府国际艺术城（一期）——成都美术学院项目，该项目以"公园城市里的山水美院"为设计理念，已于2021年11月8日正式启动建设，施工人员和施工机械均实现高效到位和施工。

天府国际艺术城美术学院校区项目攻坚团队总人数3500名，其中40岁及以下青年2900人，占比83%，是众多奋战在资阳临空新城项目建设现场的团队缩影。项目工期紧、任务重、标准高，面对"一年建成招生"硬目标，他们成立项目攻坚青年突击队10余支，带领2000余名建设者蹲守一线、攻坚克难、超常付出。成功实现15天完成1222亩征地、10天完成房屋拆迁、1个月完成场地平整，全面启动基础工程施工，创造了四川省项目建设"三个最快"的"资阳临空速度"，为按期优质打造"公园城市里的山水美院"贡献了奋发向上的青春力量。

案例点评 资阳市坚持项目第一要务，以高质量、高效率项目建设驱动临空新城建设，以灵活多元的融资方式解决地方政府财力紧张问题。同时，以扎实苦干的奋斗精神保障临空新城道路基础设施、市政设施、产业载体、公共服务、环境配套等项目安全优质高效推进，初步拉开了临空新城城市框架。

四、实施效果

（一）科学规划体系逐步健全，有效引领新城发展

在擘画部署临空新城发展过程中，资阳临空经济区坚持高位规划引领，科学绘制发展蓝图。坚持"先定山水、再定城"规划理念、"产城融

合、城乡一体"规划原则，编制完成了城市总体规划、控制性详细规划以及交通、燃气、电力、排水等专项规划，形成"城市总体规划＋控制性详细规划、城市设计＋14项专项规划"的"1＋2＋14"规划体系，初步形成理念先进、定位准确、功能互补、统一衔接的规划体系。此外，初步建立了较为完善的行政管理体制和运行机制，建立独立运行的财政体制，完成市生态环境、自然资源和规划、司法、市场监管、公安等分局设立以及雁江镇、临江镇托管，"办事不出区"的体制机制框架基本形成。建立"1＋4＋33"征拆政策体系，构建"235"征拆工作体系，依法高效平稳推进征拆工作。落实"容缺后补"行政审批机制，建立设计、审查、监理和开工"四个绿色通道"，建立"14＋5"项目全过程管理保障制度，确保项目全面全速推进。目前，资阳临空经济区规划体系逐步健全，总体上实现了为临空新城高质量发展定好向、布好局的目标，有效引领资阳临空新城建设进程。

（二）公园城市发展理念内嵌，持续改善生态环境

资阳市位于沱江绿色发展经济带上，对于协同构建生态空间和安全格局，引导城市空间和公园形态有机融合，共同推进沱江流域生态保护修复，强化山水林田湖草联合治理，协同建设龙泉山城市森林公园，打造成资同城化绿色发展示范区负有特殊使命。资阳市坚持公园城市建设标准，践行新发展理念，在临空新城项目快速推进过程中，始终坚持做好污水处理设施运维管理，严格落实老鹰水库饮用水水源地保护工作，强化建筑工地、砂石作业、面源污染管理，提升环境质量。坚持严格执法，加大教育和处罚力度，以铁腕手段督促企业落实各项环保措施。实施生态环境项目，积极争取项目资金支持，加快补齐生态环境基础设施短板，推动新城高速度建设的同时持续改善生态环境，确保高质量、可持续的建设和发展。促进生产生活生态相适应、自然环境城市相协调，推动人城境业高度和谐统一，致力于打造临空生态新城。

（三）发达交通骨架基本成型，区位优势越发凸显

资阳临空新城距离天府国际机场 12 千米，在这样的距离下，没有交通优势就没有临空优势，构建便捷联通机场的综合交通网络尤为重要。几年来，在借势借力成资同城化发展平台，积极融入"双圈"建设过程中，资阳临空经济区坚持"外建大通道、内建大网络、共建大枢纽"，加快建立与成都、重庆及周边其他城市、天府国际机场之间的高效便捷综合交通网络，完善以轨道交通及高快速公路为骨干的对外运输网，大力提升枢纽门户功能，形成全面融入成渝、畅通全国、通达全球的成都东部枢纽门户。值得一提的是，成资大道是成资同城化三大标志性项目之一，也是成资间建成通车的第一条城际快速通道，是推进成资临空经济产业带高质量发展的开路先锋。2022 年 2 月，天府国际机场南线东段和简阳段开通，标志着成资大道正式贯通，将进一步优化完善成都都市圈路网，促进成资临空产业带融合发展，为成资同城化率先突破提供交通保障，"成都区位、资阳成本"的比较优势正在逐渐发挥效用。

（四）一批重点项目高效推进，城市建设步伐加快

资阳市在推进临空新城建设过程中，始终坚持项目第一要务，以项目实施助推城市建设，初步拉开了城市框架。如今，一批重大项目已经建成投用，不仅加快了临空新城建设步伐，也给资阳市民带来了更好的生活体验。例如，总投资 110 亿元的 6 个首期项目陆续竣工投用，产业孵化中心、成资大道新建段建成投用，雁溪湖核心区 20 平方千米城市框架基本形成；总投资 151 亿元的 27 个二期项目加快推进，临空大道北段与成资渝高速临空西站同步投用。位于资阳临空经济区临江镇的天府国际艺术城美术学院于 2022 年 7 月竣工验收，9 月招收第一批美术新生，未来将致力于改善办学条件、提升办学水平，尽早填补四川没有独立美术类本科院校的空白。

五、特色亮点

（一）坚持高质量发展导向，切实贯彻新发展理念

资阳市坚持"规划引领、基础先行、产城融合、城乡一体"发展思路，高起点、高标准、高水平建设生态宜居临空新城，在规划设计、管理运营、产业导入等方面全面体现高质量发展要求。一是坚持高位规划引领，科学绘制发展蓝图。由中国城市规划设计院、波士顿咨询公司等一流专业机构编制各项规划，编制形成"总体规划＋控制性详细规划、城市设计＋14项专项规划"的"1＋2＋14"规划体系，初步形成理念先进、定位准确、功能互补、统一衔接的规划体系。二是不断优化营商环境，持续改善生态质量。深入推进四川自贸试验区协同改革先行区建设、全面承接省级管理事权、开展成都市优化营商环境创新举措复制推广，努力构建国际化营商环境；组建行政审批局，强化"一站式"服务，推进"一网通办"前提下的"最多跑一次"改革，实行一枚印章管审批，逐步实现"办事不出区"。同时，强力治理农村污水，全面落实秸秆禁烧，散乱污企业、建筑工地扬尘得到有效管控，大气环境质量稳步提升。三是坚持产城融合发展，精准推动产业导入。科学谋划布局建设智能智造产业功能区、雁溪湖高端商务区、国际空港现代农业体验区三大产业功能区；研究出台招商引资产业清单、项目准入管理办法、优惠政策，明确产业导入方向、严格项目准入条件等产业导入政策体系；创新政企联合招商机制，把产业导入作为与中信建设合作的重要内容，整合政府和企业资源力量，大力开展招商引资，签约了一批绿色发展项目。

（二）坚持"千亿港投"目标，做大做强国有企业

2017年9月，资阳市委、市政府批准成立资阳空港投资有限公司，注册资本金10亿元。2018年5月，资阳市委、市政府明确港投公司为市

属国有企业，授权临空经济区管委会负责监督管理。2021年4月，更名为资阳空港投资集团有限公司（以下简称"港投集团"），目前下设子公司12家（全资子公司6家、控股子公司1家、参股子公司5家），集团总资产规模38亿元、净资产11.8亿元。为夯实临空经济区长远发展支撑，促进企业做大做实做强，港投集团在履行临空产业新城PPP项目服务与监管的同时，全面参与临空经济区基础设施建设及运营、产业投资发展、国有资产经营等，打造"千亿港投"。目前，港投集团作为业主承担了天府国际艺术城项目一期、五星级酒店、临湖国际社区等12个、总投资约271亿元的重点项目建设，正积极创建AA信用评级企业。

（三）"四轮驱动"建设新城，高效拉开城市框架

资阳市是成渝地区双城经济圈的重要组成部分，《成渝地区双城经济圈建设规划纲要》直接或间接体现"资阳元素"达26处，涉及区域合作、改革、交通、水利、能源、城镇化、产业、环保、社会事业等方方面面。同时，依托天府国际机场建设临空经济区是四川省委、省政府作出的重大决策部署，规划总面积298平方千米，由成都、资阳两个片区组成，成都片区199平方千米，资阳片区99平方千米。多重国省战略交汇叠加于此，资阳市深知担负的使命和责任重大，坚定贯彻中央、省委有关工作部署，将临空经济区建设作为融入成渝地区双城经济圈建设的示范区、成资同城化发展的重要支撑、资阳高质量发展的重要增长极和新兴动力源；坚持新发展理念和高质量发展要求，抢抓成渝地区双城经济圈建设机遇，坚持成资同城化战略支撑。然而，资阳临空经济区原有基础设施和经济基础薄弱，政府财力有限，如何缓解临空新城建设发展存在的巨大资金缺口，建设好这一长期复杂的巨大工程，一度困扰着资阳市。

资阳市经过多方深入调研，依据项目的规模、资金缺口、建设方式等特点，最终决定针对不同项目，确定与之精准匹配的融资模式，形成

了以"PPP 模式"、"投资人 + EPC + 片区综合开发"模式、"投资人 + EPC"模式、资阳市属国企"港投集团"为主体的"四轮驱动"建设新城良好态势。目前，临空产业新城、临空高铁新城、成都美术学院、雁溪湖综合服务组团 6200 亩起步区、川师大附属临空 K12 公立学校（幼儿园、小学）等一批重大项目全面铺开建设并陆续投入使用，一座生态宜居的现代化临空新城未来可期。

六、经验启示

（一）坚持党的全面领导，勇担使命追赶跨越

资阳临空新城建设能够在短短几年内实现高速度、高质量推进，离不开党的全面领导和科学部署。资阳临空经济区始终坚持实施党建引领发展行动，确保党建引领发展、凝心聚力，坚持和加强党的全面领导，为经济社会高质量发展提供坚强有力的组织和纪律保障。一是推动党建引领经济发展。充分发挥党组织和党员干部在项目建设、招商引资、疫情防控、防灾减灾等方面的引领带动作用，为高质量发展凝聚人心汇聚力量。二是实施村级阵地提升行动。新建仁里村、大堰村等 10 个村（社区）阵地，改造提升墨池村、先锋村等 9 个村（社区）阵地，规范打造昆仑村、高桐村等 4 个村阵地，夯实基层战斗堡垒。三是加强干部职工教育培训。通过党工委理论中心组学习、科级领导干部能力提升培训班、"临空大讲堂"干部夜校等载体，坚持"每月一主题"，全覆盖开展干部职工教育培训，不断提升能力素质。四是不断强化党风廉政建设。落实管党治党"五级责任"清单、季度"提示单"、述责述廉等制度，推动主体责任和"一岗双责"落实到位。始终保持惩腐高压态势，营造风清气正的干事环境。

几年来的发展实践证明，从零开始、白纸作画的临空新城建设千头万绪，只有把党的全面领导贯穿到地方发展全过程全方面，不断拓展党

的组织覆盖和工作覆盖，健全规划实施保障机制，才能使政治方向不偏离，资源能力有保障，更好履行政府职责，最大限度激发各类主体的活力和创造力，形成全面建设生态宜居临空新城各类主体充分履职尽责、全力以赴的强大合力。资阳市第五次党代会对资阳当前和今后一个时期面临的形势作出重大研判，明确资阳向上发展的拐点已经出现，突破时机已经来临，正处于战略机遇落地期、追赶跨越关键期。接下来将进一步围绕党的政治建设、干部队伍建设、基层组织建设、党风廉政建设全面加强党的建设，为资阳在未来几年的追赶跨越提供坚强保障，确保党中央大政方针和省委决策部署在资阳得到不折不扣的贯彻和落实，扎实朝着建设成渝门户枢纽、临空新兴城市目标坚定前行，勇担使命加速崛起，努力成为"成渝中坚"，奋力夺取全面建设社会主义现代化资阳新胜利。

（二）规划引领凝聚合力，项目支撑夯实基础

资阳市在奋力建设生态宜居临空新城过程中，从战略上进行考量和部署，坚持聚焦问题，积极借鉴先进营城理念，强化顶层设计，增强临空新城建设的系统性和针对性，努力通过科学的规划设计引领，统筹谋划好城市运营中存在的环境质量、交通拥堵、生活不够便捷等问题。在各项规划的一致性上狠下功夫，切实抓好统筹，形成规划合力，保证临空新城建设发展的基本方向，力求实现规划编制效能最大化和资源配置效率最优化。总体而言，围绕现代化国际化国家级临空经济示范区的总体目标，和内陆开放重要战略支点、临空经济创新发展高地、怡然蜀乡宜居产业新城的发展定位，资阳临空经济区聘请中国城市规划设计院、波士顿咨询公司等一流专业机构，坚持"先定山水、再定城"规划理念，"产城融合、城乡一体"规划原则，"对标成都、比肩成都"规划标准，编制形成"总体规划＋控制性详细规划、城市设计＋14项专项规划"的"1＋2＋14"规划体系。

同时，坚持项目是第一要务，以项目建设驱动新城建设，确保规划蓝图落实落地。目前，资阳临空经济区携手中信建设、中国铁建昆仑投资集团、四川发展集团、港投集团总体上形成了"四轮驱动"的良好态势，灵活运用"PPP 模式"、"投资人 + EPC + 片区综合开发"模式、"投资人 + EPC"模式等，努力加强政府、企业、社会多方面的协调配合，有效促使各项力量集聚整合，以工作的高效率，实现发展的高质量。当然，临空新城建设是一个体量巨大的工程，并非朝夕之间可以完成和实现，需要扎扎实实进行统筹和建设，正处于追赶跨越关键期的资阳市深谙此理，接下来，资阳临空经济区将继续全力推进项目建设，奋力推动临空新城建设成势成效。

（三）借势借力联动融合，错位推进高效发展

为抢抓发展机遇，借势借力实现资阳临空新城建设高质量推进，资阳市坚持"一区两片"同城化协调发展，努力在强化与成都东部新区、重庆渝北临空经济区互动、协作，推进工作思路进一步明晰、规划体系进一步完善、基础建设进一步加快、产业支撑进一步夯实、营商环境进一步优化等方面加快融入"双圈"建设、促进发展平台共建共享，推动一批跨区域合作项目顺利建设。沿着此方向，接下来资阳市将在推进服务大通道建设、成资临空经济产业带建设、国家级临空经济示范区创建等方面积极与成都、重庆等地深化合作，在联动融合中运用和开发自身区位优势和资源禀赋。

同时，为避免资阳临空经济区在百舸争流的区域竞争态势下慢进掉队，项目包装初期，在完成法定的"两评一案"过程中，打包招标律师事务所、专业工程咨询、专业 PPP 项目咨询机构组成的联合体，完成项目落地前期所需的全部合规性程序，包括实施方案、物有所值评价、财政承受能力评价、工程可研、PPP 合同等；在完善签署首期项目合同、成立项目公司期间，港投集团抓紧时间先行入场，开展前期工作、土地流

转、林木砍伐、杆管线迁改等工作，为项目奠定开工基础；建设初期，采取管委会、项目公司、总包、设计单位驻场合作的方式，容缺后补、并联作业、压茬推进，边规划、边设计、边施工，推动项目早开工、早投用。这种错位推进的灵活模式，也有效助力了资阳临空新城建设的高质量、高速度推进。

（四）全面深化改革创新，厚植资阳发展动能

启动临空新城建设几年来，资阳坚持深化改革创新，改善营商环境，努力厚植发展动能，不断激发经济社会发展活力。例如，深入推进四川自贸试验区协同改革先行区建设，积极争取纳入中国（四川）自由贸易试验区扩区范围，全面承接省级管理事权146项，开展成都市优化营商环境25条创新举措复制推广，努力构建国际化营商环境。组建行政审批局，承接市级各类权力事项3580项，强化"一站式"服务，推进"一网通办"前提下的"最多跑一次"改革，实行一枚印章管审批，逐步实现"办事不出区"。实行企业开办"一门进出、一窗受理、一套材料、一次采集、一网通办"，实现企业开办4小时办结，新发展各类市场主体592户。真正在推动体制机制创新、优化政务服务方面取得了突出成绩，以"效率革命"引领发展动能。

未来，资阳还将在深化重点领域改革、深化对外开放合作、深化营商环境建设等方面持续着力，深入推进"效率革命"，深化"一网通办"前提下的"最多跑一次"改革，优化政务服务大厅"一站式"功能布局，让企业多用时间跑市场、少费工夫跑审批。深入推进"区域评估""场景式服务"，编制发布"一件事"办事指南，聚焦开办企业、投资项目审批等重点领域和高频事项，开展套餐式、情景式、主题式服务。充分利用外来民营企业投诉服务工作站，整合"三团两库"法律资源，积极"送法进企业"，提供优质高效法律服务。同时，积极建设自贸协同改革先行区。做好权限承接和复制推广，提升审批便利化、通关便利化水平。结

合协同改革先行区发展定位、试验重点、主导产业，加强对重点改革任务的针对性操作性研究。完善自贸试验区"国际贸易单一窗口"外贸主体信息共享机制，优化外商投资准入前国民待遇加负面清单管理模式及外商投资信息报告制度。协同推动"一区两片"纳入自贸区拓展区，探索共建自由贸易港。

（五）牢牢把握人民中心，推进共建共治共享

资阳坚持以人民为中心，深入推进基层治理，促进民生福祉持续改善，社会大局和谐稳定。实践"党建引领＋综合服务＋综治保障＋科技赋能"城乡社区治理新框架，石梯社区和白山社区成功创建 2020 年市级基层治理示范社区，白山社区文博园小区被评选为 2021 年四川省基层治理百佳示范小区。开展城乡接合部新型社区突出问题开展专项整治，推动小区党组织建立全覆盖，着力构建"小区党组织＋业主委员会＋物业服务企业"三方联动格局。同时，积极开展巩固脱贫攻坚成果"回头看"，完善社会救助主动发现机制，加强低收入人口监测预警，确保应保尽保、应兜尽兜。争取乡村振兴补助资金 1264.6 万元，用于 4 个脱贫村集体经济产业维护、基础设施补短等，带动开展农村"厕所革命"、村庄清洁行动等行动，农村面貌得到有效改善。启动首批乡村文化振兴样板村镇建设，临江镇被评为四川省首批省级乡村文化振兴样板村镇。稳慎推进农村宅基地制度改革试点，积极把改革成果转化为发展红利和治理实效。

积极适应新发展阶段的形势和特点，贯彻新发展理念，坚持走生态发展之路，扎实做好污水处理设施运维管理，强化建筑工地、砂石作业、面源污染管理，提升环境质量。坚持严格执法，加大教育和处罚力度，以铁腕手段督促企业落实各项环保措施。抓好宣传教育，鼓励公众参与生态环境保护，努力推动形成政府、企业、公众共治的生态环境保护体系。通过一系列强有力举措，持续改善生态环境，构建人民群众工作生

活的良好生态，在共建共治共享过程中不断提升新城建设质效，让人民群众生活得安心、舒心。如今，随着资阳交通网的进一步完善，社会公共服务的进一步延伸，资阳群众的成资同城体验也越来越足，城市吸引力日益增强。

七、案例来源说明

本文中的案例来源于资阳临空新城的建设实践过程，课题组通过实地调研走访资阳临空经济区，与临空经济区管委会的管理者进行交流请教，探访临空新城项目建设实况，归纳、分析、讨论选出了本文呈现的四个典型案例，大致展现了近几年来资阳市为高质量推进现代化临空新城建设所做的探索和实践。

八、教学思考

1. 资阳市从零开始部署建设现代化临空新城的实施路径是什么？

2. 资阳市如何破解地方政府财力有限、建设新城资金缺口大的问题？

3. 资阳市建设临空新城面临的挑战和机遇有哪些？

4. 基础相对薄弱的资阳临空经济区优化发展环境、培育发展动能的举措有哪些？

参考文献

［1］王全良.临空经济区对腹地区域经济的影响研究［M］.北京：社会科学文献出版社，2017.

［2］吴忧.资阳加快成渝枢纽临空新城建设［N］.四川日报，2021－12－23.

［3］抢抓天府国际机场启用机遇加快推进资阳临空产业发展的对策

建议［J］.决策咨询，2022（2）.

　　［4］杨友孝，程程.临空经济发展阶段划分与政府职能探讨：以国际成功空港为例［J］.国际经贸探索，2008（10）.

课题指导：中共四川省委党校（四川行政学院）　薛蕾
编写单位：中共资阳市委党校（资阳行政学院）
研究团队：田翔　姚中举　刘维薇　许英　郭立为

国有能源企业党建引领高质量发展，助推成渝地区双城经济圈建设的实践案例研究

摘要

国有企业作为中国特色社会主义经济的"顶梁柱"，肩负着新时代的历史使命和政治担当。作为国家能源产业的重要组成部分，国有能源企业积极参与成渝双城经济圈建设，为推动这一重要国家战略发展注入了强劲动力。一些国有能源企业通过强化党建引领、创新工作载体等方式牢固树立"一体化"理念，强化"一盘棋"思想，在推动成渝双城经济圈建设中充分发挥国企"主力军"作用，体现了新担当、展现新作为、作出新贡献。

关键词

国有企业；能源；成渝地区双城经济圈；高质量

一、导语

推动成渝地区双城经济圈建设，是以习近平同志为核心的党中央着眼全局和长远发展谋划的重大战略，是川渝两地和今后一个时期的重大政治任务。川渝两地的国有企业，特别是国有能源企业，要始终坚持把推动成渝地区双城经济圈建设作为增强"四个意识"、坚定"四个自信"、做到"两个维护"的实际行动，更加注重从全局谋一域、以一域服务全局，主动对接、全面融入，自觉把思想和行动统一到习近平总书记重要讲话精神和党中央决策部署上来，确保事业发展始终沿着习近平总书记指引的方向奋勇前进。

四川省是人口大省、经济大省、能源大省，有着丰富的石油气和其他能源资源储备，目前正处在"一带一路"建设、成渝双城经济圈建设等重大国家战略部署密集交汇地区，是关系国家能源战略安全的重要地区，承载着特殊的使命。近年来，四川一些国有能源企业围绕全面增强国有经济竞争力、创新力、控制力、影响力、抗风险能力，按照完善中国特色现代企业制度要求，以加强企业党的领导和党的建设为引领，靠紧压实党建责任，牢固树立"一体化"理念，强化"一盘棋"思想，在推动成渝双城经济圈建设中充分发挥国企"主力军"作用，体现新担当、展现新作为、作出新贡献。

二、背景介绍

推动成渝地区双城经济圈建设，是习近平总书记亲自谋划、亲自部署、亲自推动的一项重大区域发展战略。国有能源企业作为国家的能源安全和经济发展重要保障，始终坚持深入贯彻习近平总书记关于推动成渝地区双城经济圈建设重要讲话精神，坚定拥护"两个确立"，增强"四个意识"、坚定"四个自信"、做到"两个维护"，认真落实党中央、国务院关于碳达峰碳中和以及推动成渝地区双城经济圈建设的重要部署，牢固树立一体化发展理念，更加注重从全局谋一域、以一域服务全局，主动对接、全面融入，通过抓改革、建机制、搭平台、推项目、防风险等路径，推动形成"协同共进、安全共保、绿色共建、创新共赢、民生共享"的川渝能源高质量发展格局，为成渝地区双城经济圈高质量发展提供坚强的能源保障。

川渝地区是中国西南地区的重要经济中心，包括四川省和重庆市两个省级行政区域。该地区地处长江经济带核心区域，拥有丰富的煤炭、天然气等能源资源，并且拥有广阔的水电资源，是中国重要的能源基地。作为我国西部重要的经济核心区域，成渝地区对能源的需求非常庞大，在这一背景下，国有能源企业的发展对于成渝地区的经济建设和社会发展具有重要的意义。国有能源企业的发展能够确保川渝地区的能源供应稳定性，川渝地区作为工业基地和经济中心，对电力、石油、天然气等能源的需求量较大，稳定的能源供应对于支撑成渝地区经济的持续发展至关重要。国有能源企业拥有强大的技术和资源优势，能够通过大规模开采和生产，确保能源供应的稳定性，提高能源利用率，为成渝地区经济的发展提供坚实的基础。国有能源企业的发展能够促进成渝地区的产业协同发展。国有能源企业涉及多个产业链，通过产业链的延伸，可以带动成渝地区相关产业的发展。国有能源企业相关投资和发展，不仅能够提供丰富资源利用，还能够促进相关装备制造、运输等产业的发展，推动成渝地区相关产业的协同发展，形成良性的产业生态系统。国有能源企业的发展能够引领成渝地区的科技创新和绿色发展，国有企业在技术研发和创新方面具备较强的实力和优势。总之，成渝地区在国家的能源战略中扮演着重要的角色，其丰富的能源资源和优越的地理位置为国家的经济发展提供了强大的支撑，国有能源企业的发展对于推动成渝地区双城经济圈建设具有重要的作用，其稳定的能源供应能够支撑成渝地区经济的稳定增长，其产业链的延伸能够促进川渝地区相关产业的发展，其税收贡献和就业机会能够支持地方经济的增长，其科技创新和绿色发展能够引领成渝地区的产业转型和升级。

三、典型案例

（一）党建引领促发展 党员领办强担当——创新党建载体引领新型国有能源企业高质量发展的川港实践

四川川港燃气有限责任公司（以下简称"川港公司"）是国资控股，川港两地共同参股，生产经营业务辐射川渝的新型国有能源企业。公司党委于2015年12月成立，目前共由9人组成。公司现有党员706人，党员占公司员工总数的56.25%，其中科级以上党员干部148人。川港公司坚持以习近平新时代中国特色社会主义思想为指导，在西南油气田公司党委的正确领导下，充分发挥党组织"把方向、管大局、保落实"重要作用，紧紧把握发展方向，筑思想强引领，深挖党建品牌内涵，锐意进取、真抓实干，以党委引领、党员领办，上下联动、全员覆盖，实现了区域市场快速拓展、天然气销量不断攀升、经营效益稳步增长、安全环保持续好转、党的建设成效显著、基础工作全面加强、管理水平明显提升。

川港公司坚持从党对国有企业的根本定位出发，牢牢把握党对国有企业坚强领导这一"根"和"魂"。公司在转型改革发展过程中，曾经缺乏有效的党建工作载体和支撑，公司领导层面一直苦心谋划，党建工作和业务工作怎样才能相互融合、相融并进。经过探索，公司找到了一条抓好基层党建，强化党的全面领导的新方式，那就是在生产经营中创新实施党员项目领办，以党建引领探索实现新的生产经营运作方式，于2019年5月制定《关于在党组织中开展项目领办工作的通知》，正式启动党员项目领办工作，以"党员项目领办"为抓手，以党建引领生产经营和队伍建设，把"强根铸魂"的要求落实到公司建构和生产实践中。

1. 坚持政治引领，以"党员项目领办"树立树牢正确的政治方向

习近平总书记明确指出，中国特色现代国有企业制度，"特"就特在把党的领导融入公司治理各环节，把企业党组织内嵌到公司治理结构之中。坚持党对国有企业的领导是重大政治原则，必须一以贯之；建立现代企业制度是国有企业改革的方向，也必须一以贯之。在改革发展中，公司坚持党的领导、明确政治方向，旗帜鲜明把党的政治建设摆在首位，把新时代党建要求贯彻落实到国有企业改革发展的全过程，以正确的政治方向引领公司从内部组建、发展到一线生产建设的全过程，坚定政治方向，坚持以党的旗帜为旗帜、以党的方向为方向、以党的意志为意志。确保组建的国资能源企业发展按照中央要求部署走，确保公司建构改革形式创新，但国资企业性质不变。

在"党员项目领办"过程中，公司注重坚持政治建设，强化政治引领，加强党员"讲政治、强担当"，以实际行动强化思想理论武装，践行党的政治要求。公司各级党组织利用党史学习教育、主题党日、支部活动等，走进延安革命纪念馆，深入梁家河隆昌"3.27纪念馆"、长征干部学院雅安夹金山分院等红色教育基地，实地开展党史学习教育，引导党员干部接受革命洗礼、传承红色基因（见图1）。第一时间落实集团公司"延安精神进石油"行动部署，以川油人抓铁有痕的实干精神扎实推动党史学习教育走深走实。制定下发《党员教育培训举措清单》，明确党员培训教育重点任务、细化具体工作举措，加强党课学习，强化习近平新时代中国特色社会主义思想、中国共产党人精神谱系等的学习教育，增强党性修养、强化党性锻炼，强化党员先锋模范意识。充分发挥"党建＋互联网"的阵地优势，利用"铁人先锋""川港燃气公众号"等信息化平台载体，2021年，讲授专题党课共计56次，党课受众总人次1228人。这些举措为"党员项目领办"筑根筑魂，提供扎实的思想理论保障。

图1　川港公司基层领导人员参加党史学习教育培训

（图片来源：四川川港燃气有限责任公司）

2. 着眼高质量要求，以"党员项目领办"谋划新型党建工作格局

党的领导是全面领导，坚持党的领导首先要正确处理好国企党建工作和生产经营的关系，才能充分发挥国有企业政治优势，确保改革发展目标不偏、方向不移。党的全面领导的实现，要靠坚实的党建工作为支撑，党的领导如何在生产经营中落地落实，党员先锋模范作用怎样才能更好地发挥，关系着党建效能，关系着公司高质量发展。

川港公司在所属党组织和党员中推行"党员项目领办"工作制度，找到了一条实施党建工作的新路，谋划出把党的领导、党的建设和公司生产经营有机结合起来的重要载体。在这个党建工作格局的实施过程中，重点发挥党员主体作用，以项目领办的方式扎实推进党建工作和业务工作。

一是着眼"三级效能"构建党建工作新格局，提供坚强的政治保障。党员项目领办不仅是公司党委顺应新时代对党建创新工作要求，也是公司创新部署、改进工作、拓展视野的需要。在公司党委领导下，充分发挥"公司党委－分公司党支部－党员主体"三级效能，全过程谋划新型党建工作格局，实现党建对生产经营工作的全覆盖。党员项目领办工作充分发挥公司各级党组织在企业中的领导核心和政治核心作用、党支部的战斗堡垒作用、党员的先锋模范作用，引领保障企业的改革发展。企业的发展不能脱离党组织的领导，企业的发展需要党员发挥主心骨作用，党员在工作中率先垂范，冲锋在前，充分激发员工的价值认同，引导企业文化共鸣，提高员工向心力、凝聚力，从而促进公司发展。

公司在考核中把年度党建工作责任制考核评价和党员项目领办实施情况考核有机结合起来，党委组织部围绕公司党委部署的年度重点任务，借鉴西南油气田公司党委党建工作责任制考核评价工作经验，充分运用"铁人先锋"党建信息化平台，结合党员项目领办工作实效，把党员项目领办考核融入党建工作责任制考核中，有针对性地发现难点、难题，"顽症""痛点"，更好推动党建工作补齐短板、提升质量、增强实效。

二是充分关注生产经营一线，注重发挥"支部主体"作用。"企业的核心在生产，无论是党的建设还是支部组织建设，都必须着眼生产经营一线"，公司基层党支部书记这样谈道。在党员项目领办过程中，向生产经营一线倾斜，注重向支部基层发力，实现把支部建在生产经营一线、建在项目管理实施一线。实践表明，该制度充分发挥基层党组织战斗堡垒作用和党员先锋模范作用，具有先进性。

在党员项目领办实施过程中，各基层党支部广泛听取党员群众意见，党支部书记共收到批评意见 75 条，查找问题数量 88 个，各党支部查找问题数量 117 个，并制定切实可行的整改措施（见图 2）。36 个基层党支部按要求召开专题组织生活会，690 名党员全部参加组织生活会，参加民主评议的党员 610 名，评为优秀党员的有 204 人、评为合格党员的有 393 人、基本合格党员的有 13 人，全面完成了年度组织生活会和民主评议党员工作。

扎实开展年度党组织书记抓党建工作专项述职，重点针对党员项目领办实施情况，采取"现场视频述职 + 书面述职"全覆盖的形式进行，述职评议考核聚焦基层党建，突出工作重点，提高基层党建工作质量。党员项目领办实施以后，基层党组织书记和党员都感到如今的党员评议评价"有话可说"了，认为党建工作更加务实，问题查找也更有针对性，工作改进更有实效。2021年，现场视频述职的8名党组织书记述职综合评价等次均为好，书面述职的25名党组织书记、党组织副书记述职评议综合得分全部在92分以上。

图2　党员项目领办签约仪式

（图片来源：四川川港燃气有限责任公司）

三是突出重点和关键，以党员项目领办实施切实增强惠民生保安全促发展能力。无论是党的建设，还是公司发展，都作为党建工作促进业务工作的一次探索，重大项目实行全程领办能促进党组织和党员有效嵌入到生产经营工作中，充分发挥党组织的战斗堡垒作用和党员的先锋模范作用，有效帮助基层解决工作中遇到的矛盾和问题，缩短工作时限，提高工作效率，达到业务工作与党建工作的双融双促。川港公司党委结合生产经营实际，以基层党组织为单位，一个年度为周期，通过主动聚集年度生产经营任务目标，按照"安全环保、生产建设、管道运行、经营增效、合规管理、党的建设"等六个大类，将重点工作内容细化，把遇到的突出困难问题进行分解，分层分类的用清单方式细化责任措施，形成"领办项目"，并对领办项目实现进行统一目标化管理考核，从而达到推动公司各项生产经营任务全面完成的目的。

在实施过程中重庆公司结合党员项目领办要求，结合"我为群众办实事"实践活动等，形成重点任务25项，目前均已完成（见图3）。遂宁公司开展了"南充嘉陵CNG站加油项目恢复工程""四川裕宁新能源材料有限公司（二期）用气工程""CNG输差管控"等涉及民生、安全领域的重点项目，通过项目实施并交接，通过地方政府安全应急管理部门检测并试运行，拓宽了保民生服务面、环境安全保护面，大大提高了公司生产效益。通过党员项目领办实施，成功取得了位于重庆市潼南区的气田水达标外排项目的供气权，年用气量约为500万立方米，成功实现通气投产；持续保障四川裕能和四川裕宁两个重点用户的建设，用气量从年初约2万立方米每天增长至约20万立方米每天；拓宽重大客户群体，

图3　党员项目领办实践活动

（图片来源：四川川港燃气有限责任公司）

发展四川晨光博达新材料有限公司、蜂巢能源科技（遂宁）有限公司等重点用户，市场占有率稳步提升。积极探索便民业务新的增长点，与港华蓬溪公司签订燃气器具代理经销合同，燃气具销售领域取得新的突破；保持户内改造、垃圾费代收、燃气保险推广业务稳定发展，精准打造营商环境优质向好。

3. 坚持党建业务融合"党员项目领办"促进生产经营提质增效

通过基层党组织的组织、发动、引领，实现党建与中心工作的深入创新融合，彻底解决党建与业务工作两张皮问题。

以"融入生产抓党建、抓好党建促生产"为导向、"项目化管理、组织化推进"为原则，川港公司党委坚持党建工作与生产经营深度融合的思路，分层分类推动项目领办工作，基层党组织为责任主体，聚集年度生产经营任务目标，负责制定领办项目的内容、跟踪督办和考核。党员作为项目领办具体实施个体，结合岗位实际、具体工作目标、把解决工作中重点难点和矛盾作为出发点，领受任务，纳入党员积分制管理过程考核，推动工作质量和效率。

项目领办工作让广大党员"亮出来""站出来"，既要融入实际工作，更要带动实际工作，充分激发基层党组织的活力，拓宽党员联系群众、服务群众的渠道，形成党组织领着干、党员争着干的良好局面。党支部项目领办实施后，不同岗位党员的工作黏合度有效增强，基层党组织的组织力得到释放和提升，带动企业员工共同参与；与此同时，在项目领办实施过程中，业务工作进一步反哺党建工作，是广大党员职工在工作实践中加深对组织的认同、对工作事业的认同，以及对党员身份的认同，唤起大家的初心和使命意识，使得党建和业务工作相辅相成，合力推进公司高质量发展。

4. "党员项目领办"特色亮点

通过党员项目领办实施，公司得以统筹推进重大重点项目，使党员项目领办真正成为党建工作的"主抓手"、业务工作的"主推手"。

川港公司在党员项目领办探索中发现需要关注这样几个方面。

一是坚持公司党委领导，注重顶层谋划推动。公司党委领导是政治领导，是管方向、定大局的领导，党员领办项目注重党委决策和公司治理决策衔接。项目的主要方向、主要内容，由公司党委结合党建工作和生产经营实际，定方向、立重点，形成重大选题，各个分公司和基层党组织根据公司党委安排，结合自身实际再进行细化和上报。也就是说，党员所领办的项目是上下联动的，既符合发展大方向确保政治性、全局性，又符合地方实际，确保针对性、有效性。二是坚持党建引领，注重党员先进性作用发挥。注重通过思想政治教育和党性锻炼引导使命担当，促进党员领办项目开展，使得项目开展和党员党性发挥结合起来，形成有力推动，使党员先进性得到发挥，主动攻坚克难。三是坚持基层优先，注重建强基层党组织战斗堡垒。在党员领办项目实施过程中，注重基层党组织一线战斗堡垒的培塑和引领作用发挥，以基层党建推动一线工作开展和力量融合。四是坚持目标导向，注重发挥激励引导作用。通过项目清单，把领办内容形成项目，让公司和基层组织对工作内容更加清晰，对项目着眼更有方向。强化激励引导，对项目实施进行必要的经费匹配和保障，有助于项目推动，对实施较好的项目，或产生重大影响的项目，定期进行表彰，有助于树立标杆，强化示范带动。五是坚持人才支撑，注重团体协作建设一流队伍。在党员项目领办实施中强化人才支撑引领作用，针对不同类别的项目，组建形成主要实施团队，充分发挥专家骨干作用，发挥专业特长，并且形成良好团队协作，发挥以老带新传帮带作用，进一步激发人才队伍活力。此外，注重通过人才吸纳和培养培训，不断为公司注入发展活力，提升干事创业能力。

5. "党员项目领办"经验启示

党的基层组织是确保党的路线方针政策和决策部署贯彻落实的基础。中国共产党是中国工人阶级的先锋队，工人阶级是中国特色社会主义事业的重要基石，国有企业中的工人党员是党执政兴国的重要支柱和依靠力量。必须加强国有企业基层党组织建设，充分发挥国有企业基层党组织战斗堡垒作用和党员先锋模范作用。川港公司"党员项目领办"为基层党建和公司生产经营业务探索了新路，取得了明显成效，要持续深入，引领推动公司高质量发展。

一是以问题导向为实践，抓好基层党员思想建设。公司注重抓好基层党组织思想教育，针对员工思想动态，积极开展基层思想调研，高质量搞好调查研究，主动了解一线员工在开展相关工作过程中的思想动态，党委班子还加强与员工沟通联系，建立"组织领导－支部党员"定向联系制度，发现问题、解决问题，注重讲奉献的同时讲关怀，着力解决困难党员和一线员工生产生活存在的难题，重点做好机构调整下的矛盾风险化解，保持队伍思想稳定。

二是以项目管理为抓手，健全基层党组织覆盖面。党的基层组织覆盖面关乎国有企业建设成效，关系到工人阶级作用发挥，必须健全和改进基层党组织设置。要充分利用党员项目领办平台，以"安全环保、生产建设、管道运行、经营增效、合规管理、党的建设"等为主线，加强项目内容管理、目标管理、质量管理。公司要始终把基层作为党建工作的主阵地，着眼全局、着眼长远，抓好基层党组织建设。通过党员项目领办，克服党员来源广、流动性大、组织关系分离难题，创造性探索"属地管理＋身份管理＋项目管理"的党员管理模式，强化总公司党建集中统一归口管理。创新基层党组织建设形式，既要像其他石油电力能源公司那样把支部建在"站"上、建在"井"上，又要发现探索自身优势，建在"项目"中，夯实基础，增强一线战斗力。

三是以能力提升为着眼点，强化学习型支部建设。加强支部集中学习，做好职工"提能充电"工作。克服地理位置和时间条件限制，每月定期召开支部会议，平时通过远程开展"线上"支部活动，并将外协党员（其他非生产主线构成人员）纳入支部开展活动。在学习贯彻党的方针政策、加强党群工作联系、增进一线生产职工感情、增强团队凝聚力战斗力上充分发挥战斗堡垒作用，使得生产一线有主心骨，在自身建设、生产经营、应急处突等过程中发挥关键引领作用。

四是以人才队伍为重点，担纲重大项目领办。突出人才对高质量发展的支撑作用，以人才队伍为重点，注重重大重点项目担纲领办，带动实现跨越发展。按照公司业务的快速发展的要求，要分层次、分专业、多渠道引进专业人才。采取内部成长和外来引进等多种途径结合的方式，加强队伍建设、人才建设。

五是以支部联建为合力，夯实安全生产基础。要加大承包商培训和队伍管理力度，提高对相关管理制度、技术规范、安全风险防范的能力水平。针对生产一线地域作业分布广、生产任务重、党员数量不均等实际情况，创新组织形式和党建工作载体，创造性成立"联合学习党支部"，跨区域、跨部门开展同类项目共研、共助、共享。

研究团队： 袁涛　欧露　龙昊　许斌

案例点评

　　川港公司是中国特色社会主义市场经济体制下能源类国有企业股权改革创新的新型实践，是国资多元融合的新型探索，是推动成渝地区双城经济圈发展中能源行业的"尖兵"，担负着"讲政治、抓发展、惠民生、保安全"的使命重任。公司在转型改革发展过程中，探索出一条抓好基层党建，强化党的全面领导的新路子，那就是在生产经营中创新实施党员项目领办，促进党建和业务深度融合，推动生产经营一线不断提升政治站位，明晰发展改革使命。通过"党员项目领办"的实践，形成了"抓好党建有共识、践行使命有担当、基层组织有基础、人才队伍有力量、项目推动有成效"的良好局面，从而增强企业竞争力、创新力、控制力、影响力、抗风险能力。

（二）"三创共融"引领川渝油气勘探事业高质量发展的案例实践

西南油气田勘探事业部（以下简称"勘探事业部"）是中国石油西南油气田公司直属二级单位。勘探事业部紧密围绕勘探、突出重点、规范运作、强化程序、提高效率，负责实施公司计划批准的年度勘探投资，承担投资效果、工程质量及地质任务与储量任务的完成。自改建成立以来，勘探事业部始终秉持"敬业、务实、开拓、进取、创新"的工作态度，高标准推进党建与勘探深度融合，着力实现勘探高质量发展、项目高效率运行，积极拓展勘探领域、扩大勘探成果，致力于全面开拓四川盆地油气勘探生产新局面。

勘探事业部共有员工 165 名，党员 135 名，党员占比达 82%，分属 7 个党支部。近年来，面对新形势、新任务，勘探事业部按照完善中国特色现代企业制度要求，以加强企业党的领导和党的建设为引领，在生产经营中创新党建载体，凝心聚力抓住党建这一根本，强"根"筑"魂"，以党建引领创新、创效、创一流"三创"融合，担纲勘探事业尖兵。经过改革发展实践，党组织建设进一步完善，战斗堡垒进一步夯实。党建与业务共融共进，形成了"抓好党建有共识、践行使命有担当、基层组织有基础、人才队伍有力量、勘探事业有保障"的良好局面。通过党建引领、"三创"融合，靠紧压实党建责任，促进党的建设提质升级，为新型勘探企业高质量发展提供了坚强的政治保障。

"一线才是中心，生产才是生命，勘探是一项高风险、高难度、高要求的工作，把勘探项目管理向一线倾斜、靠前指挥，延伸到作业现场，有助于大大提高管理效率和决策效率，不仅能切实降低作业风险，同时可大幅提高任务质量。"事业部某一线项目管理部负责人这样说道。党建和业务工作怎样不脱节，机关党建和一线党建怎样统揽起来是一个关键。勘探事业部坚持党的领导，不断强化党的建设，创新党建工作载体，以党建引领"三创"融合，夯实一线战斗堡垒，着力创新、创效、创一流，以高质量党建持续推动勘探事业高质量发展。

1. 坚持创新为先导，创新党建机制和载体充分发挥引领作用

创新是第一生产力，是高质量发展的首要动力。勘探事业部坚持创新理念，以创新为先导，以党建为中心，从党建载体、工作形式、引领实效等方面贯彻创新理念，进一步明确政治方向、坚定政治立场、发挥政治影响。

第一，着眼全局谋划：旗帜鲜明树立树牢正确的政治方向。

在改革发展中，国有企业尤其要坚定政治方向，坚持以党的旗帜为旗帜、以党的方向为方向、以党的意志为意志。勘探事业部坚持从党对国有企业的根本定位出发，结合业务内容，牢牢把握党对国有企业坚强领导这一"根"和"魂"，始终坚持"抓好党建是最大的政绩"，坚持党的领导、明确政治方向，旗帜鲜明把党的政治建设摆在首位，把新时代党建要求贯彻落实到国有企业改革发展的全过程，以正确的政治方向引领公司从内部架构、组织运行到一线生产建设的全过程。

公司党建工作中尤其注重发挥党委领导作用。这种领导的实质，是党的政治领导，是国有企业党组织发挥领导核心和政治核心作用，归结到一点，就是把方向、管大局、保落实。勘探事业部党委始终坚持以习近平新时代中国特色社会主义思想为指导，结合"转观念、勇担当、强管理、创一流"主题教育活动，创新开展党建"124"部署和"十四五"勘探工作"1222"工程，进一步加大油气勘探指导力度，为保障国家能源安全再作贡献。

在勘探生产经营日常管理中，事业部党委严格按照中央、集团公司、公司等上级关于"三重一大"决策制度执行要求，坚决落实重大决策、重要人事任免、重大项目安排和大额度资金运作集体决议，全面把牢筑精顶层决策指引。建章立制方面，紧密跟进公司层面相关制度调整，结合事业部工作实际，开展"三重一大"制度体系修缮搭建。近年来，相继制定、修订《事业部"三重一大"决策制度实施细则》《事业部委员会落实全面从严治党主体责任清单》《事业部委员会前置研究讨论重大经营管理事项清单》等配套制度，集体决策制度体系得以不断完备。实施决策方面，深入落实党委参与勘探重大决策职能。事关生产经营、安全环保、党的建设等事业部全局的重大事项，都按照权限范围分别提交党委会、经理办公会研究讨论、集体决定，不搞临时动议和"一言堂"，年度平均召开"三重一大"会议20余次，另有领导碰头会制度开展班子集体会商，坚持问题导向、靶向发力，为勘探工作高效推进指明了前进方向。

第二，着眼体制机制：以"大党建、强党建"创新党建方式。

党的领导是全面领导，坚持党的领导首先要正确处理好国企党建工作和生产经营的关系，才能充分发挥国有企业政治优势，确保改革发展目标不偏、方向不移。实现国企党建和经营工作的有机融合，关键在于顶层制度、机构职能、管理体系、基层建设等方面的融合，真正形成"一把尺子量到底""一张网络布到底""一张蓝图绘到底"的格局。从健全党委领导作用发挥的体制机制、方法路径着手，树立大党建、强党建理念格局，明确党建目标、明晰党建思路，把党建工作和公司生产相融合，把党建内容纳入公司制度设计，推动各基层单位、生产一线加快融合实施。

勘探事业部始终把基层作为党建工作的主阵地，着眼全局、着眼长远，抓好基层党组织建设。在支部建设和部门架构上，注重加强机关和生产一线的整合，有效弥补短板，强化引领效能，进一步增强了支部战斗堡垒作用。例如，第一支部原来由办公室（党委办公室）、人事科（党委组织部）及党群工作科组成，是典型的机关支部，容易造成"人浮于事"、行政化等倾向。2021年8月，勘探事业部进行支部建设调整，该支部由办公室（党委办公室）、人事科（党委组织部）及勘探项目管理三部重构，有正式党员20名，既充实了一线党员力量，同时也让机关党员在日常党建活动中了解生产一线和业务工作（见图4）。此外，对一些保密性高、核心技术性强的部门，则单独建立党支部，创新党建工作形式，加强党对相关业务工作的领导。如生产保障中心党支部多形式、多角度、全覆盖为党员过政治生日（见图5）。通过重温入党誓词、赠送政治生日

图4　第一支部召开党组织生活会

（图片来源：西南油气田勘探事业部）

图5　生产保障中心支部党员过政治生日

（图片来源：西南油气田勘探事业部）

贺卡及生日寄语，许下政治生日愿望等政治仪式，进一步强化党员的身份意识、责任意识以及使命意识，增强了党支部的向心力和凝聚力。总体而言，通过实行勘探事业部党支部改革，基层党组织效能活力明显提升，一线战斗堡垒作用切实增强。

第三，着眼凝心铸魂：为勘探事业注入高质量发展精神内核。

习近平总书记指出："对马克思主义的信仰，对社会主义和共产主义的信念，是共产党人的政治灵魂，是共产党人经受住任何考验的精神支柱。"[1] 国有企业改革发展过程中，必须让广大职工明确国有企业的政治定位，不断强化理论武装，坚定理想信念。勘探事业部结合自身实际，创新学习形式、丰富学习内容，加强党史学习教育、理想信念武装、石油精神感召和传统文化素养提升，不断加强党性锻炼和党性修养，以初心使命涵养政治品格，引领广大党员和职工心怀"国之大者"，用理想信念和党性教育固本培元、补钙壮骨。

一是创新学习内容，做到既强基固本又突出针对性。在政治学习中，严格落实"第一议题"制度，通过中心组、党委会等集中学习与个人自主学习充分结合，紧密围绕习近平总书记春节前夕视频连线看望中石油基层干部员工、"加大勘探开发力度"等12次重要指示批示精神，将学习贯彻习近平新时代中国特色社会主义思想、党的二十大精神和中石油集团、西南油气田公司各项油气勘探部署安排相结合，将学习思考同推动勘探高质量发展的突出问题、难点问题相结合，坚持把自己摆进去、把职责摆进去、把工作摆进去，助力公司打造新时代党建工作格局。同时，勘探事业部层面大力倡导学习辩证唯物主义、历史唯物主义、大庆精神、铁人精神、石油精神及伟大建党精神等，切实筑牢思想之基，锻造铸就勘探企业红色灵魂。

二是创新学习载体，做到既强化企业内部基层党组织学习，又强化

---

① 《习近平谈治国理政》第一卷，外文出版社2018年版，第15页。

关联单位学习。创新学习机制，建立"党委主责导学，党支部主体抓学，党员自主自学"三级学习教育机制。党委层面还创新开展联学联建，与天然气研究院联合召开"学思践悟二十大，携手奋进新征程"党委中心组学习会（见图6），将"自主学"和"组织学"有机结合起来。加强支部联建载体建设，积极开展特色主题党日活动。通过支部联建活动，把"引进来学"和"走出去学"相结合，第三、第七党支部联合开展"学党史、悟思想、办实事、开新局"主题党日活动（见图7）；第四党支部与西南物探分公司采集技术中心技术支持党支部联合开展"学党史重温长征路　甲乙方合作新领域"主题党日活动（见图8）；第一党支部前往乐山井研县竹园镇烈士纪念园，在党史学习教育中开展"清明祭英烈"活动（见图9）；激励引导党员干部学习党史寻初心、守初心、践初心，立足岗位建功立业。勘探事业部还积极组织优秀党建骨干到延安参加集团公司党建创新成果论坛、大庆油田培训交流。

三是创新学习形式，搭建智慧学习平台，增强学习实效。创新打造"智慧融媒体党建学习平台"，拓建党建文化长廊，利用石油党建平台、中油 e 学、微信公众号等全方位多角度开展理论学习和思想教育智慧平台云端课堂突出"学"。联合新华社新闻信息中心四川中心打造适合勘探事业部特色的沉浸式、智能化"智慧融媒体党建学习平台"，特别打造"国家相册""红色电影"等视频栏目，积极引导党员群众学史、知史、明史。以"勘探先锋"公众号为抓手，每天为党员推送"辉煌百年党史今日学""历史里的今天""党在做什么"等栏目，进一步回顾党的光辉历史、伟大成就、宝贵经验、光荣传统和优良作风。以推广应用"铁人先锋"平台为抓手，积极开展每日签到、在线答题、在线学习等，组织"学党史　守初心"纪念建党100周年党史知识在线答题活动，使党史学习教育内容更加丰富、形式更加多样。此外，以党建带团建，扩大影响面。积极带动青年组织通过关爱行动传承红色基因，共青团组织与新华社新闻信息中心四川中心联合开展"情暖山区助成长，党史教育见行动"

图6　勘探事业部与天然气研究院联合召开党委中心组学习会

（图片来源：西南油气田勘探事业部）

图7　第三、第七党支部联合开展"学党史、悟思想、
办实事、开新局"主题党日活动

（图片来源：西南油气田勘探事业部）

图8　第四党支部与西南物探分公司采集技术中心技术支持党支部联合
组织开展"学党史重温长征路　甲乙方合作新领域"主题党日活动

（图片来源：西南油气田勘探事业部）

图9　第一党支部开展"学习百年党史　传承红色基因"主题党日活动

（图片来源：西南油气田勘探事业部）

志愿关爱行动（见图10），为山区学生捐赠学习用品、书籍、运动服等，给孩子们讲述中国共产党的故事、石油天然气发展历程，传承红色基因、弘扬石油精神，弘扬了勘探人的正能量，努力扩大对社会的积极影响。

图10 "情暖山区助成长，党史教育见行动"志愿关爱行动

（图片来源：西南油气田勘探事业部）

2. 坚持创效为着力，以党建和业务融合建设效能效度标杆

创效是中心，党建工作搞得好不好、业务工作抓得怎么样，关键看要看实效。勘探事业部以创效为着力点，着眼效能、效度，厘清主线、抓住重点、突破关键，确保党建业务相融合，形成合力，建设行业效能效度新标杆。

第一，厘清主线：突出"资源为王"的主线工作效度。

党委牢固树立"资源为王、储量为上、高效勘探"理念，充分强化资源基础"战略核心"地位，调动一切力量积极推进勘探思想大解放，矢志实现"勘探持续有新的大发现"，全力推动四川盆地油气资源战略突破和规模增储。一方面，高度聚焦规模增储，强势助力公司天然气三级地质储量连续19年高峰增长。继磨溪龙王庙组、高石梯震旦系整装气藏之后，统筹推进蓬莱气区多层系立体勘探，已成功提交气区首个超千亿方级探明气藏，万亿方级规模增储接替阵地逐步靠实形成。另一方面，加快落实四新发现，多区块、多领域、多层系新突破四面开花。DY1H井深层页岩、CT1井泥灰岩、XT1井泥灰岩相继斩获重大勘探新成果，成功开启盆地海相非常规勘探新领域；HX1井历时四年取得川西龙门山前复杂推覆构造带下盘勘探重大突破；XT1井川东北礁滩气藏、ST1井蜀南向斜区勘探成果显著。

第二，抓住重点：着眼"高效勘探"的重点工作效能。

事业部党委以破解发展难题为抓手，紧密围绕"重储量、促发现、保安全、提效率、降成本"，坚持问题导向、深化调查研究，探索研究新举措、新路子、新方法，形成"上级有部署，勘探有行动，落实见成效"的鲜明工作基调。日常勘探项目管理工作中，党委锚定重点勘探项目，以打造"精品工程"为目标，创新推动甲、乙双方党支部党建共建，通过发挥多方党员突击队、党员责任区、党员先锋岗作用，实现双向共建、优势互补，推动物探、地质、工程、生产运行、质量安全环保等多单位、多专业深度协作、纵横联动，促进重点项目质效新提升。近年来，物探作业提速提效尤为显著，强力支撑指导了探井井位部署及建井作业。PA－XC三维地震项目历时101天，较计划提前28天顺利竣工，采集效率提升近40%，资料一级品率近90%，创近年来四川盆地大型物探勘探项目最快竣工纪录；ZT三维地震较计划提前14天顺利竣工，采集参数、采集设备数量、科技含量、采集日效、资料品质、采集周期等多项指标创三分量地震勘探纪录，其中采集速度较以往平均提升77%，采集单炮资料一级品率超90%，取得迄今为止四川盆地最好的转换波资料。此外，井工程项目实施创下多项新纪录，涌现出亚洲最深直井PS6井、国内首口八开八完井身结构超深井HX1井、盆地最高地层压力试油井LX1井等一批振奋人心的纪录井。

第三，突破关键：打破"技术瓶颈"的关键工作效力。

　　勘探事业部党委牢牢把握发展第一要务，紧扣勘探生产的"拦路虎""绊脚石"，坚持问题导向、靶向发力，大力实施创新驱动发展核心战略，密切围绕勘探战略部署落实，系统深入开展综合地质研究，统筹推进测录井、钻完井、试油四新技术应用。近年来，始终坚持以关键、瓶颈技术现场攻关试验为抓手，着力完善推广高效、特色配套技术系列，推动更多科技成果有效转化为现场生产力。一是积极试点推广物探新技术。首次实现无人机回收节点 QC 数据，较人工提速 30 倍；大力推广山地井炮源驱动技术，采集效率提高 38%；全面推广激光雷达技术，障碍识别精确率超 85%，测量正点率较邻区提高 4%，可控震源布设速度提升 30%。二是狠抓钻完井提速提效攻关。持续开展以井身结构拓展为核心的钻井工艺迭代升级，多口探井成功规避恶性漏失及潜在井控风险，节约单井周期 1 台月、减少漏失量近千方；优化形成蓬莱气区"上部地层有机盐聚合物、中部地层有机盐聚磺、下部地层 JFS 聚磺或油基钻井液"特色钻井液技术，完善大尺寸井段"强抑制、低粘切"钻井液体系，形成小井眼钻井液防塌配套技术，支撑蓬莱气区优快钻井。三是发展高效安全试油技术。升级射孔—酸化—测试联作工艺，较非联作工艺周期缩短近 20%；应用 7 寸、5 寸等系列通刮一体化工具，深井井筒准备周期平均节约 4～5 天；形成"交替注入＋闭合酸化"深度酸压工艺，大幅提高酸蚀裂缝长度和导流能力，单井产量提高近 50%；创新"机械＋暂堵"复合分段精准酸压工艺，有效解决超深层碳酸盐岩储层高温高闭合应力改造难题。四是积极应用录井新工艺。试验在线油基钻井液油水比测量，丰富录井流体性质判别手段；首次引入随钻方位电阻率地质导向，有效提高碳酸盐岩非均质性强薄储层钻遇率。五是多项测井技术实现突破。首次应用双密度测井技术、国产 CPlog 方位侧向测井仪器；PS13 井开展 RIT 钻后测井试验，复杂井况下电成像随钻采集技术初步储备。

3. 党建引领勘探事业"三创共融"的特色亮点

　　创一流是目标和方向，勘探事业部坚持以高质量党建引领勘探工作高质量发展，对标一流、争创一流，以实际行动切实扛起新时代勘探主力军光荣使命。勘探事业部坚持以习近平新时代中国特色社会主义思想为指导，深入贯彻党的二十大精神，大力弘扬伟大建党精神，坚持从严从实总基调，认真落实集团公司党组和公司党委各项决策部署，扎实推进党的建设与生产经营管理深度融合，着力提高党建工作质量，坚持以一流勘探企业新作为，为公司"奋力夺取上产 500 亿新会战新胜利"开创新局面。

第一，锚定目标任务，以一流管理升级推进一体化建设。

锚定总公司和勘探事业部"十四五"任务目标："聚焦大发现，寻找大气田，坚决扛起新时代勘探主力军光荣使命""心所致，使命必达，勇当勘探战线的主力军、排头兵"，结合公司井工程质量及投资管控等相关要求，进一步提升开拓进取的精神，准确分析研判发展新形势，摒弃用老思维、老眼光看待分析问题的习惯，立足"甲方主导"把好设计源头关，深入依托项目管理部做实靠前指挥，构建"1 + N"多专业、全领域团队协作模式，着力深入加强"地质工程一体化""经济技术一体化"建设，建立健全钻井故障复杂预警处置、设计源头技术经济比选等系列机制，全力践行精益勘探、精细勘探、高效勘探。

第二，着眼深化改革，以一流体制机制激发内生动力效能。

一是坚持党建引领改革创新治理运行模式。改革创新是推进高质量发展关键一招，是根本动力，也是必由之路。勘探事业部通过深度调查研究、优化组织机构、重造分配制度，充分内部挖潜、盘活人力资源，以深化三项制度改革助推"油公司"模式的构建与完善，激发高效勘探"源动力"。近期聚焦勘探重点、难点，整合重组工程、地质等关键技术管理科室，进一步明晰部门职能、细化岗位职责，切实加强现场管控、提升井工程质量、增强专业管理水平。具体而言，即大力推动组织机构扁平化，将"机关－基层－项目经理部"三级运行模式优化为党建统揽下的"机关－基层"两级运行模式，减少中间环节以做实勘探项目管理部，进一步明确"靠前指挥"的定位与导向。同时，积极开展精准激励及绩效考核等工作调研，探索实施相应鼓励政策，激励干部担当作为，提振敢拼善打、奋勇争先的精气神，营造"撸起袖子加油干"的火热氛围，激发争当油气事业产主力军的内生动力。

二是坚持党建引领实现精细管理提质增效。勘探事业部面临所管辖探井点多、面广、地下地上越发复杂等一系列情况，紧紧抓住提升勘探质量、提升勘探效率、提升勘探效益"三个提升"，为实现高质量、高效率、高效益勘探发展打下坚实基础。积极响应打造提质增效"升级版"总要求，超前谋划抓关键、强化管理抓实施、创新组织抓融合，勘探提质增效成效显著。前期工作方面，环评项目平均获批周期较目标节约8天，井位准备周期同比提速近30%，地质、工程设计同比节约最高达15天；钻试工程方面，通过"物探－地质－工程"多方会商模式，创新井位部署、探井跟踪工作流程，探索一体化故障复杂预警和快速处置机制，创建蓬莱气区钻井提速模板，优化超深非均质储层改造工艺，实现钻井生产时效同比提高4%，探井成功率同比提高近10%。

第三，狠抓安全保障，以一流风险管控稳步厚植本质根基。

"安全是第一位的，尤其对勘探企业而言，安全压力大、风险系数高，怎样把安全牢牢树立在第一位，既需要技术保障，更需要在生产全过程中牢固树立相关理念，这就需要我们党支部充分发挥思想引领作用，在日常的党务活动中突出相关内容。"某一线党支部书记对此有着深刻体会。勘探事业部始终秉持底线思维、红线意识，系统推进安全环保健康2.0建设。全员签订QHSE责任书压实安全生产履职，依托各级体系审核查问题、补短板，对标新修订的《中华人民共和国安全生产法》修订管理手册及"1＋3"应急预案，不断织密QHSE体系网络；突出重点领域常态化风险管控，刚性执行公司QHSE相关专项行动，抓细建设项目"三同时"、入井材料质量、废弃物污染防治、车辆交通安全等"常规动作"，精心筑牢效益勘探"基本盘"；深入推进井控安全提升年，加大溢漏监测预警技术规模运用，严格落实专家现场驻井、领导EISC值守等特殊时段升级管理，以真抓实干凸显井控核心管理。勘探事业部风险管控的全过程、风险克服的关键环节，都体现了党员先锋模范和支部战斗堡垒作用，近年来多次荣获公司年度 QHSE 先进单位，连续安全生产向7000 天目标昂首迈进。

4. 党建引领勘探事业"三创共融"的经验启示

新时代下，要把国有石油天然气企业党建工作放在突出位置，尤其对勘探企业而言，更要坚持党建引领，充分发挥党委的政治核心作用、基层党组织的战斗堡垒作用和党员的先锋模范作用，充分发挥国有企业的政治优势、制度优势、竞争优势，铸就新时代"勘探先锋"，谱写勘探事业现代化新篇章。

第一，着眼"三创共融"，以党的领导统揽党建生产深度融合。

要着眼勘探事业创新创效创一流的整体要求，以党建引领"三创融合"、党建统揽三创成效。一是进一步发挥党委的政治核心作用。要时刻对标党中央和上级党委要求，时刻与党中央的大政方针保持一致。通过进一步厘清组织关系，确保组织运行通畅，保障企业的政治方向贯彻有力；要完善"三重一大"集体决策制度，跟进明确集体决策事项的范围、程序等；要健全民主集中制，落实党员权利保障条例。二是探索创新多种用工方式下的管理机制。加强项目合同相关方的领导和管理，进一步抓实抓细探井现场高效监管。三是强化勘探事业部班子对关键环节、关键岗位、关键领域的监督和领导。深入开展党务公开，坚持和完善职工代表大会制度，充分发挥党员干部和职工群众在民主决策、民主管理、民主监督中的作用。

第二，抓好基层党组织建设，筑牢"三创共融"一线堡垒。

党组织和党员队伍作为政治资源，这种资源所体现的政治优势，是勘探事业部需要继续发挥的。增强党建在国企生产、经营中发挥的引领作用、统揽作用，强基固本，筑牢基层党组织战斗堡垒。一是健全和理顺生产一线基层党组织建设，深入推进"联合党支部""生产党小组"等一线基层党组织建设创新探索，提升和巩固创新实践成效。二是加强基层党组织在生产经营各个环节的衔接，推动机关和基层深入融合，进一步加强基层党建共建。三是完善强化一线基层党组织建设有关制度标准，从严设置、从严要求，严格基层党内政治生活规范、严格基层党组织纪律、严格基层党员党性锻炼。

第三，加强人才队伍建设，激活"三创共融"力量源泉。

切实树牢"人才是第一资源"的理念，充分落实党管干部和人才原则，不断加强人才队伍建设，为"三创共融"提供持续不竭的人才力量源泉。通过人才吸纳和培养培训，不断为公司注入发展活力，提升干事创业能力。一是加强党的统一领导，充分发挥党的政治优势和组织优势，招引和培养好关键人才、专业人才、党建人才。二是着眼完善党员发展、党员教育培训以及党务干部培养相关机制，加强力量保障。三是加大人才待遇保障力度，加大一线艰苦地区和关键岗位技能型人才保障，探索合资企业党务干部的激励方式、管理使用方式。勘探公司的业务属性决定了人才之间的差异性、岗位差异性，要加强上派、下挂及轮岗交流，多方面锻炼优秀干部综合能力。

第四，着力制度建设，完善"三创共融"治理规范。

中国特色现代国有企业制度就是把国有企业党组织的政治优势与现代企业制度的体制机制优势相结合的产物。一是要加快完善中国特色现代国有企业制度。坚持加强党的领导和完善公司治理现代化相统一，将党建引领"三创共融"的机制嵌到公司治理的各个环节，把党组织内嵌到公司治理结构之中，充分发挥党的领导作用，确保党中央各项决策部署在国有企业得到全面贯彻落实。二是深化分类改革和强化制度监督。按照不同岗位、不同部门、不同支部的类别，推进分类改革、分类发展、分类定责、分类考核，激发活力，加强对选人用人的领导和规范，推进薪酬制度改革等。三是深化智慧党建机制，整合数字资源，开发打造符合要求具有特色的勘探党建工作平台、App等，探索符合大数据、区块链特征和要求的党建工作机制和载体。

第五，推进全面从严治党，筑牢"三创共融"风险管控堤坝。

加强党建引领企业风险内控管理，筑牢政治底线、守好纪律红线。明晰全面从严治党要求、优化内控机制，加强内控执行监督，增强勘探项目中的风险预判、应对和管控能力，始终树立树牢生态优先、人民利益至上，明晰事业发展中的"红线"；加强勘探事业文化建设，通过廉政建设和企业特有的文化建设增强行业自信、历史自信，引领员工培育形成正向文化；严明各项纪律，持续深入推进全面从严治党，以全面从严治党引领全面从严治企，不断提高"三创融合"的质量和水平，同时着眼增强安全发展稳定性，确保企业始终成为现代化勘探事业的"尖兵"。

研究团队： 余有金　欧露　王宇　伍葳　黄河　韩小雨　刘婷婷

▼案例点评

　　油气勘探事业是能源产供储销体系的源头，是油气资源开发利用的初始端口，关系着能源发展和能源安全两件大事，勘探企业必须提高政治站位，加强党建引领。推动成渝地区双城经济圈建设背景下，中国石油西南油气田公司勘探事业部以加强企业党的领导和党的建设为引领，在生产经营中创新党建载体，凝心聚力抓党建，强"根"筑"魂"谋发展，以公司党建引领创新、创效、创一流"三创共融"，担纲油气勘探事业尖兵，是新时代新征程党建引领国有能源企业高质量发展的生动实践。

四、案例来源说明

本篇中的案例来源于课题研究中的实地走访、座谈了解，四川川港燃气有限责任公司、西南油气田勘探事业部提供的有关资料，以及主流媒体的公开报道等。

五、教学思考

1. 国有能源企业在推动成渝地区双城经济圈建设中如何发挥"顶梁柱"作用?

2. 在推动成渝地区双城经济圈建设中如何筑牢国企党建的"根"和"魂"?

3. 如何推动国企党建和业务工作有效融合发展?

参考文献

[1] 习近平. 高举中国特色社会主义伟大旗帜 为全面建设社会主义现代化国家而团结奋斗: 在中国共产党第二十次全国代表大会上的报告 [M]. 北京: 人民出版社, 2022.

[2] 王晓晖. 在中国共产党四川省第十二次代表大会上的报告 [EB/OL]. [2022-06-02]. https://www. sc. gov. cn/10462/10464/10797/2022/6/2/603464fbddfb4d44ae7820a5f8c69fdc. shtml.

[3] 坚持党对国有企业的领导不动摇 开创国有企业党的建设新局面 [N]. 人民日报, 2016-10-12.

[4] 连庆锋. 国企党建融合的新实践 [J]. 前线, 2020 (9).

[5] 中共中央 国务院印发《成渝地区双城经济圈建设规划纲要》 [J]. 中华人民共和国国务院公报, 2021 (31).

[6] 田旭. 成渝核心地区产业发展的空间响应研究 [D]. 重庆大学, 2021.

[7] 滕英明. 在高质量推动成渝地区双城经济圈建设中展现国企使命担当 [J]. 重庆行政, 2020, 21 (2).

[8] 覃朝晖. 成渝老工业基地可持续发展研究 [D]. 中央民族大学, 2011.

［9］张伟.进一步推动成渝双城经济圈建设［N］.中国高新技术产业导报，2023－03－13.

［10］史育龙，张惠强.成渝地区双城经济圈建设新思路［J］.开放导报，2022（3）.

［11］钟一帆，胥树新，杨罗军.成渝地区双城经济圈区域发展与科技创新耦合协调度研究［J］.产业创新研究，2023（5）.